V 2722
13+A

25710.

L'ART

DU PEINTRE,

DOREUR, VERNISSEUR.

L'ART

DU

PEINTRE, DOREUR,

VERNISSEUR;

OUVRAGE utile aux Artiftes & aux Amateurs qui veulent entreprendre de Peindre, Dorer & Vernir toutes fortes de fujets en Bâtimens, Meubles, Bijoux, Equipages, &c. *in-8°.* de 400 pages, en trois parties:

Par le Sieur W A T I N, *Peintre, Doreur, Vernisseur, &* *Marchand de Couleurs, Dorures & Vernis.*

Seconde Édition revue, corrigée & confidérablement augmentée.

Prix, 4 liv. 16 f. *broché,* franc de port *par tout le Royaume, en lui faifant toucher ce prix net, & affranchiffant la Lettre d'avis & le port de l'argent.*

Artem experientia fecit.

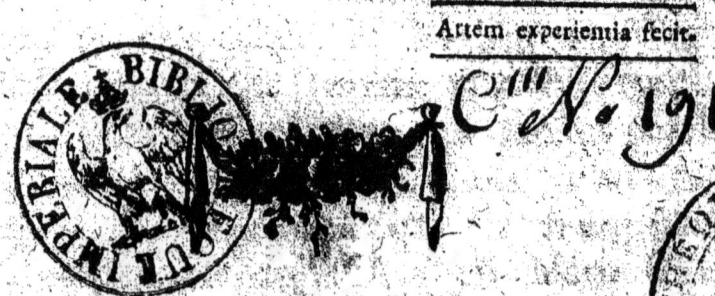

C^{en} N.º 1913

A PARIS,

Chez {
GRANGÉ, Imprimeur-Libraire, au Cabinet Littéraire, Pont Notre-Dame.
DURAND, Neveu, rue Galande, à la Sageffe.
L'AUTEUR, Carré de la Porte Saint-Martin, à la Renommée des Couleurs & Vernis.

M. DCC. LXXIII.

Avec Approbation & Privilège du Roi.

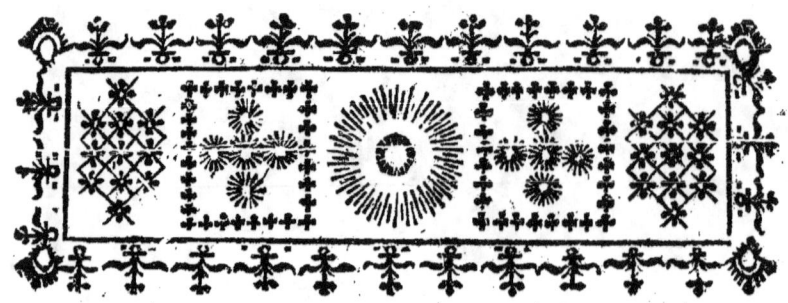

PRÉFACE.

CETTE seconde Edition que nous offrons au Public, paroîtra sûrement bien différente de la premiere, à ceux qui les compareront l'une & l'autre. Le plan, l'exposition, les détails, l'ensemble, l'intitulé même, ont tous subi ou des variations, ou des augmentations considérables.

L'*Art de faire & d'employer le Vernis*, c'est le titre de la premiere édition, ne présente que l'Art du Vernisseur. Ceux du Peintre & du Doreur, n'y sont traités que comme accessoires, & faisant partie de l'emploi du Vernis. Dans celui-ci, au contraire, ainsi que le frontispice l'annonce, chaque Art est décrit séparément, aucun n'est subordonné aux deux autres; ils ont à la vérité leurs rapports, leurs liaisons; mais ces liens ne les rendent point dépendans. Les Arts du Peintre & du Doreur, plus utiles, plus faciles que l'autre, méritoient bien sans doute, les

honneurs d'une defcription particuliere ;
nous avons tâché de la completer.

La premiere Edition n'offre qu'une
critique, peut-être un peu trop détaillée,
de tout ce qui a été écrit jufqu'à nous
fur le Vernis. Cette critique frappe fur-
tout fur un Ouvrage intitulé : *le Manuel
du Verniſſeur*, qui parut au commencement de l'année derniere, avec un titre
faftueux propre à le faire paſſer pour un
ouvrage parfait, neuf, unique en fon
genre ; tandis qu'il n'eft qu'une compi-
lation groffiere, mal digérée, de toutes
les recettes bonnes & mauvaiſes éparſes
dans divers ouvrages, & notamment dans
le Traité des Vernis de 1733, & dans les
Journaux & Dictionnaires encyclopédi-
ques, œconomiques, &c.

Je fus étonné que dans un fiécle éclairé,
où la lumiere du raifonnement commence
à faire pénétrer fes rayons dans les plus
fombres atteliers, dans ce fiécle, où
l'Artifte abandonnant la routine, combiné & perfectionne fon Art, on ofât
préfenter pour élémens de l'Art du Verniffeur, les plus grandes abfurdités, indiquer pour excellens procédés les plus
pitoyables réfultats ; & qu'ainfi on atteftât
à la poftérité par ce ridicule monument,
que telle étoit en 1772 la fomme de nos

connoissances sur les Vernis. Quelle eût
été sa surprise, lorsqu'admirant les chefs-
d'œuvre des Martin, des Clément, elle
auroit cherché en vain dans ce livre qui
leur est postérieur, les principes qui diri-
gerent & les procédés qui illustrerent ces
Vernisseurs célebres? Pénétré de la vérité,
que l'erreur apperçue, instruit quelquefois
mieux que le précepte même, je me livrai
par préférence, je l'avoue, à la critique la
plus suivie, mais je ne développai pas
assez les principes; j'ai senti depuis qu'il
ne suffit pas de démontrer l'erreur, mais
qu'il faut encore découvrir la vérité.

L'Edition que nous présentons, en écartant toute cette critique, sur laquelle
nous ne croyons pas nécessaire de revenir,
offre une description complette de nos
trois Arts, sans rapporter toutes les
bévues que l'ignorance ou la friponnerie,
ont débité sur leurs manipulations. Les
détails, tels qu'ils sont connus, pratiqués,
exercés dans nos atteliers, instruiront mieux
de ce qu'on doit opérer soi-même, &c. de-
viendront, nous l'espérons, une réfu-
tation assez suffisante de tout ce qui a été
dit & fait avant nous.

Le plan de l'Ouvrage étant changé,
l'exposition en doit être différente; plus
de détails & plus d'ordre, des descriptions

mieux développées, des objections senties & réfutées, des observations faites par le savoir & le goût, accueillies avec justice & reconnoissance, des finesses d'art saisies & présentées à l'Amateur intelligent ; voilà ce que nous desirons que le public y apperçoive.

C'est aux observations de tous les genres, que des personnes honnêtes & désintéressées ont bien voulu me faire, que je dois l'avantage d'offrir une Edition mieux traitée. Ayant marqué dans la première, comme je le réitere ici, que je priois les Amateurs de vouloir bien me communiquer leurs remarques sur ce qui pourroit les embarrasser, soit dans l'intelligence, soit dans l'exécution des procédés ; il est résulté que beaucoup de personnes ont usé librement, & avec une urbanité dont nous sommes comblés, de ce droit bien naturel à tout particulier, qui achetant un Ouvrage pour son utilité veut en tirer tout l'avantage qu'il se propose. En profitant de leurs différentes observations, j'ai apperçu que nombre d'endroits de la premiere Edition, intelligibles sans doute pour l'Artiste, ne l'étoient pas assez pour les personnes qui n'ont aucune connoissance de nos Arts, que certains procédés n'étoient pas assez détaillés ; j'ai donné en conséquence à celle-ci plus d'ordre, plus de méthode, plus de précision, les préceptes y sont plus rapprochés, plus lumineux, les procédés plus clairs ; ensorte que j'ose présumer qu'il sera très-aisé à tout le monde de se servir de l'Ouvrage, sans même avoir besoin d'aucune autre explication : en présentant ainsi au public le moyen d'approfondir & d'étudier, je tâche de prouver combien j'ai à cœur que les trois Arts que je cultive, soient connus, accueillis & appréciés. Je passe aux observations qui, ne tombant point sur la description de nos Arts, m'ont été adressées personnellement, & regardent l'Auteur plus que son livre.

La premiere, la plus importante, est le reproche qu'on m'a fait d'avoir annoncé un Vernis sans odeur, un mordant sans en indiquer ni les recettes ni les compositions, & de n'avoir ainsi présenté qu'une description imparfaite, puisque je ne publie pas tous les procédés qui me sont connus.

Pour blâmer avec justice un Auteur, il faut connoître quels sont ses engagemens ; car on ne peut pas lui imposer une loi, une condition, une charge auxquelles il ne s'est pas soumis, & qu'il n'a jamais entendu accepter ; ce sont les termes de sa convention qu'il faut consulter. Or,

quelle a été la mienne ? Dès les premieres
pages du livre , j'ai annoncé qu'à l'exception de quelques procédés , qu'il est permis du moins , je le pense , à un inventeur de se réserver , sur-tout lorsqu'il en
fait un objet de commerce , je dévelop-
perois au public , tout ce que m'a appris
une expérience de trente années.

Ai-je tenu ma promesse ? J'ose croire
que l'on en conviendra ; aucun des trois
Arts que je présente , n'a été traité jusqu'ici avec une certaine étendue. Toutes
les erreurs multipliées , éparses dans nombre d'Ouvrages , transmises par la friponnerie à l'ignorance , & adoptées par l'im-
bécillité , ont disparues ; je les ai toutes
réfutées ; je n'ai présenté que des faits
simples , possibles , & dont l'exécution
est aussi facile à celui qui est doué d'un
peu d'intelligence , qu'à celui qui n'a
que l'habitude pour maître.

Je me suis engagé à faire connoître
trois Arts inconnus , je ne dis pas dans
la Province , mais même dans la Capitale ; l'Amateur s'éclaire , l'Artiste se
forme , mon but est rempli : mais ai-je
dû tout dire ? J'en laisse juge mon Lecteur : ce Lecteur qui , arrêté par une réticence qu'il trouve déplacée, s'irrite de ne
pouvoir approfondir un secret qu'il vou-

droit tenter & éprouver lui-même. Des travaux multipliés, des tentatives très-coûteuses, m'ont fait découvrir un Vernis fans odeur, qui emporte même celle des couleurs à l'huile ; enforte que vingt-quatre heures après fon application, on peut coucher dans un appartement peint de cette maniere, fans même avoir l'o-dorat affecté : ils m'ont fait auffi découvrir un mordant excellent pour l'or. Ce Vernis, ce mordant, mis à un prix très-modique, font recherchés ; ils font l'un & l'autre le foutien de ma maifon ; ils feront, je l'espere, la fource de l'établiffement de ma nombreufe Famille : ai-je dû en donner les recettes, ai-je dû par une indifcrétion déplacée, prodiguer le fruit de mes peines, & le réfultat d'une dépenfe confidérable, faire tort aux miens, & laiffer échapper l'occafion d'une fubfiftance honnête ? Où eft la loi qui m'oblige à m'occafioner des pertes ?

Qu'un Savant animé par la gloire, qui, fûr de trouver dans la générofité du Gou-vernement des reffources contre l'infor-tune, facrifie fes jours à des découvertes utiles, les publie fans réferve, la gloire le couronne, la poftérité fe charge du tribut de la reconnoiffance ; fon nom ré-pété par l'écho des fiecles, fe trouve gravé

avec diftinction au Temple de Mémoire;
il eft récompenfé; il fait bien fans doute:
mais qu'un Négociant, obligé de foutenir
fon crédit, fa famille, détruife le nerf
de fon commerce pour courir après un
pareil efpoir, il eft blâmable, & je ne veux
pas l'être.

Le charlatan promet beaucoup, & ne
tient rien; on ne me rangera pas, je
penfe, dans cette claffe. Je mets tous les
Artiftes & les Amateurs fur la voie des
découvertes, je leur en trace la route;
plus habitué qu'eux à la frayer, j'y découvre un fentier où je me retire; qu'ils
m'y fuivent, à la bonne heure, je ne
ferai rien pour leur en faire perdre la
trace; je ne trompe & ne tromperai
perfonne. Je n'indique ni erreurs ni mauvais procédés, tout eft fûr. Je m'offre
d'être caution de tout ce que j'avance;
j'ai donc tenu mon engagement.

On m'a reproché, en fecond lieu, de
n'avoir pas mis mon Ouvrage fous la pro-
tection de l'Académie des Sciences, de
m'être ainfi écarté du plan que les autres
Artiftes, pour concourir au vafte projet
de cette favante Compagnie, paroiffent
adopter, de ne donner la defcription de
leurs Arts qu'avec fon attache & fon approbation, & l'on a paru croire que

c'étoit la crainte d'être vu de trop près qui m'en avoit détourné.

En me faisant cette observation, on n'a sûrement pas réfléchi que je suppliois les Amateurs, les Artistes mes confreres, de vouloir bien m'avertir de mes fautes & erreurs ; en me nommant, je me livrois à la critique : le moyen le plus sûr, le plus prompt d'être corrigé & averti, étoit donc de m'adresser à l'Académie. Mon dessein étoit de lui en faire l'hommage, mais tandis que je m'y disposois, j'appris que M. Mitouard, célebre Apothicaire de cette ville, avoit lu à l'Académie le 28 Mars 1772, la Préface de l'Art du Peintre, Doreur, Vernisseur, dans laquelle il promettoit les plus grands détails ; il offroit en même tems de le mettre au nombre des Arts de l'Académie. L'offre acceptée par cette savante Compagnie, devois-je décemment présenter ma description, lorsque je savois qu'elle en avoit adopté une autre ? Quand la concurrence n'auroit pas été redoutable, il en coûtoit à ma délicatesse de jouer le rôle de la rivalité.

J'ai donc pris le parti de donner mon Edition, persuadé qu'il n'y a qu'une maniere de décrire les Arts, & que les procédés vus par l'Artiste ou par le Savant, doivent toujours être les mêmes, j'ai cru pouvoir aller en avant, pour que du moins l'ouvrage de l'Artiste ne parût être l'écho de celui du Savant : au reste, si jamais les occupations de M. Mitouard lui faisoient abandonner son projet, je me ferois un honneur, un devoir même, de supplier l'Académie d'agréer que mon Edition *in - fol.* paroisse sous ses auspices.

Si cependant j'ai publié ma premiere & ma seconde Edition sous format *in-8°.* j'avouerai que je vois avec peine que les meilleures descriptions de nos Arts ont été données en *in-fol.* avec planches & gravures, & que l'on ne cherche pas à les mettre dans un format plus commode & moins dispendieux : Que pour orner des Bibliothéques, ou pour servir de monumens à consulter par les Curieux des siecles futurs, sur l'état de nos Arts, l'on en donne la description dans un grand format : soit ; mais pourquoi ne pas offrir en même tems aux Ouvriers, aux Artistes, des livres élémentaires, portatifs, commodes & peu coûteux ? C'est pour eux que l'instruction est essentielle ; c'est cette portion d'hommes obligés de travailler pour subsister, qu'il est important d'éclairer, pour qu'ils se livrent moins à la routine,

& pour qu'ils s'accoutument insensiblement à joindre le raisonnement à la pratique. Si le vœu que je forme pour qu'on présente la description des Arts, sous une forme plus commode, moins onéreuse, se réalise jamais, sans doute que les Corps municipaux, ou au moins les principaux Habitans des villes s'empresseront de gratifier les Artistes, & les Ouvriers de la description de l'Art ou du métier relatif à leur profession, & les encourageront à les cultiver, à faire leurs observations sur l'ouvrage, ou au moins à tâcher d'atteindre le degré de perfection connu. Ceux alors qui se distingueroient par des procédés exacts, sûrs, raisonnés, seroient récompensés par la remise de l'exemplaire *in-folio*, avec planches & gravures, qui seroit accompagné d'une patente honorable ; outre ce don, les noms de ceux qui feroient des découvertes intéressantes seroient envoyés avec un Mémoire qu'on se chargeroit de rédiger, à MM. de l'Académie des Sciences, qui, lors de la réimpression de l'Ouvrage, y auroient tel égard que de raison. Certainement ce projet bien simple, peu coûteux, inspireroit l'émulation dans les atteliers, ranimeroit l'activité, feroit bien connoître les Arts, formeroit des Artistes, des

Ouvriers dans toutes les provinces du
Royaume, & rendroit bientôt à la France
sa supériorité dans l'exercice de ces Arts,
dont les Nations voisines commencent à
s'emparer, & qu'elle perd sensiblement
chaque jour.

Votre Ouvrage, m'a-t-on encore
ajouté, fait le plus grand tort à vos confreres, en ce que mettant tout le monde
au fait des procédés de la Peinture, il
les expose à ne plus trouver d'occupation.

Ce reproche me seroit très-sensible s'il
étoit fondé ; avant de donner mon Ouvrage au Public, j'avois par mon commerce de Couleurs & de Vernis, les plus
grandes relations avec presque tous les
Peintres de la Capitale, des Provinces,
même des Pays étrangers : il est vrai que
pour la sûreté de mes avances, je tâchois,
autant qu'il m'étoit possible, de ne me
lier d'intérêt qu'avec ceux dont j'estimois
les tálens. L'Ouvrage a paru, aucun ne
m'a témoigné le moindre mécontente-
ment : la raison en est claire, j'instruis
des procédés de l'homme habile, loin de
lui faire tort, loin de le dépriser, je mets
tout le monde dans le cas de le juger,
de le distinguer, de le rechercher. Il est
vrai que l'ignorance & la mauvaise foi se

font trouvé un peu embarraffées, lorfque, le livre à la main, les Amateurs ont
voulu ou apprécier leurs travaux, ou calculer leurs dépens. Leur reffource alors a
été de déclamer contre l'Auteur, & de
décrier fon Ouvrage. Je doute que leurs
procédés à mon égard les ait mis à l'abri
des reproches qu'ils méritoient.

En annonçant au Public l'Edition que
nous foumettons à fes lumieres, nous
avons en même tems propofé le même
Ouvrage en trois cahiers *in-fol.* avec planches & grayures, pour fervir de fuite aux
Arts de l'Académie des Sciences. Beau
coup d'Amateurs & de Protecteurs des
Arts, qui penfent avec raifon que le détail d'un procédé fe fait bien mieux com-
prendre par le langage de la gravure que
par celui de la diction, ont paru la defirer ; plufieurs fe font déjà empreffés d'y
foufcrire, nombre d'autres nous ont fait
l'honneur de nous mander qu'ils s'y inté-
refferoient fi celle que nous préfentons
étoit bien traitée ; enforte qu'il paroît
que c'eft du fuccès de celle-ci que dépendra le fort de l'*in-fol.* projetté.

On aura remarqué fans doute, en lí-
fant le Profpectus qui annonçoit cette
foufcription, que nous avons voulu faire
précéder cette Edition, pour que le

Public puisse connoître les descriptions,
les apprécier, & pour qu'il ne s'engageât
point, comme on ne l'y invite que trop
souvent, à acquérir un Ouvrage inconnu
qui ne répondroit pas à son attente.
L'Edition avec planches & gravures,
ne peut qu'être supérieure ; quand même
l'on ne supposeroit pas de nouvelles
observations, il y a des parties qui ne
devant être traitées qu'à l'aide de la repré-
sentation, n'ont pu entrer dans celle-ci,
dont le format n'est pas susceptible d'une
certaine étendue (1).

Enfin, nous nous sommes proposé de
citer en tête de cette Edition *in-fol.* les
noms de tous ceux qui voudront bien y
souscrire : outre que la reconnoissance
nous détermine à ce sincere hommage,
nous croyons qu'il est important aux Ar-

---

(1) La Souscription sera ouverte chez l'Auteur,
jusqu'au premier Août 1773 : elle est de dix-huit
livres pour les trois Arts réunis ensemble, dont on
payera douze livres en souscrivant, & six livres en
les retirant, brochés en carton. Passé le premier Août,
ceux qui n'auront pas souscrit payeront les trois Arts
en feuilles vingt-quatre livres. Pour assurer à MM. les
Souscripteurs que les épreuves les plus correctes seront
délivrées à ceux qui auront souscrit les premiers, on
donnera en tête de l'Ouvrage, par ordre de date, la
liste de leurs noms : l'on suivra le même ordre pour
la livraison des planches.

tiftes, aux Amateurs même, de connoître ceux qui cultivent les Arts & s'inté-
reffent à leur progrès. Cette nomenclature
peut établir entr'eux des correspondances,
des relations qui ne peuvent que contri-
buer à augmenter la maffe des connoiffances ; elle peut encore, fi elle eft nombreufe, infpirer aux autres Artiftes, la
noble envie de décrire leurs Arts & métiers, par l'efpoir que les defcriptions
feront accueillies fans qu'elles leur deviennent onéreufes ; en leur prouvant que
dans la Capitale, dans les Provinces les
plus éloignées, dans les Pays étrangers
même, il eft un très-grand nombre de
Protecteurs & d'Amateurs, qui fe font
un honneur d'encourager les talens ; &,
quoiqu'une pareille lifte ne fuppofe pas
dans tous des connoiffances fuffifantes pour
les apprécier, au moins elle préfume en
eux l'intérêt & le goût qui fe plaifent à
les honorer.

PREFACE

DE LA PREMIERE ÉDITION.

Il parut en 1733, chez la veuve d'Houry, un Livre ayant pour titre : *Traité des Vernis*, in-12. qui fut annoncé comme traduit de l'Italien, & qu'on difoit être du Pere Bonanni Jéfuite. Ce Traité qui contient nombre de procédés, n'eft précifément qu'une lifte de recettes prefque toutes imparfaites, & telles que chaque ouvrier qui entreprenoit d'imiter les Vernis de la Chine, imaginoit devoir les compofer pour y parvenir. Quoique rempli d'erreurs, de faux principes & de beaucoup d'inconféquences, ce Livre fut très-bien accueilli ; la difette de connoiffances fur cette matiere le fit rechercher ; on y eut d'autant plus de confiance, que l'Editeur étoit Jéfuite, & qu'on fait que ce font les Jéfuites miffionnaires en Chine qui nous ont apporté en Europe la découverte des Vernis. Cette confiance n'a fervi qu'à en propager les erreurs. Le Dictionnaire œconomique, au mot *Vernis*, les a toutes adoptées ; un Livre intitulé, *Secrets concernant les Arts & Métiers*, in-12. 2 vol. Brux. 1766, les a copiées fervilement, & enfin on les retrouve toutes très-exactement tranfcrites dans un Livre nouveau qui vient de paroître, intitulé, *le Parfait Verniffeur*, ou *le Manuel du Verniffeur* (1) ; ainfi le tems

---

(1) Ce Livre, auquel on a donné le titre faftueux de VERNISSEUR PARFAIT, annoncé comme unique en fon genre, ne répond guere à l'idée qu'il offre, & eft un très-mauvais préfent fait aux Artiftes. Ce n'eft exactement qu'une nouvelle édition du Traité du Vernis donné en 1733, dont il a fuivi le plan, & copié textuellement les Recettes fans feulement faire mention de l'exiftence de ce Livre ; ainfi, c'eft de la part de l'Auteur du Parfait Verniffeur en impofer groffierement au public que de préfenter l'ouvrage comme nouveau, & d'avancer dans fon Profpectus que nous n'avions aucun Traité particulier qui fe bornât uniquement à la matiere des Vernis. Outre nombre d'articles, tout-à-fait étrangers au fujet, compilés pour groffir le Livre, prefque tous les procédés font faux ou infuffifans, conféquemment ne

qui doit éclairer nos idées & rectifier nos connoissances, ne fait qu'accréditer nos préjugés, lorsqu'on multiplie ainsi les autorités qui nous les présentent.

Qu'on me permette une comparaison. Une immense Bibliothéque me paroît quelquefois ressembler à des tableaux généalogiques, en tête est celui *de Cujas*. Du tronc émanent les branches, les branches s'allient, des rejettons en naissent, qui à leur tour en produisent d'autres; tel infini que soit le nombre des ramifica-cations, on apperçoit toujours la souche : le vrai nom, le nom originaire reste à tous, ils ne varient entre eux que par les noms de baptême qui les distinguent......
Ainsi l'on pourroit souvent graduer la filiation de tous les Livres d'un même rayon, & l'on trouveroit que presque toujours le plus ancien ne differe du plus mo-derne que par le titre ; que résulte-t-il pour les Arts ? un Traité se publie quelques années après, à l'aide d'un nouveau frontispice, il se représente comme neuf; com-mence-t-il à vieillir, il se reproduit sous une forme nouvelle, & s'annonce comme n'ayant jamais paru : l'Artiste le croit, s'en munit, imagine surpasser ses pré-décesseurs, être bien au-delà de leur connoissance, mais souvent il n'a reçu que leurs erreurs, & il est moins avancé encore, car il a la prévention de plus. Aussi voyons-nous certains Arts, qui, par cette raison, ne font pendant des siécles entiers aucuns pas vers la per-fection. Il seroit donc à désirer que dans cette intéres-sante partie l'on ne pût obtenir l'impression d'aucun ou-vrage qu'on ne mît en tête du Livre, le nom de tous les Auteurs qui ont traité le sujet, qu'on indiquât à quel terme tel siecle en est resté, quel progrès tel autre a fait, à quel point le siecle présent se trouve; enfin, qu'on

---

donnent aucun résultat réel ; & parmi tout le désordre qui y regne, à peine y découvre-t-on deux ou trois vérités utiles. On aura soin de relever dans cet Ouvrage les erreurs qu'on y trouve, qu'il ne faut pas, à la vérité, toutes lui attribuer, puisqu'il annonce au commencement du Livre, qu'il fera choix des meilleures compositions. Mais un Vernisseur parfait, qui veut que son Livre serve de Manuel, ne devoit-il pas avertir en quoi péchoient les procédés, n'indiquer que les bons, & marquer quels en étoient les résultats ? Au lieu qu'en les confondant tous sans les distinguer, sans annoncer leur effet, il expose à des épreuves dispendieuses, capables de ralentir les talens & l'émulation.

déterminât quelle est la masse actuelle des connoissances, & partir de-là ou pour combattre les préjugés, ou
pour proposer des idées nouvelles. Si jamais cette police pouvoit s'observer, l'émulation naîtroit, & les Arts
marcheroient d'un pas rapide vers la perfection.

D'après ce vœu particulier, j'ai moi-même donné
l'exemple, en réfutant toutes les erreurs de ceux qui ont
écrit avant moi sur le Vernis : j'ai posé mes principes,
je pars du terme où nous sommes, & je propose d'aller
au-delà. Peut-être me suis-je trompé ; mais comme
pour me le prouver, il faudra des expériences & des
faits, mon Art se perfectionnera, & mes écarts auront
servi à découvrir la vérité.

Dans les erreurs que j'ai relevées, je n'ai cité que
celles du Parfait Vernisseur, parce qu'étant l'écho du
Traité des Vernis, du Dictionnaire œconomique, du
Livre des Secrets sur les Arts, & le plus moderne, il
étoit inutile de parler des autres. Je l'ai cité presqu'en
entier. On me le reprochera sans doute, & l'on dira
qu'il est inutile de relever des fautes lorsqu'on donne
des définitions claires, & des préceptes certains. J'ai
senti l'objection, mais je pense que l'erreur apperçue
instruit quelquefois mieux que le précepte même ; que
d'ailleurs il faut absolument désabuser les Artistes, les
Amateurs, les mettre en garde, leur apprendre à se
méfier du nombre prodigieux de recettes éparses dans
tous ces Livres, en leur en développant les raisons.

Je ne suis qu'un manipulateur. J'en préviens le public, je dois mes connoissances à trente ans d'usage. La
pratique en fait d'Art, vaut mieux, dit-on, que la spé-
culation : peut-être ai-je éprouvé que l'habitude de la
main-d'œuvre mene quelquefois au-delà du point où
la Chymie, dont je n'ai pas la moindre teinture, auroit
pu me conduire ; c'est à ce grand usage seul que je dois
la perfection de mon Art, l'étendue de mon commerce,
& la réputation de mes Vernis : ils passent, j'ose l'avancer, pour les plus beaux de Paris, j'en fournis dans
toute la France & dans toutes les contrées de l'Europe.
D'après cela, on doit croire qu'en parlant de cet Art, je
ne hazarderai rien que je n'aie exécuté moi-même, &
dont je n'aie vu le succès.

Ainsi, je fais connoître ce que c'est que le Vernis en

général . . . . . Comme on l'applique aussi sur des peintures, des dorures, que l'Art du Peintre & Doreur est
lié avec celui du Vernisseur, & qu'au titre de Marchand
Epicier qui m'accorde le droit de fabriquer & de vendre des vernis & des couleurs, je réunis encore celui
de Peintre & Doreur, qui me donne la faculté de les
employer, j'ai cru que le Public me sauroit gré de lui
offrir la connoissance des procédés de ces deux Arts.
Une raison puissante m'y a encore déterminé : ces deux
Arts sont si mal présentés dans tous les Livres qui en trai-
tent, sans excepter même l'Encyclopédie, le Dictionnaire des Arts qui l'a copié, le Livre concernant les
Arts & Métiers, cité ci-dessus, que j'ai cru que le public verroit avec plaisir un homme du métier parler de
ses opérations, les présenter lui-même, & que le déve-
loppement d'une pratique détaillée ne pouvoit que conduire à sa perfection.

La *peinture d'impression*, la seule que j'exerce & que
je connoisse, est l'art d'imprimer dans les bâtimens ou
sur des équipages, diverses couches de couleurs préparées en huile, en détrempe ou au Vernis, sur des ouvrages de menuiserie, charpenterie, maçonnerie, serrurerie, ou panneaux de voitures qu'on veut conserver, embellir & mettre en couleur d'une même teinte.
Ce genre de peinture, aisé sans doute à exercer, qu'on
croit tel parce qu'il n'est que mécanique, exige néanmoins des détails & des connoissances, qui, faute d'ê-
tre répandues, empêche nombre de personnes qui s'en
occuperoient par goût, ou s'y livreroient par nécessité,
d'en faire une étude particulière : souvent lorsqu'on
desire donner à de certaines parties le degré de perfection possible, on voudroit pouvoir suivre les travaux,
apprécier l'exactitude & l'habileté des ouvriers, les guider s'ils s'écartent, les forcer s'ils omettent, enfin s'assurer que rien ne manquera pour la beauté de l'ouvrage :
n'ayant point de notions certaines, inattaquables, on est
quelquefois obligé de se livrer à l'ignorance ou à l'infi-
délité : souvent dans une maison de plaisance, dans un
château, on veut décorer un sujet, réparer un éclat de
peinture ou de dorure, par impromptu donner une
fête, bâtir un théâtre, une décoration, rafraîchir un tableau, les ouvriers manquent ; ceux qu'on peut avoir

font eux-mêmes fi ignorans, il en coûte tant pour faire
venir les habiles des Capitales, que la dépenfe effraye,
la fête manque, le tableau fe gâte, les appartemens reftent dans l'état de fimplicité tranfmis par les ancêtres (1);
& faute de pouvoir employer foi-même, ou par des
domeftiques, ce que l'on feroit auffi bien que des
ouvriers fort coûteux, fi on connoiffoit leurs procédés,
on néglige de fe procurer ou les graces de la propreté,
ou les agrémens d'un luxe honnête, ou enfin les plaifirs
faciles de l'aifance.

J'ai donc, dans cette feconde Partie, donné tous les
moyens de s'inftruire & d'exécuter : je mets, pour
ainfi dire, le pinceau à la main ; j'ofe affurer que les
procédés font certains qu'en rempliffant exactement &
avec patience ce que je prefcris, l'on parviendra à
réuffir auffi bien que nombre de bons ouvriers le
feroient (2).

La *Dorure* n'eft pas moins étendue, &, j'ofe encore
l'avancer, de la plus grande précifion.....

_____

(1) Il n'y a pas grand mal à cela, m'ont dit quelques fages, il falloit
dire, *les appartemens perdent jufqu'à la fimplicité de leurs premieres
décorations.* Je donne ici cette verfion pour plaire à tout le monde.

(2) Ce qui eft d'autant plus facile, que l'on peut faire venir les
matieres toutes préparées pour l'emploi, & que je fuis dans l'ufage
très-fréquent, lorfqu'on me défigne la couleur qu'on adopte, ou
m'envoye l'échantillon de celle qu'on defire marier, avec un papier ou une étoffe, le nombre de toifes que contient la fuperficie
qu'on veut peindre, des couches qu'on veut y appliquer, foit à
l'huile, foit en détrempe, d'envoyer la quantité précife, diftincte
& féparée des marchandifes néceffaires pour chaque couche, toute
prête à être employée ; en forte qu'il n'eft pas poffible de mal faire,
parce qu'en recevant la quantité de chaque couche donnée relativement à la furface à peindre, il ne s'agit que de la diftribuer également.

Je confeillerai toujours aux perfonnes qui voudront s'amufer à
peindre elles-mêmes d'acheter ainfi les couleurs toutes préparées,
parce que ce font les préparations qui occafionnent le plus fouvent
aux Artiftes ces maladies fi terribles, connues fous le nom de colique des Peintres, qui proviennent des exhalaifons, des broyemens,
& calcination des matieres ; au lieu que l'emploi de ces matieres dif-
pofées & apprêtées, ne peut jamais être dangereux, l'odeur qui en
réfulte n'étant point malfaifante, fur-tout avec certaines précautions
qu'on développera dans l'ouvrage. Je configne cette note parce qu'il
y a nombre de perfonnes qui s'imaginent que c'eft s'expofer à ces coliques que de manier le pinceau & d'appliquer foi-même les couleurs.

Le defir fincére d'arrêter les progrès de l'erreur, de voir l'Art du Vernis fe perfectionner, d'être utile au Public en lui procurant, fur la Peinture, la Do-rure, fur l'emploi du Vernis, des connoiffances certaines, & de répondre à ceux qui, achetant chez moi des marchandifes, me font l'honneur de me confulter fur leur ufage, m'a déterminé à mettre cet Ouvrage au jour. Un de mes amis qui, par état fe livre aux im-portantes fonctions du Barreau, & qui par goût chérit & cultive les Arts, a bien voulu fe dérober quel-quefois aux regards de Thémis pour rendre en fecret fon hommage a Minerve, & revoir mon manufcrit : je dois à la vérité autant qu'à la reconnoiffance, le témoignage que fans lui je n'aurois jamais ofé courir les rifques de l'impreffion.

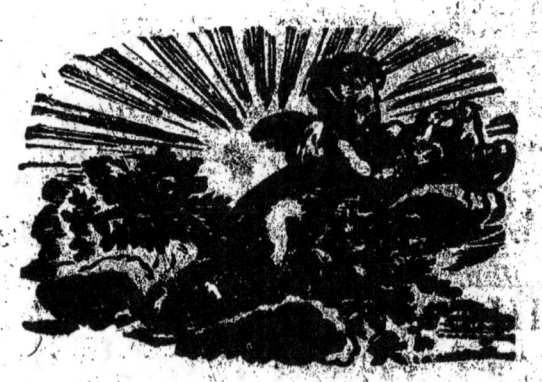

TABLE
DES CHAPITRES.

L'ART DU DOREUR. 135

SECONDE PARTIE.

L'ART DU VERNISSEUR.
TROISIEME PARTIE.

L'Art d'employer le Vernis.

Fin de la Table des Chapitres.

Fautes que le Lecteur est prié de corriger pour l'intelligence du Discours.

Page 6, *ligne* 4, une muraille en bois, *lisez*, une muraille, un bois.

—— 11, *lig.* 21, & former la pointe: lorsqu'on les mouille, *lis.* & former la pointe lorsqu'on les mouille.

—— 97, *lig.* 23, broyé à l'huile de noix; & détrempé; *ajoutez* avec du noir pour faire la teinte grise.

—— 15, *lig.* 5, produit de blanc, en leur abſence le noir, *lis.* & leur abſence le noir.

—— 145, *lig.* 6, dans une pinte froid, *lis.* pinte d'eau.

—— 156, *lig.* 6, supprimer le mot liſſe, voyez-en la raiſon, à la Table des Matieres, au mot égrainer.

Page 239, *omiſſion* de la recette du Vernis noir, Karabé, trois quarts deux onces d'Arcançon & d'Aſphalte, six onces d'huile, trois quarts d'eſſence.

Il s'eſt gliſſé dans ce Livre quelqu'autres fautes d'orthographe, ou d'omiſſion, je ſupplie de vouloir bien les corriger.

OBSERVATIONS.

PLUSIEURS perſonnes ayant marqué au ſieur *Watin* que les marchandiſes néceſſaires aux trois Arts qu'il a traités, ſont rares en Province, & même dans quelques-uns des pays étrangers, très-cheres, ordinairement d'une qualité fort ſuſpecte, & toujours inférieures à celles qui viennent de Paris, il s'engage d'envoyer par les voyes qu'on lui indiquera, toutes celles qu'on voudra faire venir bien conditionnées & les meilleures poſſibles, aux prix qui ſeront ci-après marqués.

Les couleurs dont on aura ou déſigné la teinte par ſa dénomination, ou envoyé l'échantillon, parviendront ſi l'on veut toutes prêtes à être employées, il ſuffira de lui indiquer le nombre de toiſes quarrées qu'on veut peindre ou vernir, des couches qu'on veut y appliquer, ſoit à

l'huile, soit en détrempe ; ensorte qu'il ne sera pas possible de se tromper, parce qu'en recevant la quantité de
chaque couche donnée relativement à la surface à peindre, il ne s'agit que de la distribuer également.

Lié d'amitié ou d'intérêt avec les plus habiles Artistes,
Négocians, Ouvriers de la Capitale (sans néanmoins
adopter une préférence exclusive qui sera toujours su-
bordonnée aux volontés des personnes) il se fera un
plaisir de joindre à ses envois tout ce qu'on désirera faire
venir de Paris, comme meubles, bijoux, livres, plantes, graines, modes, étoffes, &c. &c. & autres choses
d'agrément ou de nécessité.

Si les Provinces fournissent à la Capitale presque
toutes les premieres matieres, celle-ci à son tour, les
leurs reverse façonnées par l'industrie ; en leur resti-
tuant les objets qu'elle en a tirés, elle leur offre de leur
repartir, ce qu'elles ne pourroient avoir que très-difficilement d'ailleurs ; Paris, par sa situation, son
commerce, ses fabriques, est la plus sûre, la plus multipliée & la plus abondante de toutes les correspondances.
Le luxe & le besoin peuvent en tout tems s'y pourvoir ;
l'abondance & l'émulation des Arts le rendront toujours
intarissable & supérieur à leurs moyens. Il n'est rien
que cette Ville ne puisse fournir, & sans elle l'on peut
manquer de presque toutes les choses utiles & agréables.
Il faut donc y tenir, & autant vaut d'en tenir tout : il
seroit à desirer que l'on vît se former dans toutes les
Provinces des associations telles qu'en présentent quelques Cantons. Plusieurs habitans d'une ville, ou Seigneurs
de châteaux, ou Curés se réunissent ; l'un d'eux se
charge de la correspondance ; chacun lui fait passer
son mémoire, on forme de tout une masse de demandes,
dont les objets par leur réunion, donneront un volume
important. Aussi-tôt son arrivée de Paris, la répartition
s'en fait, chacun paye les frais de commission au

prorata de la valeur de l'objet acquis ; & ceux du transport, eu égard à son poids, ce qui devient très-médiocre par la quantité. Quelquefois ces négociations se font par voye d'échange, & il n'est pas rare de voir des commandes considérables se traiter sans autres débours que ceux de l'exportation.

On trouve dans le magasin du Sr. Watin toutes sortes de Vernis fins, à l'esprit-de-vin, à l'huile, à l'essence, & il ose l'avancer, les plus beaux de l'Europe, entr'autres un Vernis blanc à l'esprit-de-vin, sans odeur, qu'on employe sur les lambris d'appartemens, qui emporte même l'odeur des couleurs à l'huile.

On trouve aussi toutes sortes de Moulures dorées de tapisseries, Cadres d'estampes, Bordures de tableaux, & autres ouvrages de Dorure des plus à la mode, dont il fait des envois.

Il fait la commission, & entreprend la Peinture & Dorure en bâtiment.

Le sieur Watin supplie les personnes qui lui feront l'honneur ou de le consulter, ou de le charger de leur commission, de vouloir bien affranchir leurs lettres. Il les prévient qu'il n'en répondra aucune, si elle n'est franche, ou si on ne lui fait passer les deniers suffisans pour l'en rembourser, & ne fera aucune sorte d'envoi s'il n'est assuré des fonds.

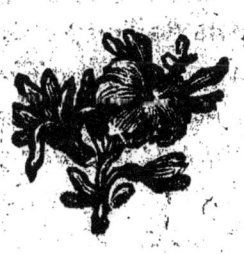

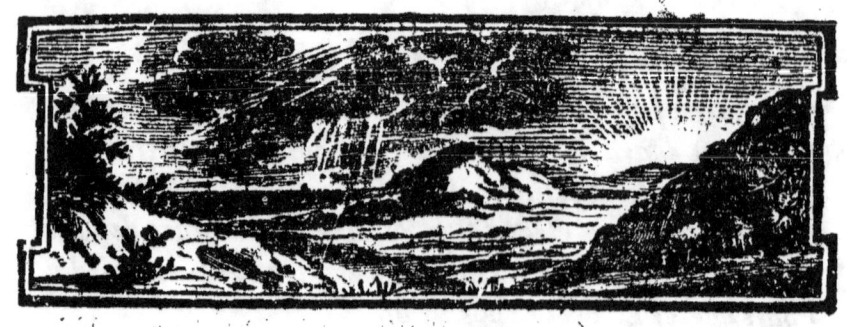

L'ART
DU PEINTRE
D'IMPRESSION.

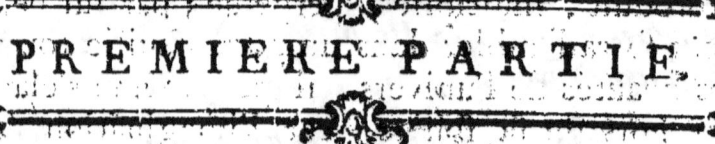

PREMIERE PARTIE.

INTRODUCTION.

L'ART de la Peinture est divisé en deux
parties, comme les Peintres le font en deux
claffes. La première, que j'appelle *la Peinture*
par excellence, eft un Art libéral, enfant de
l'imagination ou du génie, qui parle aux yeux,
les attraye, les fixe & s'en joue quelquefois
par des illufions inconcevables ; c'eft par la
médiation du plus noble des organes qu'il
maîtrife les fens, pénétre jufqu'au cœur, éveille
& anime les paffions, infpire l'effroi, ramene
la férénité, répand la terreur, produit l'extafe,
& quelquefois, ainfi que le portrait de Miltiade,
forme les grands hommes & crée les héros.

A

Cet Art, au-deſſus de mes éloges & de mes talens, eſt le créateur des Arts : preſque tous lui doivent leur exiſtence, & il n'en eſt point qui n'emprunte ſes ſecours. Miroir de la nature, il nous en repréſente les graces, les ſites, les richeſſes, les variétés, en donnant à tous les objets dont il ſe ſaiſit une eſpéce de vie, par le contour de ſes traits, & la diverſe teinte de ſes couleurs ; c'eſt une glace qui réfléchit, & rend fidélement l'objet qu'on lui offre, mais qui n'en perd pas la trace par ſa diſpariſi- tion. Au contraire, il en deſſine les formes, imite les nuances, copie les tons, les fixe, les conſerve, & quelquefois même les embellit. Par lui tout ce qui exiſte eſt, pour ainſi dire, reproduit, multiplié, perpétué ; par lui peu- vent ſe raſſembler dans un porte-feuille toutes les beautés de l'univers, il peut même s'élan- cer hors de ſa ſphére ; car l'imagination lui prête ſes aîles; comme elle, il eſt illimité, & il peut vaguer à plein vol dans les contrées fécondes des idées fantaſtiques.

La ſeconde, appellée *la Peinture d'impreſſion*, enfant de la néceſſité & du luxe, eſt peut-être plus néceſſaire à l'homme en ce qu'elle rafraî- chit & maintient les choſes les plus utiles & les plus uſuelles, embellit & conſerve ſes apparte- mens, ſes meubles, ſes équipages, & en les ménageant ſait les rendre flatteurs à la vue : elle eſt ſûrement plus agréable à l'induſtrie, en ce qu'elle préſente ſans ceſſe à l'œconomie, au loiſir, au beſoin, des reſſources d'épargne, d'occupation, d'induſtrie ; qu'à ces avantages réels, elle offre avec peu de dépenſe les plai- ſirs d'une mobile & riante décoration, qu'en un inftant l'inconftance peut varier, nuancer & renouveller à fon gré. Auffi cette facilité de faire fuccéder des couleurs à d'autres, de les employer foi-même, de devenir habile avec un peu d'habitude, de réuffir déjà lorfqu'à peine on commence; enfin de fe paffer d'ouvriers, fouvent fort coûteux, & l'agrément d'être de tous les Arts le moins difpendieux, ont-ils rendu celui dont nous entreprenons la defcription, du plus grand ufage dans toutes les contrées, & un objet ou d'exercice ou d'amufement pour tous les états (1).

Cet Art, tout méchanique qu'il paroît, exige

_____

(1) Tous les Arts & Métiers méritent fans doute d'être connus, encouragés, honorés; mais les détails qu'on nous donne de ces différens Arts & Métiers, ne peuvent guères intéreffer que ceux qui s'y livrent, c'eft pour eux feuls que l'inftruction eft utile, le refte du public ne les accueille que dans la fpéculation. L'amateur ne s'en occupe point, & l'abandonne à l'ouvrier. Quelque bien détaillé que foit, par exemple, l'Art du Tailleur d'habits ou du Cordonnier, la lecture ne fera fûrement pas naître l'envie de couper une étoffe, ou de façonner un foulier; au lieu que les trois Arts que je vous annonce, Monfieur, outre l'accueil général qu'ils ont droit d'exiger comme Arts, méritent d'être recherchés par tous les états, en ce qu'il leur offre à tous les reffources, foit d'amufement, foit d'œconomie. Tout le monde peut être Peintre, Doreur, Vernifleur, comme un peu d'habitude peut y rendre habile; que la pratique en eft aifée, on fouffre fouvent d'être obligé d'appeller des ouvriers, fur-tout lorfqu'on fait qu'on exécuteroit auffi-bien que les meilleurs Artiftes, fi l'on connoiffoit leurs procédés; c'eft, Monfieur, ce qu'on peut apprendre aifément en lifant l'ouvrage du fieur W.... Année Littéraire, tom. 4. 1772. Lettre 7. Nº. 18. de l'analyfe de la première édition.

des connoissances. Il a ses principes, ses préceptes : pour bien opérer, il faut absolument
s'en instruire ; un procédé que le raisonnement
dirige sera toujours plus sûr de son effet, &
une description qui offrira des régles, ins-
truira mieux l'amateur, & formera plus facilement l'Artiste. Celle que nous présentons,
en répandant sur-tout dans les Provinces le
goût de la décoration & des embellissemens, y
éclairera les ouvriers. Combien parmi eux, igno-
rent jusqu'au nom des substances colorées dont ils
se servent, n'en connoissent ni l'usage ni le
choix ! embarrassés sans cesse sur le mélange &
la combinaison qu'il en faut faire, ne font
que de mauvaises teintes, dures, désagréables ;
ou s'ils en saisissent de bonnes, les gâtent, ou
faute de préparations nécessaires, ou par la
mal-adresse de l'emploi. Hé, comment pour-
roient-ils s'instruire ? car enfin, il faut ou des
maîtres, ou au moins des modéles. Suffit-il
de prendre la brosse & de barbouiller, pour être
Peintre ?

D'un autre côté, cette description doit plaire
à l'habile Artiste, c'est sur-tout pour lui qu'il
est intéressant que ses procédés soient connus.
A le voir travailler si lentement, revenir plusieurs fois sur les pas avec des soins qui paroif-
sent si pusillanimes, on croiroit qu'il ne
cherche qu'à multiplier ses travaux pour
augmenter ses salaires, en lui en offrant de
médiocres, on imagine même récompenser la
paresse ; mais c'est ne pas savoir que l'ignorance
seule est prompte, que l'habileté n'a qu'une mar-
che lente & posée, & que les détails minutieux
de la perfection sont innombrables ; ainsi en

donnant des descriptions simples & assez étendues néanmoins, des procédés de nos trois Arts,
nous nous proposons d'empêcher les Artistes
qui les exercent d'en imposer à la confiance,
ou à la crédulité de ceux qui les employent,
& de forcer ceux-ci de rendre justice aux talens,
& de récompenser les travaux.

Enfin, nous osons croire que cet ouvrage
sera accueilli par le propriétaire dans ses domai-
nes, le Seigneur dans son château, le Curé
dans son Presbytère, le Religieux même
dans sa cellule. A l'aide de ce traité, le sage
œconome pourra opérer lui-même, s'il le juge
à propos, ou diriger les travaux de ses domes-
tiques; s'il appelle des ouvriers, il pourra, le livre
à la main, suivre leurs opérations, & s'assurer s'ils
remplissent exactement ce qui est de leur devoir.

J'ai déjà eu occasion de le dire, & je le
répete ici; je supplie les personnes qui voulant
procéder d'après l'ouvrage se trouveront em-
barrassées, de vouloir bien me faire passer leurs
observations, je ferai tout ce qu'il dépendra
de moi pour leur en procurer l'intelligence,
& leur faciliter l'exécution: je le dois, puisque
mon livre a pour but de mettre l'Amateur dans
le cas de réussir aussi bien que l'Artiste, & je
m'y engage : en me soumettant ainsi d'être
caution de tout ce que j'avance, c'est, je crois,
la meilleure maniere de prouver que j'ai eu
l'intention de faire un ouvrage utile. Mon
exactitude à tenir mon engagement prouvera,
je l'espere, combien je suis jaloux de répondre
à la confiance de ceux qui m'en honoreront.

L'origine de la Peinture d'impression paroît remonter à la plus haute antiquité; les

A iij

uns en attribuent l'origine aux Phrygiens,
d'autres aux Babyloniens. Elle est sûrement
aussi ancienne que la teinture ; car teindre une
étoffe, ou peindre une muraille en bois, c'est
toujours donner une couleur uniforme, & ces
deux Arts ont dû se succéder de bien près.
L'on voit que du tems de Moyse, la Teinture
avoit déjà fait les plus grands progrès. Cléo-
phante de Corinthe, dit Pline, liv. 35,
sect. 5, se servit le premier d'une terre pulvérisée & broyée très-fine qu'il tiroit de morceaux
de pots de terre, *testâ ut ferunt tritâ*, &
en composa une couleur. Quel que soit
l'auteur de la découverte, il est probable qu'une
terre colorée infusée, soit à dessein, soit par
hazard dans de l'eau, qui donnoit une teinte
au liquide, qui à son tour la communiquoit à
un autre sujet, a dû donner les premieres idées
de la Peinture d'impression (1). Les sauvages,
qui n'ont pas seulement la plus légere idée de
nombre d'Arts qui nous sont très-familiers, &
auprès desquels il faudra toujours se reporter,
lorsqu'on voudra raisonner sur l'origine ou
l'ancienneté d'une opinion, d'une coutume,
d'un art, connoissent la Peinture d'impression ; ils peignent leurs arcs, leurs javelots,
leurs carquois, leurs canots, l'usage de ces
peuples qui, pendant tant de siécles, ont conservé l'heureuse simplicité de leurs notions pri-

_____

(1) Voir Junius, *de Pictura veterum Roterodami*,
1694. Dissertation de M. l'Abbé Fraguier, Mémoire
de l'Académie des Belles-Lettres, vol. I. pag. 75,
tom. 25. Dissertation de M. de Caylus, ce célebre
interprète de Pline sur la Peinture.

mitives, nous attefte mieux que toutes nos conjectures, & celles des Auteurs, que la Peinture d'impreffion eft un des premiers Arts découverts.

Nous voyons dans Homere que cet Art étoit bien connu des Grecs, puifque le vaiffeau d'Ulyffe allant au fiége de Troye, étoit peint en rouge (1). La table fur laquelle Neftor offre des rafraîchiffemens à Patrocle eft peinte en bleu (2). On étoit donc déjà dans l'ufage de mettre en couleur les bois & les meubles. Salomon, près de deux cents ans après, avoit fait peindre les murailles de fon temple, *& fecit picturas egredientes & quasi prominentes de parietè.* Liv. 3, des Rois, &c.

L'époque de la découverte intéresseroit peu, si au moins on connoiffoit quels étoient les procédés des Anciens, mais les Auteurs nous laiffent là-deffus dans la plus profonde ignorance. Il y a mieux ; depuis l'intervalle immenfe de ces tems reculés jufqu'à nos jours, nous ne connoiffons fur cet Art aucun mémoire bien inftructif. Tâchons que la poftérité ne puiffe pas faire à notre fiécle le même reproche.

La défcription de cet Art contiendra plusieurs chapitres. Le premier traitera des outils qui garniffent l'attelier du Peintre d'impreffion. Le fecond fera connoître les matieres, foit naturelles, foit artificielles, qui entrent dans la compofition des couleurs. Dans le

_____

(1) Iliad. liv. 2. v. 144.

(2) Iliad. liv. 11. v. 628.

troisieme, on considérera les liquides qui servent à les broyer & à les détremper. Dans le quatrieme, la maniere de composer, combiner, broyer & détremper les couleurs ; enfin le dernier traitera de leur application sur toutes sortes de sujets en bâtimens, équipages, toiles, &c. Cette partie sera terminée par des observations sur les accidens qui peuvent arriver à ceux qui s'adonnent à peindre ; accidens connus sous le nom de coliques des Peintres.

CHAPITRE PREMIER.

Des Outils qui doivent garnir l'Attelier du Peintre.

A PEINE un bâtiment est-il élevé, à peine les constructions nécessaires sont-elles terminées, que l'empressement de jouir appelle le Peintre d'impression, & lui confie le soin de la décoration & des embellissemens. Celui qui voyoit avec tranquillité les progrès lents de la bâtisse, devenu tout-à-coup impatient, sans attendre que les murs soient secs, que les plâtres soient essuyés, ne laisse souvent pas à l'Artiste le tems de se disposer à ses travaux. Il faut que celui-ci prévienne le desir; qu'expéditif dans ses opérations, il surmonte les obstacles que l'humidité lui oppose sans cesse, & qu'il se hâte de rendre promptement les lieux, non-seulement décorés, mais encore en état d'être habités.

Tout le bâtiment devient fon attelier : d'abord ce n'eft qu'un fimple ouvrier dont le premier foin eft de peindre au-dehors, les efcaliers, les rampes, les grilles, les croifées, les portes, les treillages. Au-dedans, de blanchir les plafonds, & de mettre en couleurs les lambris, les parquets, &c. Il donne à tous les fujets, la teinte choifie, & il la donne uniforme ; mais il faut varier l'embellissement, flatter la vue : ici paroît l'Artifte, il remarque les expofitions, mefure la hauteur & la chûte des jours, devine les effets, combine avec eux les teintes, & répand par-tout les plus riches ornemens ; enfin fe développe le Décorateur, il travaille fouvent à la vérité, fur les deffeins de l'Architecte ; mais c'eft lui qui fait refpirer le marbre, le ftuc, l'or, qui deffine un lointain, ménage une perfpective, fait imiter les plus grandes richeffes de la nature & de l'induftrie, qui du fallon au boudoir, de la galerie au jardin, de l'oratoire à la falle de fpectacle, va multiplier les charmes d'une décoration variée qui plaira fans ceffe à l'œil fans le raffafier, & lui fera à chaque inftant admirer de nouvelles beautés, en lui ménageant de nouvelles furprifes.

Sous ces trois changemens que le Peintre d'impreffion eft obligé de fubir, il n'eft pas, pour ainfi dire, le même homme : dans fon premier état, c'eft un être paffif, toujours afervi, toujours commandé. Dans le fecond, il combine à la vérité, mais fes combinaifons ne font prefque que le réfultat d'une fcience d'habitude, un rapport d'effets connus avec ceux qu'il veut produire, qui font toujours subordonnées, & très-souvent arrêtées par les idées d'un amateur impérieux qui fait tout fléchir sous le poids d'une volonté, que quelquefois le caprice dirige. Mais comme Décorateur, il n'a plus de maître ; le plan donné, il prend l'essor, ses travaux ne sont plus contredits, il n'est pas froidement asservi à l'imagination d'un autre, son goût, son goût seul le conduit & l'inspire.

Il s'en faut beaucoup que nous tentions de suivre le Peintre d'impression dans ses trois métamorphoses. C'est du goût & des grands maîtres qu'il faut prendre des leçons dans les deux dernieres ; & loin de vouloir en donner, nous sommes nous-mêmes tous les jours dans le cas de les recueillir ; nous ne voulons qu'ébaucher l'Artiste, présenter à l'amateur les succès faciles de la Peinture d'impression, lui en offrir les connoissances préliminaires, & faciliter les procédés qui sont seuls du ressort de la main, & pour lesquels il faut plus d'habitude que d'intelligence.

En entrant dans l'attelier du Peintre, les outils sont les premiers objets qui frappent la vue : occupons-nous succinctement toutefois, à les faire connoître & à en décrire l'usage.

Les premiers outils les plus essentiels au Peintre, sont les pinceaux qu'on distingue en *brosses* & *pinceaux*, tous de différentes grosseurs. Les premiers sont faits, ou de soie de sanglier seul, ou de soie de sanglier mêlée de celle de porc bien droite, en forme ronde, dont la surface doit présenter une forme plate, ébarbée finement : il est assez difficile d'en trouver de bonnes.

Une demi-heure avant que de s'en fervir,
il faut les tremper dans l'eau, pour ôter la
fciure qu'on y a mife pour la ferrer, & pour
enfler la ficelle & le bois : l'eau fait faire à
tout fon effet, en refferrant davantage l'une &
maintenant l'autre, elle empêche que les poils
ne fe défaffent, & la broffe ne fe démanche:
enfuite on nettoye bien la broffe pour en faire
fortir ''eau ; elle peut fervir alors à toutes fortes
d'ufages, foit pour la détrempe, foit pour
l'huile.

On peut mouiller de même les broffes en
détrempe, dont on ne s'eft pas fervi depuis long-
tems ; mais on ne pourroit pas le faire pour les
broffes qui ont été employées à l'huile.

Les *pinceaux* font faits de poils de blaireau,
ou de petits gris, qu'on enchaffe dans des
tuyaux de plume, depuis celle du cygne,
jufqu'à celle de l'allouette. Ils doivent, ainfi
que les petites broffes, ne point fe ployer,
préfenter une pointe ferme, & former la pointe;
lorfqu'on les mouille, il faut avoir foin de les
bien nettoyer quand on ne s'en fert plus.

Le *pincelier* eft un petit vafe communément
de cuivre ou de fer-blanc, plat par deffous, ar-
rondi par les deux bouts, & féparé en deux par
une petite plaque pofée au milieu de maniere
qu'on la voye, on met de l'huile ou de l'effence
dans un des côtés pour nettoyer les pinceaux. En
les trempant dedans on les preffe entre le doigt,
& le bord du vafe, ou de la plaque, afin que
l'huile tombe avec les couleurs qu'elle détache
du pinceau dans l'autre partie du vafe où il n'y
a point d'huile nette ; les Doreurs, comme on
le verra, employent ces reftes des couleurs

qui tombent dans le pincelier, après les avoir laissé exposées l'espace d'une année au soleil.

La *palette* est une planche de bois fort serré, mince, de figure ovale ou quarrée, un peu plus menue aux extrémités qu'au centre ; l'endroit le plus épais, n'a tout au plus que deux lignes. On y fait sur le bord un trou de figure ovale, & assez grand pour pouvoir y fourrer tout le pouce de la main gauche, & un peu plus. Ce trou est taillé de biais dans l'épaisseur du bois, & comme en chanfrein, en sorte que la partie de dessous la palette, & qui est vers le dedans de la main, est un peu tranchante. A l'opposite, c'est celle de dessus ; car la palette s'appuye en partie sur le bras : on s'en sert pour les décorations & les ornemens.

Le bois de palette est ordinairement de poirier ou de pommier, rarement de noyer, à cause qu'il se tourmente trop ; c'est-à-dire, qu'il est trop sujet à se bomber & à perdre son niveau. On imbibe d'abord le dessus de la palette, quand elle est neuve, avec de l'huile de noix siccative, qu'on y met à plusieurs reprises à mesure que l'huile séche, & jusqu'à ce qu'elle ne s'imbibe plus dans le bois. Quand l'huile est bien séche, on polit le dessus de la palette en le ratissant avec le tranchant d'un couteau, & on le frotte avec un linge trempé d'huile de noix ordinaire.

La palette sert pour mettre les couleurs broyées à l'huile qu'on arrange au bord d'en haut, qui est celui qui est le plus éloigné du corps ; quand on tient la palette à la main, l'on place les couleurs les unes à côté des autres par petits tas, de façon qu'elles ne puissent pas fe toucher, les plus claires ou blanches, vers le doigt de la main, le milieu & le bas de la palette fervent à faire les teintes, & le mélange des couleurs avec le couteau.

Pour nettoyer la palette, quand on en a ôté avec le bout du couteau toutes les couleurs qui peuvent encore fervir, on la frotte avec un morceau de linge, & l'on y met enfuite un peu d'huile nette pour la frotte. encore & la nettoyer parfaitement avec un linge net. S'il arrivoit qu'on laiſſât fécher les couleurs fur la palette, il faudroit la ratiſſer promptement avec le tranchant du couteau, en prenant garde de hacher le bois, & la frotter enfuite avec un peu d'huile.

On fe fert de regles pour travailler en architecture ; elles doivent être de bois de poirier, abbatues en chanfrein, comme des regles à deſſiner : il faut auſſi un plomb, au bout duquel on attache une ficelle de fouet très-fine, il fert à prendre l'à-plomb ; une équerre, un compas pour le décore, & pour diſtribuer les panneaux d'appartemens.

Tous les vafes dont on fe fert pour mettre les couleurs, doivent être verniſſés ; par cette précaution, elles s'y deſſéchent moins.

Le *couteau* eſt une lame platre, flexible, également mince de chaque côté, arrondie par une de fes extrémités, & emmanchée par l'autre dans un manche de bois roux & léger.

Nous parlerons plus au long de la pierre à broyer, & de la molette.

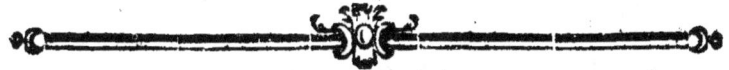

CHAPITRE II.

Des Couleurs, & des Matieres qui entrent dans la compofition des Couleurs.

SANS entrer dans l'examen de ce que c'eft que la couleur, foit relativement à la lumiere qui la produit, foit relativement aux fens qui la reçoivent, & aux fenfations qu'elle procure (1); il nous fuffit de favoir que fi le foleil par la compofition de fes rayons, offre au phyficien fept couleurs, la terre en ouvrant fon fein, préfente à l'induftrie humaine des matieres colorées, qui par elles feules ou par leur réunion, faififfent le ton & la vérité des couleurs céleftes.

La phyfique des cieux diftingue deux fortes de couleurs, les primitives, & les fecondai-

---

(1) La couleur eft-elle une qualité réfidente dans les fujets colorés, & indépendante de la lumiere ? Eft-ce feulement le produit de fes vibrations & réfractions ? La doit-on à la refrangibilité de fes rayons ? ou bien ; eft-ce l'action de la lumiere qui met en mouvement l'organe de telle ou telle maniere ? Enfin, la tranfmutation des couleurs produite par le mélange eft-elle réelle, ou n'eft-ce qu'une apparence, une fimple erreur de la vue ? Queftions bien intéreffantes fans doute ; mais fur lefquelles, comme fur nombre d'autres, la phyfique n'aura peut-être jamais de folution bien nette. Étudions la nature, en cherchant la vérité ; efpérons la trouver à l'aide des faits, & non par des raifonnemens hypo-chétiques.

res : les primitives font, le rouge, l'orangé, le jaune, le verd, le bleu, l'indigo, le violet & leurs nuances. La réunion confufe dans la même denfité de ces fept couleurs primitives, produit le blanc, en leur abfence le noir. Les couleurs fecondaires ou hétérogenes, font celles qui font produites par la combinaifon & le mélange des premieres.

La phyfique des corps colorés dans les fubf-tances terreftres, connoît auffi pour couleurs primitives, le rouge, le verd & le jaune ; mais elle contrarie fur les autres le fyftême de Newton ; car le bleu, l'indigo, le violet, l'orangé, ne font chez elle que le réfultat des compofitions. Ici, le Brun eft une couleur pofitive ; là, elle n'eft que fecondaire, & ne peut fe produire que par des mélanges. Dans l'hypothéfe de la lumiere, le Noir n'eft rien, il n'exifte (fi l'on peut fe fervir de cette expref-fion pour une chofe qui n'exifte réellement pas), que par l'abfence des autres ; au lieu que l'induftrie humaine a fu le trouver dans la décompofition de mille matieres différentes ; enfin le Blanc, & c'eft ici où la contrariété eft la plus frappante, le Blanc eft dans l'un, un mélange confus de fept couleurs primitives, il n'exifte que par leur réunion, & chacune de ces fept couleurs primitives peut fubfifter fans le produire : au lieu que le Blanc matériel exifte feul indépendant des autres couleurs ; bien plus, il en eft, pour ainfi dire, la bafe effentielle, puifqu'on le mélange avec les matieres qui donnent les couleurs primitives, & qu'il fe marie avec les fecondaires pour en faire des teintes variées à l'infini : ce n'eft pas que chaque couleur ne puisse subsister sans être alliée au blanc ; mais excepté quelques ochres, comme nous allons le dire, il n'est pas aisé d'employer les substances qui donnent des couleurs, à cause de leur légéreté : n'ayant pas de corps, lorsqu'elles ne sont pas mélangées avec le blanc, elles peignent & masquent moins les sujets qu'elles couvrent.

Laissons aux Physiciens & aux Naturalistes le soin d'expliquer les différences, les variétés & leurs causes ; il nous suffit de savoir qu'il n'est point de couleur primitive céleste, qu'il n'en est point de secondaire dont nous ne puissions rendre le ton par les diverses combinaisons des matieres entr'elles.

Il n'est pas nécessaire, je crois, de prévenir mes Lecteurs que je ne traite les couleurs que par leur rapport avec la Peinture d'impression ; tout ce que je vais dire n'a pour objet ni la teinture, ni ce que j'appelle la Peinture par excellence.

Les couleurs qu'employe la Peinture d'impression sont, ou naturelles ou composées ; les premieres sont tirées ou des minéraux ou des végétaux ; les autres proviennent du mélange & de la combinaison qu'on en fait : nous ne nous arrêterons ici qu'à donner une notice des principales matieres terrestres & de celles de composition qui produisent les couleurs primitives (1), nous indiquerons ensuite la com-

_____

(1) Cette notice sera, nous le présumons, suffisante pour les Amateurs & les Artistes, qui ne cherchant qu'à procéder, n'ont besoin que d'avoir assez de connoissances, pour faire eux-mêmes le choix des substances.

binaison

binaifon qu'il en faut faire, pour rendre le ton donné d'une couleur fecondaire : l'habitude & la réflexion apprendront aifément comment on doit s'y prendre pour varier les nuances.

SECTION PREMIERE.

Des principales matieres naturelles, ou de compofition qui donnent les couleurs primitives.

B L A N C.

Le blanc de plomb, la cérufe, le blanc de Bougival, dit d'Efpagne, le blanc de craye, font les matieres qui donnent le blanc.

Le *blanc de plomb*, que d'autres appellent cérufe pure, eft une matiere blanche, caffante, qu'on tire du métal appellé *plomb*, que l'on enleve, & qui au bout de plufieurs années fe trouve converti en écailles. Comme cette opération eft fort longue, on fe procure du blanc de plomb, en coupant de ce métal en lames fort minces, qu'on pofe fur des bois mis en travers dans un vafe, au fond duquel on a eu foin de verfer la hauteur de quatre à cinq doigts de fort vinaigre. Le vafe, ou pot bien luté, en le met fur un feu modéré, ou des cendres

---

& fe déplairoient aux délais des autres difcuffions. Nous nous propofons, pour completer à cet égard notre ouvrage, fi jamais nos affaires nous le permettent, de donner un jour au public, l'Art du *Fabriquant & du Marchand de Couleurs*, qui n'eft ni moins curieux, ni moins inftructif que celui que nous préfentons.

B

chaudes ; ou encore mieux dans le travail en grand, on le place dans du fumier pendant dix jours. On découvre le pot, on trouve ces lames plus volumineufes & couvertes en pieces blanches, dures & friables, & qu'on appelle *blanc de plomb en écailles*. Quelquefois au milieu de ces écailles, il refte des petites feuilles de plomb qui ne font pas calcinées ; il faut les féparer comme inutiles dans le blanc ; quelquefois auffi elles font couvertes d'une matiere graffe & jaune, qu'il faut ratiffer avant que de les broyer, ce qui peut venir des lames de plomb, qui n'étoient pas bien nettes par-deffus, lorfqu'on les a enfermées dans le pot.

Le blanc de plomb en écailles eft fans contredit le plus beau blanc dont puiffe fe fervir la Peinture. Quand on le veut fuperbe, il faut le broyer à quatre reprifes différentes, fur le porphire avec la molette, avec de l'eau bien claire, & le plus promptement poffible. Plus il eft broyé, plus il devient blanc ; il y en a qui le broyent d'abord avec du vinaigre, & enfuite le lavent à l'eau, croyant que par fon analogie avec ce liquide, il doit devenir plus blanc ; mais nous confeillons de le broyer tout de fuite à l'eau.

Quand il eft bien broyé, fi on veut le garder, on le laiffe fécher en trochifques ou petits grains, dans un endroit bien propre, où l'on ne faffe pas de pouffiere, il fe conferve très-bien. Si au contraire, on veut le mettre à l'huile, il faut, lorfqu'il eft bien broyé pour la quatrieme fois, y incorporer de l'huile d'œillet très-blanche, en battant le blanc à petits

coups répétés pour en faire fortir l'eau , &
l'huile la remplace ; on le rebroye enfuite très-
fin , par petite partie ; on le depofe dans un
vafe ou pot de terre vernissé , en y mettant
environ un demi-pouce d'eau deffus pour le
conferver , & empêcher qu'il ne fe forme de
peau.

La préparation à l'eau rend le blanc de
plomb & plus fin & plus blanc, ce qui n'ar-
riveroit pas fi on le mettoit tout de fuite à
l'huile. C'eft de ce beau blanc , ainfi préparé ,
dont on fe fert pour glacer fur les blancs de
cérufe , ou pour réchampir , &, quoique très-
dangereux , à donner de l'éclat à la peau. Le
meilleur venoit autrefois de Venife ; les Anglois & les Hollandois fe font emparés de cette
branche de commerce. Plus induftrieux que
nous , ils achetent dans nos contrées le plomb
& le vinaigre , dont elles font abondamment
pourvues , les fabriquent & nous les vendent.
Les procédés de cette manipulation étant bien
fimples , ayant d'ailleurs les matieres premieres , il feroit très-aifé cependant à la Nation
de faire tomber les manufactures étrangeres ,
& d'en revendre à toute l'Europe , fi on en
établiffoit en France quelques fabriques : ce
feroit certainement une fource du produit le
plus confidérable.

La *cérufe* eft ce même blanc de plomb broyé
avec de la craye ou marne ; celle qui nous vient
d'Hollande eft plus d'ufage dans la Peinture.
Quand nous difons que la cérufe eft broyée
avec de la craye ou marne , nous ne croyons
pas que l'on réufsît en France avec les mar-
nes & crayes blanches qu'elle produit , à faire

d'auffi bonne cérufe que celle des Hollandois; elles font trop légeres, trop friables. Le mélange qu'on en pourroit faire ne lui donneroit pas affez de confiftance, il faut que celle des Hollandois ait plus de corps & de denfité que les nôtres, & que fa nature approche beaucoup de celle des ochres, dont elle paroît réunir les propriétés; car la cérufe de Hollande eft lourde & a beaucoup de corps, le blanc de plomb n'en ayant pas par lui-même, comment la cérufe en acquerreroit-elle, fi elle ne recevoit ce corps du blanc qu'on y mélange ?

La cérufe fe diftingue du blanc de plomb par fa couleur, qui eft moins blanche, & par fon poids, qui, à volume égal, eft moins lourd. Elle eft la bafe de toutes les couleurs, c'eft-à-dire, qu'on la mélange avec toutes; elle leur donne du corps, les rend plus belles & plus brillantes : indépendamment de ces propriétés que les matieres colorées acquierent par leur mélange avec le blanc de cérufe, elles deviennent beaucoup plus utiles pour la Peinture, en ce que la couleur couvre & mafque bien mieux le fujet que s'il n'y avoit pas de blanc, qu'elles font plus promptes à fécher, parce que la cérufe étant compofée de minéral & de terre, pouffe davantage au ficcatif; propriété qu'elle tient du minéral, & que la terre dont elle eft mélangée ne lui donneroit jamais.

On vend quelquefois dans le commerce de la cérufe qui vient de Rome, belle, lourde, fort blanche, mais fort chere : j'en ai peu vu, & ne fuis pas en état de dire ce que c'eft, ne l'ayant point obfervée. On vend auffi des cérufes de *Crems*, petite ville d'Allemagne dans la Baſſe-Autriche, ſur le Danube ; elles ſont plus belles que notre céruſe, mais elles le ſont moins que notre blanc de plomb : d'ailleurs elles ſont cheres.

Le *blanc de Bougival*, autrement *blanc d'Eſpagne*, eſt une terre ou marne blanche, qui ſe fond très-facilement dans l'eau, auſſi ne s'employe-t-elle qu'en détrempe ; jamais on ne s'en ſert à l'huile, parce qu'il n'a pas aſſez de corps lorſqu'il y eſt mélangé : on le vend en pains dans le commerce. Voici comme on le prépare. Quand la marne eſt tirée, pour lui ôter ſon gravier, la purifier, on la fait délayer dans de l'eau très-claire ; miſe dans un vaiſſeau bien net, & on la laiſſe raſſeoir ; ce qui ſe fait aiſément ſans aucune manipulation : on jette cette premiere eau, qui eſt ordinairement jaune & ſale. On lave cette marne de nouveau, juſqu'à ce que l'eau devienne blanche comme du lait ; alors on la tranſvaſe ; là elle dépoſe, on vuide l'eau ſans agiter le fond, & on pétrit le dépôt, lorſqu'il eſt en conſiſtance de pâte. Il ſéche & durcit à l'air ; le plus fin ſe durcit en petits bâtons, & les dernieres potions du lavage, qui ſont toujours plus groſſieres, ſe moulent à groſſes maſſes d'une livre à vingt onces, qu'on laiſſe ſécher & durcir à l'air, & qui ſervent à la Peinture. Nous ſommes entrés dans ce détail, parce que c'eſt ainſi qu'on peut nettoyer & laver toutes les terres néceſſaires à notre Art.

Le blanc de craye eſt à peu près de même nature que le blanc de Bougival, à la réſerve qu'il eſt plus dur ; on s'en ſert à faire des crayons, à blanchir des plafonds. La craye dont on le tire, est une terre calcaire, friable, farineuse, s'étendant considérablement dans l'eau, qu'on trouve en grande quantité en Champagne, en Bourgogne, à Meudon près Paris, & dans d'autres endroits du Royaume.

ROUGE.

Le rouge & ses nuances, que produisent l'ochre rouge, le rouge brun, le rouge de Prusse, le cinnabre, le vermillon, le saffran bâtard, les laques, le carmin, est une des couleurs primitives qui jette le plus d'éclat, & qu'on varie à l'infini avec d'autres couleurs, ou plus claires ou plus brunes. Les Peintres d'impression n'en font guere usage que pour les carreaux d'appartemens, l'uniformité d'une teinte rouge ne flatte pas assez la vue. Quoi qu'il en soit, nous allons faire connoître toutes ces matieres, dont au surplus les Peintres en tableaux se servent plus volontiers pour préparer leurs toiles, & pour soutenir les autres couleurs.

Les ochres en général sont des terres mélangées, grasses, pesantes, qui ont de la saveur, & une couleur dont l'intensité s'augmente par l'action du feu. On prétend qu'elles se forment des métaux, tels que la zinc, le fer, le cuivre, qui se sont vitriolisés, puis déposés avec les terres. Les ochres rouges naturelles ont toutes subi une chaleur séche, assez vive pour passer à cette couleur. Quelle que soit d'ailleurs la cause de cette chaleur souterraine, on y reconnoît les métaux par la couleur qu'elles tiennent d'eux , par leur poids, qui furpaffe celui des terres ordinaires , & par leur réduction. Il y a des ochres de différentes efpeces ; elles varient confidérablement entr'elles pour la couleur, la denfité , ce qui vient de la plus ou moins grande quantité des terres étrangeres avec lefquelles elles font mêlées. Prefque toutes les terres dont fe fert la Peinture font des ochres , du moins de favans Naturaliftes penfent que la terre verte de montagne , la terre de Vérone , la terre d'ombre , la terre de Cologne , & toutes les autres dont nous allons parler , doivent être rangées dans la claffe des ochres (1).

L'ochre rouge eft une terre rouge plus ou moins foncée , dont on fe fert pour la groffe Peinture , foit en huile , foit en détrempe , pour les carreaux d'appartemens ; celle qu'on vend plus communément dans le commerce , comme ochre rouge , eft celle qui a acquife cette couleur par la calcination. Il faut la choifir nette , fragile , & haute en couleur.

On nous apporte d'Angleterre une efpece d'ochre rouge , qu'on appelle rouge-brun ou brun-rouge d'Angleterre , pour la détrempe & à l'huile , qui fert auffi à peindre les carreaux d'appartemens , & les chariots , ainfi que l'ochre rouge , & qui mélangé avec le plâtre , donne les couleurs de brique.

Le rouge de Pruffe eft une terre calcinée , donnant un rouge imitant le vermillon, qui fert

_____

(1) Il y a trois mines en Berry très-abondantes en ochres , tous les jours on en découvre dans nos Provinces. Voir les mémoires de l'Académie , fur-tout celui de M. Guettard.

communément aux Peintres d'impreſſion à mettre les carreaux en rouge, & aux Peintres à talens, pour leurs tableaux. Il eſt plus beau, plus vif que le brun-rouge.

Le *cinnabre* eſt une matiere minérale, dure, compacte, peſante, brillante, cryſtalline, très-rouge, compoſée de ſoufre & de mercure, extrêmement unis, & ſublimés par l'action du feu : on en diſtingue de deux ſortes, le naturel & l'artificiel. Le premier ſe trouve dans les mines du mercure, & le ſecond ſe compoſe en mêlant du mercure avec du ſoufre, & faiſant ſublimer ce mélange, qu'on trouve au haut du vaiſſeau en maſſe dure, par longues aiguilles, tirant un peu ſur le violet-brun. Il faut choiſir ce dernier en belles pierres, fort peſantes, brillantes, à longues & belles aiguillettes, & d'une belle couleur rouge. Lorſqu'il eſt broyé long-temps, il ſe réduit en poudre fine, & donne une des plus belles couleurs rouges qu'il y ait : il y en a qui l'appellent alors *vermillon*, qu'il ne faut pas confondre avec le *vermillon d'Angleterre*, qui nous vient en poudre, moins beau, d'une nuance plus pâle, & que nous croyons n'être autre choſe qu'un mélange de mine * & de cinnabre bien pulvériſé enſemble, plus ou moins beau, ſuivant la doſe de mine. C'eſt de ce dernier vermillon, dont il y a tant de prix différens, dont on ſe ſert pour les trains d'équipage, pour rougir la cire d'Eſpagne, teindre les tranches de livres. Le vermillon ſe détrempe facilement à l'huile, ou avec la colle, ſi l'on

---

* Mine, ou minium.

veut s'en fervir en détrempe , & avec la gomme arabique pour la miniature , fans changer de couleur

Le *faffran bâtard* ou *carthame*, appellé par les Droguiftes *faffranum*, donne aufli une couleur, qui, bouillie dans l'eau, tire fur l'orange, & fert à peindre les parquets d'appartemens. Il faut le choifir haut en couleur, approchant du faffran véritable. L'Alface & la Provence nous en fournifient, mais le plus beau nous vient du Levant.

On compofe des rouges avec des laques. La *laque* en général eft une efpece de craye, à laquelle on a donné une teinture. La *laque fine de Venife* eft faite avec de la cochenille, qui refte après qu'on en a tiré le premier carmin ; on n'en tire plus de cette ville, depuis qu'on en fait d'aufli belles & d'aufli bonnes à Paris. Celle qu'on appelle *laque rouge*, dont on fe fert pour les décorations, qu'il faut choifir haute en couleur, nette, claire, un peu tranfparente, eft faite avec de la craye teinte de bois d'écarlate, de bois de Brefil ou autres. Elle s'employe bien en détrempe, mais à l'huile elle devient brune, fur-tout celle qui eft fine. Il faut la bien broyer pour toutes fortes de peintures. On en vend quelquefois mêlée avec de l'amidon, mais on la reconnoît à fa trop grande légéreté, & à fa prompte diffolution.

Le *carmin* eft une fécule, ou une poudre d'un très-beau rouge foncé & velouté, qu'on tire de la cochenille, par le moyen d'une eau dans laquelle on a fait infufer du chouan & de l'autour. Il doit être en poudre impalpable,

& haut en couleur; il fert à peindre en miniature, & pour faire les draperies des tableaux
de conféquence. Nous l'employons quelquefois
dans les décorations, pour, dans les couleurs
vigoureufes, foutenir la laque.

La laque platte qui vient d'Italie, fert
beaucoup pour la décoration : on la broye à
l'eau; elle donne une belle laque brune, en
y incorporant de la cendre gravelée : elle eft
préférable à la laque fine pour la décoration.

J A U N E.

L'*ochre jaune* qu'on employe ordinairement
dans les couleurs de bois, & plus communément pour de gros ouvrages de peinture, s'employe pure à l'huile & à la détrempe : fur fa
nature & le choix, voyez ci-deffus l'*ochre
rouge.*

L'*ochre de rue* ou *de rut*, ou *le jaune obfcur*,
eft une terre naturelle, qui fe prend aux ruif-
feaux de mine de fer, qu'on employe auffi pour
imiter les couleurs de bois. La calcination lui
donne une belle couleur; il imite & peut fuppléer à la terre d'Italie : il faut le choifir.

Le *jaune de Naples* eft une efpece de craffe
qui s'amaffe autour des mines de foufre qu'on
dit provenir des laves du Mont Véfuve ; c'eft
le plus beau jaune. Sa couleur eft plus douce,
& fa fubftance plus graffe que celle des orpins,
des maffcots & des ochres. Il s'allie, fe marie avec les autres couleurs, & les adoucit ;
mais il demande des foins particuliers pour fa
préparation : il faut le broyer fur un porphire
ou un marbre, & le ramaffer avec un couteau

d'ivoire, car la pierre & l'acier le font verdir.
Il sert pour les fonds chamois , les beaux jaunes imitant l'or , & pour les équipages (1).

Terra merita , ou *curcuma longa* , ou *saffran*

---

(1) Je suis ici l'opinion commune & reçue , que le
Jaune de Naples provient des laves du Mont Vésuve.
Une Dissertation de M. Fougeroux de Bondaroy, insérée,
pag. 303 , dans les Mémoires de l'Académie de 1766 ,
soutient que le Jaune de Naples est une composition
connue à Naples , sous le nom de *Giallolino* , dont un
particulier a seul le secret. N'ayant pu le découvrir lors
de son voyage en Italie , ses recherches chymiques lui
ont appris qu'il se composoit avec de la céruse , de
l'alun , du sel ammoniac & de l'antimoine diaphoréti-
que. Je renvoye à la Dissertation , & me fais un plaisir
de rendre hommage à l'habile physicien qui a bien voulu
nous communiquer cette découverte , qui pourra un
jour devenir l'objet d'une branche de commerce en
France. Le parfait Vernisseur, qui a cité là-dessus le Mémoire de l'Académie , s'est bien gardé de le citer ni de
lui rendre justice. C'est sans doute , un trait d'ingratitude,
mais il résulte un mal bien plus considérable de cette
réticence ; car ceux qui auront lu Pomet , Lémery ,
le Dictionnaire des Arts de Corneille , l'Encyclopédie ,
la Dissertation de M. Guettard sur les Ochres , citée
ci-dessus, l'œuvre posthume de M. de Montani , le Dictionnaire de Peinture, qui tous assurent que le Jaune de
Naples est une terre, ou un minéral qui se trouve aux
environs de cette ville, & qui liront dans le parfait
Vernisseur une composition de Jaune de Naples, croi-
ront aisément que c'est une erreur de plus ; au lieu que
s'il eût cité son Auteur, M. Fougeroux, il auroit d'abord
commencé à balancer les suffrages, de-là il eût fait
naître la curiosité de savoir de quel côté se trouve
l'erreur. Le fait éclairci , un habile ouvrier peut employer des procédés, tenter des expériences ; &, d'après
un Auteur avoué & reconnu pour savant, partir de
ce point pour pénétrer plus avant dans le vaste pays
des découvertes.

des Indes, eſt une petite racine , qui approche
en figure & en groſſeur du gingembre ; cette
racine dure , ou comme cornée, jaune en dehors & en dedans , qui naît en pluſieurs lieux
des grandes Indes , d'où on nous l'apporte ſéche, peint en jaune approchant le ſaffran , &
ſert à donner une couleur d'orange. On doit
la choiſir fort odorante , nouvelle , peſante,
compaſt, bien nourrie, de couleur jaune ſaffra-
née. On l'employe pour peindre les parquets.

On compoſe des jaunes qu'on appelle *ſtil-
de-grain* ; en teignant, dans une décoſtion de
graine d'Avignon, où l'on mêle un peu d'alun
commun, une eſpece de craye ou marne blanche qui vient en Champagne , aux environs de
Troyes, dont on forme des pâtes ou petits
pains , qu'on fait ſécher. On le broye pour la
détrempe & pour l'huile ; il faut le choiſir tendre, friable , de couleur jaune dorée ; il donne
une couleur jonquille, & on en fait des jaunes de
différentes nuances, en le mêlant avec plus ou
moins de blanc. La *graine d'Avignon* , qui ſert
à faire ce ſtil-de-grain , provient d'un arbriſſeau
nommé petit *noirprun*, qui croît vers Avignon ;
il faut la choiſir ſéche , aſſez groſſe, & bien
nourrie. On s'en ſert auſſi pour teindre des
parquets , & dans les décorations. On fait auſſi
des ſtils-de-grains comme ceux de Troyes,
qu'on employe pour les parquets, avec des in-
fuſions de *gaude* , qui eſt une plante qu'on cultive en terre graſſe dans le Languedoc , la
Normandie , la Picardie , & en pluſieurs autres lieux : elle devient jaune en ſéchant.

La Compagnie des Indes nous a quelquefois apporté à l'Orient une graine qu'on ap-

pelloit dans le commerce *graine d'Ahoua*, dont je ne décrirai ni l'origine ni la fubftance, mais qui, employée en ftil-de-grain, eft fuperbe en peinture : elle eft auffi belle que l'orpin, fe foutient beaucoup mieux, & n'en a point les inconvéniens.

VERD.

Le *verd-de-gris* ou *verdet*, eft une rouillure de cuivre pénétré & raréfié par la vapeur acide du vin, qui paffe à l'état du vinaigre. On en fait beaucoup en Languedoc, en Provence, où le marc de raifin a beaucoup de force pour pénétrer le cuivre, & l'empreindre de fon acide : on l'employe communément à peindre les treillages; quand il eft diftillé, il fert dans les verds au vernis, faifant de très-beaux verds par le mélange qu'on en fait avec du blanc; diffous dans l'eau chaude par le moyen du tartre, on en tire une teinture qui fert à enluminer, & principalement dans le lavis coloré des plans, pour repréfenter la couleur d'eau : on ne s'en fert point pour les couleurs en détrempe. Il faut en mêler le moins qu'on peut avec les couleurs à l'huile, car il les fait foncer quand on les vernit, & les fait jaunir quand on ne les vernit pas, lorfqu'il eft féché : il eft en outre fort dangereux à employer. Si on veut l'employer au vernis, broyez-le à l'effence; n'en détrempez que peu à peu : car il épaiffit étant gardé; il eft fuperbe détrempé au vernis blanc au copal, pour les fonds d'équipages en verd d'eau.

On prépare ce qu'on appelle le verd-de-gris

diftillé, en le faifant diffoudre complettement dans l'acide du vinaigre diftillé, qu'on évapore enfuite pour le criftallifer fur des bâtons fendus, qui donnent à ces criftaux amoncelés la figure d'une grappe de raifin. Il faut choifir ce verd diftillé, en beaux criftaux, bien fecs, hauts en couleur, ayant un coup d'œil velouté.

Le *verd-de-veffie* fe fait avec le fruit d'un arbriffeau qu'on nomme *noirprun* ou *bourg-épine*. On en cueille les bayes quand elles font noires & bien mûres, on les met à la preffe, on en tire le fuc qui eft vifqueux & noir, qu'on laiffe évaporer à petit feu, fans l'avoir fait dépurer; on y ajoute un peu d'alun de roche diffous dans l'eau, & de l'eau de chaux. Pour rendre la matiere plus haute en couleur & plus belle, on continue un petit feu fous cette liqueur, jufqu'à ce qu'elle ait pris une confiftance de miel ; alors on la fufpend à la cheminée ou dans un lieu chaud, dans des veffies de cochon ou de bœuf, (c'eft ce qui lui a fait donner le nom de verd de veffie) on l'y laiffe durcir pour le garder; on doit le choifir dur, compact, affez pefant, de couleur verte : on s'en fert ordinairement pour peindre fur des éventails, faire les lavis des plans. On peut l'employer en détrempe, en le laiffant infufer dans l'eau, mais il ne vaut rien à l'huile, & ne fert ni aux bâtimens ni aux équipages.

La *terre verte* eft une terre féche de couleur verte, dont il y a de deux fortes ; favoir, *terre verte commune*. & *terre verte de Vérone* en Italie ; l'une eft une efpece de terre graffe qui ne fe diffout pas facilement à l'eau, & qu'il faut y bien broyer pour l'employer ; elle eft d'un verd affez pâle : l'autre eft d'un beau verd, ayant beaucoup plus de corps que la commune ; elle devient d'un verd foncé, broyée à l'huile, & fert pour les Peintres de payfage pour les marbres, & ne s'employe point en détrempe.

Le *verd d'iris* eft une efpece de pâte ou de fécule verte qu'on tire de la fleur bleue de l'iris ; on ne s'en fert guere que pour la miniature.

Le *verd de montagne* ou *verd de Hongrie*, eft un minéral ou foffile verdâtre, qu'on trouve en petits grains comme du fable dans les montagnes de Kernhaufen, en Hongrie ; il doit être d'un beau verd foncé de Saxe, quoiqu'en poudre ; il faut le broyer pour l'employer, foit en détrempe, foit à l'huile, ce qui doit fe faire avec beaucoup de ménagement, car il fait foncer les couleurs.

On compofe auffi des verds pour la détrempe vernie, avec du blanc de cérufe, de la cendre bleue & du ftil-de-grain de Troyes ; ils font auffi beaux que les verds de montagne, & ne font pas auffi fujets. On peut faire ce même verd avec de la cérufe, du bleu de Pruffe & du ftil-de-grain ; mais il eft moins vif, & plus terreux : en y ajoutant un peu de verd de montagne, on lui donne une couleur plus vigoureufe.

BLEU.

Cendre bleue : on donne ce nom à une pierre bleue & tendre, grainelée, prefque réduite en poudre, qu'on trouve dans des mines de cuivre, en Pologne & dans un terrein particulier de l'Auvergne : elle eſt d'une grande beauté & d'un grand uſage dans la détrempe, ſur-tout dans les décorations de théatre, pour faire de beaux fonds de ciel ; mêlée avec du ſtil-de-grain de Troyes, elle ſert aux Eventailliſtes, & aux Peintres en payſage, & leur donne de beaux verds : elle ne vaut rien à l'huile.

L'*inde* & l'*indigo*, ſont des fécules bleus qu'on nous apporte en maſſe ou en pâte ſéche des Indes orientales. Les voyageurs nous en ont décrit la fabrication. L'inde eſt plus claire & plus vive que l'indigo, ce qui vient ſeulement du choix de la matiere, car au fond c'eſt le même. L'indigo qu'on employe davantage en peinture, eſt de couleur de bleu obſcur. Il doit être lourd, médiocrement dur. Il ſert à la détrempe pour faire du petit gris ou des payſages ; mais il faut le mélanger avec le blanc, ſans cela il peindroit en noirâtre : on pourroit l'employer à l'huile mélangé avec le blanc, ayant beaucoup de corps, mais il ſe décharge en ſéchant, & perd la plus grande partie de ſes forces ; ſon caractere diſtinctif eſt qu'en le frottant avec l'ongle, il prend une couleur brillante de cuivre rouge. Il faut qu'en le caſſant il ſoit parfilé de blanc.

Le *lapis lazuli* ou *pierre d'azur*, eſt une pierre opaque, peſante, bleue, ou de la couleur de la fleur du bleuet mêlée avec de la gangue ou de la roche, parſemée de quelques paillettes d'or & de cuivre ou de pyrites blanches, de différentes groſſeurs & figures : elle ſe trouve dans des carrieres, aux grandes Indes & en Perſe ; elle eſt employée principalement pour faire l'outremer. Je ne donne point ici

la

la maniere de le faire, on la trouvera affez
bien décrite dans la chymie de Spielmann,
nous y renvoyons. Comme l'outremer eſt fort
coûteux, on s'en ſert pour les tableaux ; mais
les Peintres d'impreſſion ne l'employent point.

L'*azur*, comme mot, eſt conſacré en général
à déſigner une belle couleur de bleu céleſte ;
comme ſubſtance, on le déſigne ſous les noms
de *ſmalt*, *bleu* d'*émail*, *verre de cobalt*,
parce qu'on le tire du cobalt, matiere métallique, très-utile pour la fayance, la porcelaine, la teinte des émaux, les bleus d'em-
pois, il n'eſt guere d'uſage dans la peinture d'impreſſion, excepté néanmoins pour les endroits
expoſés à l'air, tant parce que ſa couleur devient
verdâtre, qu'à cauſe de ſa dureté qui le rend
peſant & difficile à être rompu avec les autres
couleurs. Broyé en poudre groſſiere, on l'appelle *azur à poudrer*, & *émail* lorſqu'il eſt broyé
très-fin. L'un & l'autre noirciſſent à l'huile ; on
en ſaupoudre les fonds peints en huile, comme
enſeignes, &c.

Le *bleu de Pruſſe*, ainſi appellé parce qu'il a
été trouvé en Pruſſe, par le nommé Dippel,
eſt une compoſition entiérement dûe à la chymie ; il y a dans différens Auteurs (1), pluſieurs
diſſertations ſur la maniere de le faire : on y
renvoye. Il doit être d'un beau bleu foncé,

_____

(1) Voyez le premier volume des Miſcellanea Berolinenſia, 1710 : mois de Janvier & Février, 1724 des
Tranſactions philoſophiques : Mémoires de l'Académie
des Sciences de Paris, année 1725, par M. Geoffroy :
année 1765, par M. Malouin : premier volume des
Savans Etrangers, par M. l'Abbé Menon.

avoir la caſſe nette ; il ſert à l'huile & à la détrempe ; il ne faut en broyer que la quantité néceſſaire pour l'opération, étant très-ſuſcep-tible de ſe graiſſer quand il eſt gardé.

BRUN.

L'*ochre de rue*, que nous avons rangé dans les jaunes, ſert à peindre en brun clair, canelle, & pour imiter les couleurs de pierre, en le mêlant dans les badigeons, il donne des couleurs de bois plus ou moins foncées : les Peintres en tableaux s'en ſervent beaucoup.

La *terre d'ombre*, ainſi nommée à cauſe de ſa couleur brune, eſt une terre obſcure, friable, plus tendre dans ſon état naturel qu'étant cal-cinée, qui ſert à peindre en brun. La calcination lui donne un ton plus brun ; elle s'introduit dans les couleurs de bois : elle dégraiſſe l'huile, & s'employe pure à glacer des fonds bruns : les Peintres en tableaux s'en ſervent pour ombrer & faire des fonds.

Le *ſtil-de-grain brun*, ou d'*Angleterre*, eſt une compoſition dont on ſe ſert pour ombrer & faire des glacis ; on l'employe pour des tableaux d'ornemens ou d'hiſtoire ; il doit être de caſſe nette, & eſt ſuperbe à l'huile.

La *terre d'Italie* eſt une terre approchante de celle de l'ochre de rue, mais plus vive, plus belle, qu'il faut choiſir lourde, brune en dedans : elle doit happer à la langue, & ne s'employe qu'au pinceau, pour faire de beaux lavis & glacis.

La *terre de Cologne* eſt une eſpece de terre d'ombre, mais un peu plus brune, & plus

tranfparente à l'emploi, fujette à fe décharger :
elle ne fert que pour les Peintres en décoration
& en tableaux.

Nous avons encóre plufieurs autres couleurs
d'Italie, imitant celles dont nous venons de
parler, mais qui ne fervent qu'aux décorations
& aux tableaux, telles que le jaune d'Italie,
terre de Sienne, &c.

Noir.

Tous les noirs en général font le réfultat
charbonneux des matieres qu'on a brûlées, avec
la précaution de ne point les laiffer fe confumer
à l'air, quand elles font réduites en charbons ;
tels font :

Le *noir d'ivoire*, eft celui que l'on fait avec des
morceaux d'ivoire que l'on met dans un creufet
ou pot de terre bien luté avec de la terre à
Potier, qu'on place dans un four lorfqu'ils
cuifent leur poterie, avec la précaution qu'il
n'y ait aucun jour au creufet ou autres vafes,
autrement ils fe confumeroient. Il donne le gris
de perle mélangé avec le blanc, eft plus velouté
que le noir de pêche, & fait un très-beau noir
employé à l'huile ou au vernis.

Le *noir d'os* provient d'os de moutons, brûlé
& préparé comme le noir d'ivoire. Il donne un
noir rouffâtre, néanmoins fort doux à la vue.
Comme les os brûlés font fort durs quoiqu'ils
foient bien brûlés, on les broye d'abord à l'eau,
parce que tous les corps durs fe broyent bien
plus facilement à l'eau qu'à l'huile ; quand ils
font bien fecs & que l'eau eft évaporée, on les
broye aifément à l'huile. On les peut garder
tant qu'on veut broyés à l'eau, & on les broye

à l'huile quand on en a befoin. Les noirs étant difficiles à fécher, demandent à être tenus plus fermes broyés à l'huile, que les autres couleurs, afin d'avoir la facilité d'y mettre la quantité néceffaire d'huile graffe.

Le *noir de pêches*, qui vient des noyaux de pêches pilés & broyés comme celui d'ivoire, fert à faire des gris plus rouffâtres : on peut s'en fervir à l'eau.

Le *noir de charbon* fe fait avec des morceaux de charbons bien nets & bien brûlés, qu'on pile dans un mortier, & qu'on broye enfuite à l'eau fur un porphire, jufqu'à ce qu'il foit affez fin, alors on le met fécher par petits morceaux fur du papier bien liffe : le meilleur nous vient par l'Yonne, il faut le bien choifir, le broyer extrêmement fin pour l'employer à l'huile ; on s'en fert pour peindre en détrempe ; mélangé avec du blanc, il donne de beaux gris pour les plafonds, efcaliers, &c.

Le *noir de vigne* fe tire des farmens brûlés : c'eft le plus beau de tous les noirs ; plus on le broye, plus il donne d'éclat, auffi les Peintres en tableaux s'en fervent-ils par préférence.

Le *noir de fumée* eft une fubftance d'un beau noir qu'on recueille de plufieurs façons, de la méche d'une lampe, d'une chandelle, d'une bougie ; mais celui de poix eft le meilleur : c'eft une fuie de réfine qui fe fait en mettant tous les petits morceaux de rebut de toutes efpeces de poix, dans de grands pots ou marmites de fer qu'on place dans des chambres bien fermées de toutes parts, & tendues de toile ou peaux de moutons : on met le feu à la poix, & pendant qu'elle brûle la fumée

se condense en une suie noire qui s'attache aux
toiles ; on ramasse cette suie, & on la garde
en poudre dans des barils, ou en masse. Le
noir de fumée s'incorpore parfaitement avec
l'huile, mais ne se mêle point avec l'eau pour
la détrempe ; quand on veut l'employer, on
le détrempe avec du vinaigre ou de la colle
figée ; il rougit communément, & il n'est pas
bon dans les couleurs : on s'en sert pour les
fers, les balcons, les jeux de paume, & à
faire les bandeaux noirs qui accompagnent les
litres d'Eglise.

Le *noir d'Allemagne*, qui nous vient en
poudre de Francfort, de Mayence, de Straf-
bourg, se fait avec de la lie de vin brûlée,
lavée ensuite dans de l'eau, puis broyée dans
des moulins faits exprès. Il faut le choisir léger,
le moins sableux possible, luisant, doux,
friable, plus lourd que notre noir de fumée.
Il doit donner un noir de velours.

Nous n'avons point mis au nombre des
matieres qui composent les couleurs, les *orpins*,
les *massicots*, le *minium* ; comme ils peuvent
être suppléés par quantité d'autres substances
qui valent mieux, qu'on court d'ailleurs, en
les employant, des dangers infinis, nous con-
seillons aux Artistes & aux Amateurs, de s'en
servir le moins qu'ils pourront, & en si petite
quantité & avec tant de précaution, qu'il n'y
ait aucuns risques à courir.

L'*orpin* ou *realgar*, est un arsenic dont il y
deux especes, une naturelle & l'autre artificielle ; l'orpin naturel est jaune & en écailles ;
il prend sa dose de soufre par des feux souterrains : le realgar artificiel, qui est le plus

commun, eſt un mélange d'arſenic & de ſoufre ,
ſuffiſant pour le faire jaune ou rouge , & qu'on
fond enſemble dans des creuſets. Le *naturel*
eſt le plus eſtimé ; il doit être choiſi en beaux
morceaux talqueux, d'un jaune doré , luiſant
& reſplendiſſant comme de l'or , ſe diviſant
facilement par écailles ou lamines minces :
l'artificiel doit être d'un beau rouge. L'un &
l'autre ſe broyent à l'eſſence pour être employé
au vernis ; ils peuvent l'être à l'huile : le rouge
qu'ils donnent approche de la couleur de
ſouci.

Le *maſſicot* , dont on ſe ſervoit beaucoup
autrefois pour peindre , eſt une céruſe ou blanc
de plomb , qu'on a calciné par un feu modéré :
il y en a de trois ſortes , du blanc, du jaune ,
du doré : leurs différences ne proviennent que
des divers degrés de feu qui leur ont donné
des couleurs différentes : le maſſicot blanc eſt
d'un blanc jaunâtre , c'eſt celui qui a reçu
moins de chaleur ; le maſſicot jaune en a reçu
davantage , & le maſſicot doré encore plus.
Nous ne les déſignerons que ſous le nom de
céruſe calcinée ; comme on s'en ſert beaucoup
dans nos trois Arts , nous allons indiquer la
façon de la calciner.

On concaſſe la céruſe en morceaux gros
comme des avelines , qu'on met ſur le feu dans
une poële de fer , & qu'on remue comme on
fait le café quand on veut le brûler : lorſqu'elle
prend une couleur jaune , elle eſt ſuffiſamment
calcinée ; on la retire & on la broye avec de
l'huile. Il faut la calciner en plein air , &
en éviter la vapeur qui eſt mortelle. C'eſt lorſqu'elle a été ainſi broyée à l'huile , qu'on

l'employe aux différens usages que nous indiquerons.

Le *minium* est une chaux de plomb, pulvérisée d'un beau rouge orange, fort vif, & rendu tel par une longue calcination ; il est excellent pour la détrempe, donne les couleurs d'enfer dans les décorations, & s'employe à l'huile étant bien broyé, ainsi que pour faire de beau rouge, & même du vermillon. Les orpins, massicots & minium deviennent très-beaux employés au vernis.

SECTION SECONDE.

De la combinaison des matieres colorées pour saisir un ton donné.

Les principales matieres qui entrent dans la composition des couleurs étant connues, nous allons nous occuper de la façon de les disposer & combiner entr'elles, soit pour saisir le ton d'une couleur primitive, soit pour rendre celui d'une couleur secondaire ; ensuite nous ferons voir comment il faut les broyer, détremper & mélanger.

Les couleurs primitives matérielles sont, comme nous l'avons dit, le blanc, le rouge, le jaune, le brun & le noir. Chacune de ces couleurs a ses nuances : deux ou plusieurs de ces couleurs primitives donnent les couleurs secondaires. Il faut bien se garder de confondre la *nuance* avec la *couleur secondaire* ; l'une exprime le passage insensible ou presqu'insensible d'une couleur forte, vive, à une couleur plus foible, plus tendre de la même espece, comme celle du rouge foncé, au rouge brun, du rouge brun au rouge clair, qui eſt la derniere nuance de rouge connue, ou de verd pré, verd de treillage, au verd d'eau ou verd pomme, qui eſt la derniere nuance du verd qu'on puiſſe rendre : on peut bien encore mélanger ces nuances, mais elles s'éloignent trop du ton primitif, ſe perdent & vont ſe confondre, ou dans les couleurs ſecondaires, ou dans d'autres nuances.

La couleur ſecondaire, eſt au contraire un mélange de deux ou de pluſieurs couleurs primitives ; elle a à ſon tour ſes nuances, qui proviennent de la combinaiſon de ces matieres premieres entr'elles. Ces nuances, même ſecondaires, mariées avec les nuances primitives, peuvent à leur tour produire d'autres nuances mixtes. Nous n'entrerons point dans la généalogie de toutes ces nuances, que le Teinturier habile ſait mixtionner & varier à l'infini, mais que la Peinture d'impreſſion n'admet point, que le Peintre en tableau rejette même, puiſqu'il ne reconnoît dans ſes couleurs que les teintes & demi-teintes.

La Nature a nuancé elle-même les matieres colorées dont ſe ſert la Peinture; ſi l'induſtrie crée des nuances, ce n'eſt qu'en mélangeant ces matieres avec d'autres ; car elle ne peut leur faire perdre le ton de leur couleur que par la mixtion ou l'addition d'une matiere étrangere. Ainſi, ſous ce point de vue, la nuance deviendra une couleur ſecondaire, puiſqu'elle ne peut ſe produire que par le mélange.

La combinaiſon de ces matieres pour faire

uné nuance, ou pour compofer une couleur
fecondaire, n'eft que jufqu'à un certain point
fubordonnée au détail des préceptes. Les matieres & leurs effets bien connus, le goût feul
doit préfider à leur mélange : le goût qu'on
a appellé un fentiment intime & éclairé, &
qu'on eût peut-être mieux fait connoître en le
définiffant, l'expreffion heureufe d'une fenfa-
tion délicate & jufte, doit feul fixer l'Amateur
ou l'Artifte, fur le choix & le ton de fa couleur. Nous pouvons bien indiquer quelles font
les matieres qui peuvent donner telle couleur
fixe, celles même qui, combinées enfemble,
peuvent offrir un mélange, mais il n'appartient
qu'au goût, à ce maître impérieux, qui
commande fans pouvoir être affervi, & qui
affervit fans commander, qui faifit le local,
les jours, la pofition, l'enfemble, d'ordonner
la teinte précife & convenable, qui doit flatter
l'œil, & plaire à la vue. Ainfi nous n'entre-
prendrons point de décrire comment d'une
teinte vive on doit ménager des jours tendres
à des yeux délicats, comment dans un lointain
il faut dégrader les tons de lumiere, pour qu'à
une diftance donnée l'on ne trouve qu'une
perfpective douce & flateufe. D'ailleurs la Peinture d'impreffion réfifte peut-être à toutes ces
révolutions imperceptibles. Son grand art eft
de plaire par une uniformité foutenue, d'en
médionner les teintes, pour qu'elle ne foit ni
trop dure ni trop foible, de ne point choquer
le regard, mais de le nourrir, de foutenir la
vue fans l'embarraffer, enfin de ne point donner
des couleurs trop tranchantes, & de n'en pas
fubftituer d'ondoyantes, & qui tiennent à plu-

fieurs : nous allons feulement indiquer la maniere de compofer & combiner entr'elles les
premieres teintes abandonnant le refte, comme
on dit, *à l'idée du Peintre.*

Quoique nous n'ayons pas encore parlé de
la façon de broyer & détremper les couleurs, foit à l'eau, foit à l'huile ; cependant,
pour n'y pas revenir, en marquant quelle combinaifon il en faut faire, nous indiquerons tout
de fuite quel eft le liquide qui leur eft le
plus avantageux à l'emploi.

Blanc.

Pour avoir un beau blanc en détrempe,
lorfqu'on ne veut pas vernir deffus, broyez
bien fin à l'eau du blanc de Bougival, & détrempez-le à la colle de parchemin. Si vous
voulez vernir votre blanc, broyez du blanc
de cérufe à l'eau, & détrempez-le à la
colle.

Pour le beau blanc à l'huile, nous avons
indiqué ci-deffus, page 17, comment on pré-
paroît le blanc de plomb. Si l'on veut n'employer que de la cérufe, broyez-la avec de
l'huile de noix ou d'œillet, & la détrempez
avec de l'huile pure, ou l'huile coupée d'effence, felon l'endroit où vous voulez l'étendre, comme nous le dirons ci-après.

Voilà comme on prépare les matieres qui
donnent le blanc ; mais comme cette couleur
eft quelquefois trop fade à la vue, que d'ailleurs
le temps la jaunit, & que l'huile la rouffit toujours un peu, pour lui donner un air plus vif,
plus pétillant, il faut y mettre une légere

pointe de bleu & de noir de charbon, que vous préparez & broyez féparément, foit à l'eau, foit à l'huile, & qu'on mélange enfuite avec le blanc.

Blanc des Carmes.

Le blanc des Carmes eft une maniere de blanchir les murailles des plus belles & des plus propres. Il faut avoir une bonne quantité de la plus belle chaux qu'on puiffe trouver, & la paffer par un linge bien fin ; on met cette chaux dans un bacquet ou cuvier de bois, garni d'un robinet, à la hauteur de l'efpace qu'occupera la chaux ; on le remplit d'eau claire de fontaine, on battra bien auffi avec de gros bâtons ce mélange, qu'on laiffera repofer pendant vingt-quatre heures. 2°. Ouvrir le robinet, laiffer couler l'eau qui a dû furnager la chaux de deux doigts ; quand elle fera écoulée, remettez-en de la nouvelle : on fera la même opération pendant plufieurs jours ; plus on lavera la chaux, & plus elle acquerra de blancheur. 3°. Pour vous en fervir laiffez découler l'eau par le robinet ; on trouvera la chaux en pâte, on en mettra une certaine quantité dans un pot de terre, on y mélangera un peu de bleu de Pruffe ou d'indigo, pour foutenir le ton du blanc, on la laiffe détremper dans de la colle de gants, dans laquelle on met un peu d'alun, & avec une groffe broffe on en donne cinq à fix couches fur la muraille ; il faut les étendre minces, & n'en pas appliquer de nouvelles que la derniere ne foit extrêmement féche. 4°. On prend une broffe de foie de fanglier avec laquelle on frotte fortement la muraille : c'eſt ce qui donne le luiſant qui en fait le prix , & qu'on prend quelquefois pour du marbre ou ſtuc. On ne peut en mettre que ſur des plâtres neufs ; ſi l'on vouloit en employer ſur des vieux , il faudroit les gratter juſqu'au vif , & les rendre preſque neufs.

G R I S.

Le blanc nuancé donne le gris. Les principaux ſont l'argentin , le gris de perle, le gris de lin & le gris.

Le *gris argentin* ſe fait , en prenant du beau blanc , & le mélangeant avec du bleu d'indigo & du noir de vigne, en très-petite quantité.

Le *gris de lin* ſe compoſe avec de la céruſe , de la laque , & très-peu de bleu de Pruſſe , qu'on broye ſéparément , & qui, mélangés enſemble dans la quantité néceſſaire , donnent le gris de lin qu'on cherche.

Le *gris de perle* ſe fait à-peu-près comme l'argentin , on peut ſeulement y ſubſtituer le bleu de Pruſſe ou bleu d'indigo.

Le *gris ordinaire* ſe compoſe avec du blanc & du noir de charbon. Tous ces gris s'employent également , & à l'huile & à la détrempe.

R O U G E.

Le rouge ne ſe mélange guere pour la peinture d'impreſſion , qui n'en fait uſage que pour les carreaux d'appartemens , les roues d'équipages & les chariots. On ſe ſert pour le premier , du gros rouge & du rouge de Pruſſe ;

pour le fecond , on employe le vermillon , le minium & le rouge de Berry , & c'eft ce dernier qui fert aux gros ouvrages de peinture en rouge. On en verra l'emploi dans les détails de ces trois parties.

Cramoifi , & Couleur de Rofe.

De la laque carminée , du carmin , & trèspeu de blanc de cérufe , font le cramoifi ; pour faire couleur de rofe , il faut y mettre peu de carmin , une pointe de vermillon & du blanc de plomb. Ces couleurs feront plus belles fi on les employe à l'huile d'œillet , & fi on les détrempe à l'effence.

JAUNE.

L'ochre de Berry donne le jaune ; pur, il fait un jaune foncé , un jaune plus tendre mélangé avec le blanc de cérufe qui lui ajoute du corps. On peut les employer l'un & l'autre en détrempe ; mais quand ils font broyés à l'huile , on peut les détremper à l'huile , à l'effence ou à l'huile coupée.

On compofe le *chamois* avec du blanc de cérufe , beaucoup de jaune de Naples , une pointe de vermillon & un peu de jaune de Berry : ces fubftances s'employent de toutes façons.

On fait *jonquille* avec de la cérufe & du ftil-de-grain de Troyes ; on aura le *jaune citron* ou *aurore*, en mêlant plus ou moins d'orpin rouge & d'orpin jaune. L'un & l'autre ne s'employent guere qu'à l'huile , & deviennent fuperbes employés au vernis. Si vous ne voulez pas vous fervir d'orpin , prenez du blanc de cé-

ruſe, auquel vous ajouterez du beau ſtil-de-
grain de Troyes, ou du jaune de Naples,
qui eſt plus ſolide, & que vous employerez
comme vous voudrez.

Couleur d'Or.

Lorſqu'on ne veut pas dorer un ſujet, on
le met en couleur d'or, ce qui ſe fait avec
le plus ou le moins de blanc de céruſe, le plus
ou le moins de jaune de Naples & d'ochre de
Berry. On y peut joindre un peu d'orpin rouge, pour ſoutenir le ton de l'or : on employe
toutes ces matieres ou à l'huile ou à la détrempe.

VERD.

Le *verd d'eau en détrempe* ſe fait avec du
blanc de céruſe broyé à l'eau, dans lequel on
mêle plus ou moins de verd de montagne,
auſſi broyé à l'eau, ſelon qu'on le veut plus
ou moins foncé, & on les détrempe l'un & l'autre à la colle de parchemin. On compoſe auſſi
un *verd d'eau* plus vif & moins ſujet à changer, avec de la céruſe, de la cendre bleue &
du ſtil-de-grain de Troyes.

Quand on veut employer le verd d'eau au
vernis, il faut broyer ſéparément à l'eſſence du
verd-de-gris diſtillé, & du blanc de céruſe; incorporer le verd-de-gris dans la quantité néceſſaire
de blanc de céruſe pour votre teinte, & détremper le tout avec un vernis à l'eſſence. Ce verd
d'eau ne jaunit jamais ; mais ſi vous voulez
donner de la ſolidité à votre ouvrage, comme
ſur le panneau d'une belle voiture à fond verd,

verni-poli, il faut en remuant bien détremper votre verd-de-gris calciné, broyé à l'essence, & votre céruse broyée à l'essence avec un beau vernis au copal.

Le *verd de treillages* se compose en mettant une livre de verd-de-gris simple sur deux livres de céruse ; on les broye l'un & l'autre séparément, à l'huile de noix, & on les détrempe à l'huile de noix. Lorsque c'est pour employer à Paris, on met trois livres de blanc sur le verd, attendu que l'air de cette Capitale le noircit, au lieu que pour la campagne on ne met que deux livres de céruse, le grand air mangeant toujours le verd. Quelle est la raison de cette différence, prouvée nécessaire ? Je laisse aux Physiciens à la démêler ; ce qui est certain, c'est que l'expérience en démontre la nécessité. Si j'osois hazarder mon opinion, je dirois que cela vient peut-être de ce que l'air de Paris, plus chargé de substances animales exhalées, qui se déposent sans doute sur ce verd, y prennent bientôt le ton de la putréfaction, & occasionnent la décomposition superficielle du verdet, tandis qu'elles agissent sur la céruse en la noircissant.

Le *verd de composition* pour les appartemens, se fait avec une livre de blanc de céruse, deux onces de stil-de-grain de Troyes, & une demi-once de bleu de Prusse ; plus ou moins de stil-de-grain de Troyes, peut donner le ton qu'on cherche, ou raccorder une couleur. Si vous voulez faire usage de ce verd en détrempe, broyez-le à l'eau & le détrempez à la colle de parchemin. Si vous le broyez à l'huile, détrempez-le à l'essence.

Le *verd pour les roues d'équipages*, est composé de céruse & de verd-de-gris distillé, broyé séparément avec moitié d'huile & moitié essence, & détrempé avec le vernis de Hollande, dont nous parlerons ci-après.

BLEU.

Prenez de la céruse & du bleu de Prusse, selon que vous voulez que la nuance du bleu soit belle. Vous pouvez broyer l'un & l'autre à l'eau, & l'employer à la colle; mais la couleur sera plus belle si vous la broyez à l'huile d'œillet, & la détrempez à l'essence.

VIOLET.

Le *violet* se compose avec de la laque, du bleu de Prusse, un peu de carmin, & très-peu de blanc de plomb à la colle ou à l'huile, comme on juge à propos.

BRUN.

Nous rangeons ici les couleurs de bois & les couleurs sombres, parce qu'il est bien rare que la Peinture d'impression fasse usage de couleur décidée brune.

Couleur de bois de chêne.

Prenez trois quarts de blanc de céruse, l'autre quart d'ochre de rue, de terre d'ombre, & de jaune de Berry, plus ou moins de ces dernieres substances vous donneront la teinte que vous cherchez ; elles s'emploient également à l'huile & à la détrempe.

COULEUR

Couleur de bois de Noyer.

Le blanc de céruse, l'ochre de rue & la terre d'ombre, rouge & jaune de Berry, vous donneront la couleur de *bois de noyer* ; vous les employerez à la colle ou à l'huile, comme vous le voudrez.

Couleur de Maron.

Le rouge d'Angleterre, l'ochre de rue & le noir d'ivoire donnent le *maron foncé* ; on l'éclaircit en y mettant moins de noir & plus de rouge : ils peuvent être employés en détrempe ou à l'huile.

Olive.

L'*olive* en détrempe se fait avec du jaune de Berry, de l'indigo & du blanc de Bougival ; mais quand on veut vernir dessus, au lieu de ce blanc il faut employer de la céruse. L'olive à l'huile se fait en broyant avec cette liqueur du jaune de Berry, qui est la base de cette couleur, un peu de verd-de-gris & du noir, qu'on détrempe à l'huile coupée d'essence ; plus ou moins de ces deux derniers donnent le ton de l'olive.

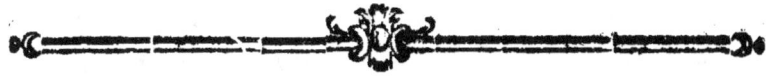

CHAPITRE III.

Des liquides qui servent à broyer & détremper les matieres colorées.

ON vient de voir que toutes les différentes substances qui nous procurent les couleurs, sont ou des terres ou des compositions solides. Il est évident qu'on ne pourroit pas les étendre ni les appliquer sur d'autres sujets pour les y fixer, si l'on ne commençoit par les broyer & les réduire en poudre très-fine. Il est encore sensible que si on les broyoit à sec sous la molette, elles s'échapperoient en poussiere. On a donc cherché des liquides qui puissent retenir les particules légeres divisées par le broyement, & qui lorsqu'elles sont broyées, puissent les détremper, de façon qu'elles s'étendent facilement sous le pinceau ; ces liquides, qui se trouvent alors teints de la couleur de la substance qu'ils ont impregné, s'appliquant sur le sujet, le pénetrent, y incorporent, fixent & maintiennent la couleur.

L'eau, la colle, les huiles, l'essence de térébenthine, & quelques vernis, sont les liquides qu'on employe pour broyer ou détremper les couleurs.

L'eau, que nous ne définirons pas parce qu'elle est suffisamment connue, sert dans la Peinture à broyer les substances colorées ; elle les lave, les dégage des parties grossieres, qui bruniffent les couleurs, les conferve, & eft non-feulement la premiere liqueur de la détrempe, mais encore difpofe & clarifie les fubftances qui doivent être broyées à l'huile, qui deviennent beaucoup plus belles, lorfqu'on a eu la précaution de les broyer d'abord à l'eau. Il faut la choifir pure, nette, légere, douce, & de riviere, par préférence à l'eau de puits ou de fource, qui font prefque toujours trop crues, & chargées de félénite, qui en fe décompofant ou fe précipitant, pouffe un blanc.

La *colle* eft un mot général, qui exprime une matiere factice & tenace, qu'on employe liquide, pour unir deux ou plufieurs fubftances, de maniere à ne pouvoir enfuite fe féparer que très-difficilement. Les Peintres & Doreurs s'en fervent ou comme matiere tenace, pour appliquer & fixer une couleur, de façon qu'elle ne puiffe s'effacer en la frottant, & alors ils la compofent forte ou foible, felon le fujet; ils la font chauffer ou tiédir feulement, & jamais bouillir; car s'ils l'employoient bouillante, ils terniroient l'éclat & la vivacité de leurs couleurs. Quelquefois auffi ils s'en fervent comme corps intermédiaire, pour empêcher qu'une fubftance liquide ne pénetre dans une folide, comme lorfqu'on veut étendre du vernis fur un papier, ainfi qu'on le verra dans l'emploi du vernis; alors ils la choififfent claire, légere, limpide, & l'employent froide.

Il y a plufieurs fortes de colle en ufage dans la Peinture & Dorure. Les principales font la colle de gants, celle de parchemin, celle de brochette, de Flandre, &c. Nous ne nous arrê-

terons qu'aux fimples détails de leur préparation & de l'emploi , renvoyant pour le furplus à l'Art de faire les Colles , donné par
l'Académie des Sciences , & rédigé par M.
Duhamel.

La *colle de gants* fe fait avec de la rognure
de peau blanche de moutons, qu'on fait macérer & diffoudre dans l'eau bouillante pendant trois ou quatre heures , enfuite couler
à travers un tamis ou linge clair , dans un
vafe très propre ; lorfque la colle eft refroidie , elle a la confiftance d'une forte gelée
de confitures. On s'en fert plus volontiers
pour faire les détrempes de couleurs qu'on ne
veut pas vernir.

La *colle de parchemin* eft faite de rognures
de parchemin neuf & non écrit , qu'on met
bouillir pendant quatre à cinq heures dans l'eau,
comme la colle de gants , la diffolution en
eft plus longue. On l'employe pour faire les
détrempes qu'on fe propofe de vernir , &
pour les ouvrages qu'on veut dorer. Pour la
compofer « jettez une livre de parchemin
» dans fix pintes d'eau bouillante , laif-
» fez - la fe macérer & diffoudre à bouillons
» égaux pendant quatre heures , de façon qu'elles
» foient réduites à moitié ; la colle faite , paf-
» fez-la par un linge ; quand elle eft refroi-
» die , elle doit fe trouver en confiftance de ge-
» lée forte ».

Nous aurons occafion dans le cours de cet
ouvrage de parler de trois différences de force
de colle , en difant qu'on employe de la colle
forte , de la colle moyennement forte , & de
la colle foible. Nous allons indiquer comment

on la coupe & on l'affoiblit, selon la denfité qu'on veut qu'elle ait, pour la mettre par degré à ces trois efpeces de titre.

La colle dont nous venons de donner la compofition eft la forte colle ; pour la réduire à fa moyenne force, ajoutez-y une pinte d'eau: il en faut quatre pour la rendre foible, & davantage fi on la veut très-légere.

Il faut mettre la colle dans des vafes très-frais, de terre verniffée, & les garder dans un endroit frais, éloigné du foleil, de toute chaleur & de toutes mauvaifes exhalaifons : elle eft très-fufceptible de tourner, fur-tout dans les tems d'orage. Obfervez qu'il faut dans le tems de chaleur, pour que la colle acquiere une confiftance de gelée, y employer beaucoup plus de parchemin. Ainfi, pour la dofer convenablement, il faut confulter la faifon; celle que nous venons de donner fe compofe ainfi dans les tempérées ; elle fe conferve affez bien l'hiver, mais fe corrompt aifément l'été, & fe réfout en une eau gluante, qui entre bientôt en putréfaction. Il faut éviter de fe fervir de colle trop forte, parce qu'elle feroit écailler la Peinture.

La *colle de brochette* fe fait avec du gros parchemin, que les Tanneurs tirent des peaux préparées & écariées. Ce parchemin, plus épais que l'autre, fert auffi à faire de la colle, qui ne s'employe que pour les gros ouvrages ; elle fe prépare de la même maniere, & eft beaucoup moins chere.

La *colle de Flandre*, dont on fe fert fur-tout dans le décore, & qu'on mêle dans les couleurs deftinées aux carreaux d'appartemens, pour y fixer la couleur, eft faite de rognures de peaux de mouton, d'agneaux ou d'autres peaux d'animaux : elle doit être blonde, tranf-parente. Les uns la jettent dans de l'eau bouil-lante, les autres la laiffent tremper une journée dans de l'eau, enfuite la laiffent fondre dans de l'eau bouillante : on la paffe pour s'en fervir.

L'*huile* eft un fluide d'une utilité & d'un ufage extrêmement étendus. Les Grecs, qui attribuoient à Minerve la découverte de l'oli-vier, ont fait préfider cette Déeffe à tous les Arts; parce qu'en effet il en eft peu qui puiffe fe paffer du fecours de l'huile, ce qui eft fin-guliérement vrai pour nos trois Arts.

Celle dont ils font le plus d'ufage eft l'*huile de lin*. Elle eft fans contredit la meilleure de tou-tes. Sa propriété particuliere eft d'être plus facile à fe dégraiffer, conféquemment plus fécative, c'eft-à-dire, plus prompte à fécher, & d'être la moins chere, lui font donner le choix. A fon défaut, on doit rechercher l'*huile de noix*; ee n'eft que lorfque ces deux huiles manquent qu'on peut employer l'*huile d'œillet*; mais, comme on vient de le dire, ces deux der-nieres étant plus graffes font plus difficiles à fécher.

L'*huile de lin* eft celle qu'on tire par expref-fion des graines de la plante de ce nom; il faut la choifir claire, fine, ambrée, très-amere au goût; car plus elle l'eft, plus elle eft féca-tive, fe cuit mieux, & eft moins fufceptible de gerfer; la meilleure que nous ayons dans le commerce eft celle de Hollande; celle qui vient de Lille eft fouvent mêlée d'huile de na-vette. Pour rendre l'huile de lin auffi blanche que l'huile d'œillet, il faut la mettre dans une cuvette de plomb exposée pendant un été au soleil; on y jette du blanc de céruse & du talc calciné : ce mélange attire les parties grasses au fond & éclaircit l'huile.

L'*huile de noix*, dont se servent nos Artistes, est celle qu'on obtient par une seconde expression des noix; elle l'emporte sur l'huile de lin par sa blancheur, mais n'est pas aussi dessicative. On l'adopte pour broyer & détremper les couleurs claires, telles que le blanc, le gris, que l'huile de lin terniroit un peu. Il faut la choisir blanche, sentant bien son fruit, tant au goût qu'à l'odorat.

L'*huile d'œillet* est celle qui provient par expression de la semence du pavot noir pilé; il faut la choisir plus claire que l'huile d'olive, ne sentant rien : c'est la plus blanche de toutes les huiles, aussi l'employe-t-on pour broyer & détremper le blanc de plomb, lorsqu'on veut de beaux blancs.

Nous ne pouvons qu'indiquer les propriétés & qualités des huiles relatives à nos Arts, & en fixer le choix : un plus long détail, sur leur nature, sur la façon de les extraire, n'est pas de notre ressort, & nous conduiroit trop loin. Dans la description d'un Art, il est des bornes qu'on ne peut franchir sans envahir sur les Arts voisins.

Plusieurs personnes imaginent qu'il est indifférent de se servir d'huile d'olive, ou de navette, ou d'aspic; mais elles doivent s'attendre, sur-tout avec celle d'olive, à voir leurs couleurs, ou dorures, ou vernis, se ternir & rester toujours gras ou onctueux. Quant à l'huile d'afpic, quoiqu'inférieure à celle de lin, il eft toujours à craindre qu'elle ne foit falfifiée ou allongée avec l'effence de térébenthine.

L'*effence*, ou *l'huile*, ou l'*efprit de térébenthine*, eft la partie huileufe, éthérée & fubtile de la térébenthine, qu'on a obtenu par la diftillation. Nous la ferons connoître davantage dans l'Art du Vernilleur; nous indiquerons feulement ici ce qu'il faut faire pour connoître fi l'effence qu'on veut employer eft bonne. Broyez du blanc de cérufe à l'huile, détrempez-le dans l'effence; fi cette derniere furnage une demi-heure après, elle eft bonne; fi elle ne l'eft pas, elle s'incorpore avec le blanc, qui devient épais, ce qui prouve qu'elle n'eft pas affez rectifiée. Il faut la choifir claire comme de l'eau de roche, d'une odeur fort pénétrante, défagréable; elle fert à détremper les couleurs broyées à l'huile, lorfqu'on doit vernir par-deffus; elle étend mieux les couleurs & les prépare à recevoir le vernis. On met ordinairement par-deffus un *vernis fans odeur*, qui non-feulement emporte celle de l'effence de térébenthine, mais même celle que pourroit donner l'huile elle-même.

Quant aux *vernis* qui fervent à broyer & à détremper les couleurs, nous nous contenterons d'indiquer ici les dofes pour les faire, renvoyant à l'Art du Vernilleur pour les procédés de la manipulation.

VERNIS A L'ESPRIT-DE-VIN, *pour détremper les Couleurs.*

Dans une pinte d'efprit-de-vin, mettez deux onces de maftic en lames, & deux onces de fandaraque. Lorfque ces réfines feront fondues, ajoutez-y un quarteron de térében-thine de Venife, faites bouillir le tout quelques bouillons, & paffez-le à travers un linge fin. Ce vernis exige que les couleurs foient broyées très-finement; il les détrempe bien, & elles féchent promptement. Il ne faut les détremper qu'au fur & à mefure qu'on s'en fert.

VERNIS BLANC A L'ESSENCE,
pour le même sujet.

Sur une pinte d'effence, mettez quatre onces de maftic en larmes, & une demi-livre de térébenthine, faites fondre le tout enfem-ble, & le paffez. Ce vernis gras eft moins prompt à fécher que celui ci-deffus, donne de l'odeur, mais s'employe plus aifément & a plus de qualité. Les couleurs doivent être broyées à l'huile, pour les détremper avec ce vernis, ce qui fe fait peu-à-peu. C'eft de ce vernis à l'effence dont on détrempe le verd d'eau indiqué ci-deffus, page 46 : il eft bien plus beau détrempé avec ce vernis qu'employé à l'huile.

VERNIS D'HOLLANDE,
pour détremper le Verd-de-gris.

Ce vernis, qu'on tiroit autrefois de Hol-lande, & qui en a confervé le nom, eft com-pofé d'une pinte d'effence, dans laquelle on fait fondre une demi-livre de térébenthine-pife, & autant de galipot, qu'on paffe enfuite par un linge fin; il fert à détremper le verd-de-gris, ainfi que nous l'avons dit ci-deffus, page 48.

CHAPITRE IV.

De la façon de broyer & de détremper les Couleurs.

CE que nous avons dit jusqu'à préfent fur les outils néceffaires aux Peintres, fur la nature des fubftances qui donnent les couleurs, des liquides qui fervent à les broyer & les détremper, intéreffe également l'Amateur & l'Artifte; ce que nous allons confidérer relativement à leurs broyemens & mélange, paroît plus du reffort des derniers; c'eft à eux, & fur-tout aux Marchands de couleurs, qu'il importe de les favoir bien broyer, détremper & mélanger, parce que de ces premieres opérations dépend la beauté des ouvrages. Mieux les matieres font préparées, & plus l'exécution eft facile & le fuccès certain, moins auffi il faut de matiere pour exécuter ce qu'on entreprend de peindre; fon extenfion eft proportionnelle à la tenuité de fes molécules, & cette confidération eft d'un certain mérite dans les grandes entreprifes. Les Amateurs qui veulent s'amufer à peindre, ne s'occuperont gueres fans doute de ces manipulations ennuyeufes, malpropres, quelquefois même dangereufes & très-peu lucratives. En faifant venir les marchandifes toutes préparées & prêtes à être employées, ils s'épargneront les rifques de la mal-adreffe, le dégoût, les dangers des apprêts, qui font ce que la Peinture d'impreffion offre de plus difficile, & pourront se borner au plaisir de l'application, dont le succès est toujours certain, puisque la mal-adresse même ne peut que manquer à la perfection & non à la réussite.

On broye ordinairement les substances qui donnent les couleurs sur un porphire, un marbre, ou autre pierre dure, avec l'intermede de l'eau, de l'huile & de l'essence.

1°. Quand les matieres sont broyées à l'eau, il faut les détremper à la colle de parchemin.

2°. Si l'on veut les détremper dans le vernis à l'esprit-de-vin indiqué ci-dessus, page 56, il suffit, après les avoir bien broyées, d'en détremper ce que l'on veut employer sur le champ; car les couleurs ainsi préparées séchent très-promptement.

3°. Les couleurs broyées à l'huile s'employent quelquefois à l'huile pure, plus souvent à l'huile coupée d'essence, & très-souvent avec l'essence de térébenthine pure; l'essence les rend coulantes & faciles à étendre. Les couleurs ainsi préparées sont les plus solides, mais elles exigent plus de tems pour sécher.

4°. On broye les couleurs à l'essence de térébenthine, & on les détrempe dans le vernis blanc à l'essence indiqué page 57; comme elles exigent un très-prompt emploi, il n'en faut préparer que très-peu à la fois, & pour l'ouvrage du moment. Les couleurs ainsi broyées à l'essence & détrempées au vernis, ont plus de brillant, séchent plus vîte que celles préparées à l'huile; mais sont plus difficiles à manier, étant sujettes à s'épaissir, sur-tout quand on en détrempe trop à la fois.

Nous venons de dire qu'il falloit broyer les matieres qui donnent les couleurs sur le porphire ou sur la pierre. Le *porphire* est une espece de pierre rouge - brune, tirant sur le violet, ayant des points blancs, d'une dureté qui résiste aux outils les mieux trempés, par conséquent très-propres à broyer les couleurs. A son défaut on peut se servir du *granit d'O-rient* (1); on lui préfere *l'écaille de mer*, espece de pierre grise très - compacte & très-ferrée, dont nous serions bien embarrassés de donner la notice, d'après les Naturalistes, qui vraisemblablement ne la connoissent pas sous ce nom. L'écaille de mer bien choisie a beau-coup plus de dureté, & est plus susceptible de poli; aussi broye-t-on plus fin & plus promp-tement. Il faut préférer la grise à la rouge; il y en a qui se servent d'un grès fort dur, qui étant bien imbibé d'huile est d'assez bon usage. On conçoit qu'il faut éviter de se servir de pierres tendres, qui s'usent en broyant, se mêlent avec les couleurs, & les ternissent quand elles sont vives. Les *molettes* sont des pierres taillées en cône à plat, ou enchassées de maniere à avoir cette forme; la base est ce qui écrase les matieres à broyer, & le reste du cône sert à l'ouvrier pour l'empoigner & la promener sur le porphire; elles servent à broyer, & doivent être fort dures, & de la même nature que la pierre à broyer, si faire se peut.

_____

(1) M. Guettard s'est beaucoup étendu dans ses Mémoires insérés parmi ceux de l'Académie des Scien-ces, sur la nature de cette pierre, où nous prions le lecteur curieux de les consulter.

On broye les couleurs ou substances colorées sur le porphire, en les écrasant avec la molette, qu'on passe & repasse souvent dessus jusqu'à ce qu'elles deviennent en poudre très-fine, avec de l'eau, dont on les humecte peu à peu à mesure qu'on les broye, ce qui facilite l'opération ; on rapproche toujours la couleur au milieu avec le couteau, pour repasser dessus la molette, que l'on conduit en tout sens jusqu'à ce qu'elle soit broyée autant qu'on le desire : on la partage ensuite en petits tas, sur une feuille de papier blanc & net, à l'aide d'un entonnoir, & on les laisse sécher dans un endroit propre, où il n'y a pas de poussiere ; c'est ce qu'on appelle *couleurs broyées à l'eau*, qu'on peut employer en les détrempant soit à la gomme, soit à la colle, soit à l'huile, & ces petits tas se nomment *trochisques*. On peut sous cette forme, conserver facilement les couleurs broyées.

Comme la pierre & la molette doivent toujours être très-propres, si vous avez broyé à l'eau, lavez-les avec de l'eau ; si la couleur résiste, & que vous ne puissiez l'emporter à cause des inégalités de la pierre, écurez-les avec un peu de sablon & de l'eau qu'on broye avec la molette, ce qui se fait sur-tout lorsqu'on veut ensuite broyer une couleur d'une teinte différente, comme du jaune après du blanc ou du noir.

Quand les couleurs ont été broyées à l'huile, nettoyez votre pierre & sa molette avec de la même huile pure sans couleur, comme si on broyoit ; après qu'elle a bien détaché toute la couleur qui étoit restée, ôtez toute l'huile, paffez deffus une mie de pain médiocrement tendre, pour emporter la couleur qui y refte, ce qu'on répéte plufieurs fois avec de nouvelles mies de pain, en appuyant affez fort avec la molette jufqu'à ce que le pain devienne en petits rouleaux, & ne foit plus teinte de couleur; fi par hazard, ou négligence, la couleur fe féchoit fur la pierre avant qu'on l'eût nettoyée, il faudroit l'écurer à plufieurs reprifes, avec du grès, ou du fablon, ou de l'eau feconde, jufqu'à ce que la pierre fût bien nette : ce qu'on reconnoît en la lavant avec de l'eau.

Ceux qui broyent ordinairement du blanc de plomb, ont une pierre particuliere, qui ne fert qu'à cet ufage, à caufe que cette couleur fe ternit aifément, pour peu qu'il s'en mêle d'autres.

1º. Broyez également & modérément vos fubftances. 2º. Broyez-les féparément. 3º. Ne les mélangez, pour donner la teinte, que lorfqu'elles ont été bien préparées. 4º. N'en détrempez que ce que vous êtes dans le cas d'employer, de peur qu'elles ne s'épaiffiffent. Pour broyer, ne mettez que ce qu'il faut de liquide pour foumettre les fubftances folides à la molette. Plus elles font broyées, mieux les couleurs fe mêlent, & donnent une peinture plus douce, plus unie, plus gracieufe ; la fonte en eft plus belle, moins fenfible. Auffi faut-il donner tous fes foins à bien broyer finement & à les détremper fuffifamment pour qu'elles ne foient ni trop légeres, ni trop épaiffes.

Pour détremper, il faut mettre les couleurs broyées dans un pot, verfer peu-à-peu le liquide qui doit fervir pour les détremper, qu'on introduit en remuant bien, jufqu'à ce que la couleur foit délayée au point que l'on defire: ne verfez de liquides qu'autant qu'il en faut pour étendre les couleurs fous le pinceau.

Le précepte de ne broyer & détremper de couleurs qu'autant qu'on en a befoin, eft effentiel à fuivre, parce que tel foin qu'on employe pour les conferver, elles fe graiffent & perdent toujours de leur qualité ; cependant, fi l'on en avoit préparé une plus grande quantité, il faut, quand ce font des terres broyées à l'huile, y mettre un peu d'huile par-deffus ; & quand elles font broyées à l'eau, pour qu'elles ne fe glaifent pas, il faut les noyer d'un peu d'eau qui les furnage.

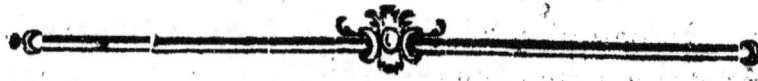

CHAPITRE V.

De l'application des Couleurs.

QUE les fubftances colorées foient préparées à l'eau, à l'huile ou à l'effence, on conçoit que la maniere de les étendre eft toujours la même ; mais il eft des préparations, des précautions particulieres relatives, foit au fujet qui doit recevoir la couleur, foit à l'emploi même de la couleur. Nous allons entrer dans tous ces détails dans les trois Sections de ce Chapitre, dont chacune traitera de l'emploi des couleurs en détrempe, en huile, au vernis ; c'eft ordinairement le fujet qui détermine laquelle de ces trois façons de préparer la couleur l'on doit adopter : par l'énumération que nous allons faire des différens sujets qui les reçoivent, on se déterminera aisément sur le choix qu'on doit faire. La quatrieme présentera quelques réflexions sur diverses façons de peindre introduites par l'attrait de la nouveauté. Enfin, la cinquieme donnera la maniere de peindre les toiles, soit en huile, soit en détrempe, & de les rehausser d'or.

Dans toute opération méchanique, non-seulement il faut bien savoir ce que l'on veut faire, mais aussi il faut bien connoître ce qu'on doit éviter. L'habileté consiste quelquefois plus dans les précautions que dans les procédés ; & pour bien exécuter, il importe souvent plus de ne pas ignorer ce qui est contraire, que d'être sûr de ce qu'on a à faire. Ainsi, dans les trois Arts dont nous donnons la description, nous nous sommes imposé la loi de ne point indiquer aucun procédé que nous n'ayons établi des préceptes généraux ; dont il sera essentiel de se bien pénétrer pour être plus sûr de son opération, & d'apprendre même, pour que la mémoire puisse venir au secours de l'embarras.

PRÉCEPTES GÉNÉRAUX
de la Peinture d'Impression.

1°. Ne préparez que la quantité de couleurs nécessaires pour l'ouvrage que vous entreprenez, parce qu'elles ne se conservent jamais bien, & que celles qui sont fraîchement mélangées sont toujours plus vives & plus belles. *Voir ce qui a été dit ci-dessus, pages* 62, 63.

2°.

2º. Tenez votre broſſe bien droite devant vous, & qu'il n'y ait que ſa ſurface qui ſoit couchée ſur le ſujet; ſi vous la teniez penchée en tout ſens, vous courriez riſque de peindre inégalement.

3º. Il faut coucher hardiment & à grands coups, & étendre néanmoins bien uniment & bien également les couleurs; prenez garde d'engorger vos moulures & ſculptures; ſi cet accident arrivoit, ayez une petite broſſe pour en retirer les couleurs.

4º. Remuez très-ſouvent les couleurs dans le pot, afin qu'elles conſervent toujours la même teinte, & qu'elles ne faſſent pas de dépôt au fond.

5º. N'empâtez jamais la broſſe, c'eſt-à-dire, ne la ſurchargez pas de couleur.

6º. N'appliquez jamais une ſeconde couche que la premiere ou précédente ne ſoit abſolument ſéche, ce que l'on connoît aiſément, lorſqu'en y portant le dos de la main légérement il ne s'y attache en aucune façon.

7º. Afin de rendre cette ſécation plus prompte & plus uniforme, faites toujours vos couches les plus minces poſſibles.

SECTION PREMIERE.

De l'emploi des Couleurs préparées en détrempe.

PEINDRE en *détrempe*, c'eſt peindre avec des couleurs broyées à l'eau & détrempées à la colle. La détrempe eſt ſûrement la plus ancienne maniere de peindre; il eſt naturel de croire que les premiers qui ont trouvé les matieres

E

qui donnent les couleurs les ont d'abord détrempé avec de l'eau , & qu'enfuite pour
donner de la confiftance à cette eau colorée ,
ils l'ont préparé avec de la gomme ou de la
colle. Cette forte de Peinture bien faite , fe
conferve long-tems ; elle eft la plus en ufage ,
elle s'employe fur les plâtres , les bois , les
papiers ; on en décore les appartemens ; tout
ce qui n'eft pas fujet à être expofé aux injures
de l'air , comme boîtes , éventails , efquiffe ,
eft ordinairement peint en détrempe. On peint
auffi à la colle tout ce qui n'a qu'un éclat momentané , ou ce qui eft dans le cas d'être bien
confervé , comme décorations de fêtes publiques , ou de théatre.

Il y a trois fortes de détrempes , la détrempe
commune , la détrempe vernie qu'on appelle
chipolin , & la détrempe au blanc de Roi. Les
détails que nous allons donner des différens
ouvrages dans ces trois parties , les feront mieux
connoître que les définitions les plus claires ;
mais nous allons auparavant établir les préceptes
particuliers de la détrempe.

PRÉCEPTES PARTICULIERS

à la Peinture d'Impreffion en détrempe.

1°. Prenez garde qu'il n'y ait aucune graiffe
fur le fujet ; s'il y en a , ou grattez , ou leffivez
avec l'eau feconde , ou frottez la partie graffe
avec de l'ail & de l'abfynthe. 2°. Que la couleur
détrempée file au bout de la broffe lorfque vous
la retirez du pot ; fi elle s'y tient attachée , c'eft
la preuve qu'il n'y a pas affez de colle. 3°. Que

toutes vos opérations, c'est-à-dire, que toutes les couches, sur-tout les premieres, soient données très-chaudes, en évitant toutefois qu'elles soient bouillantes. Une bonne chaleur fait bien mieux pénétrer la couleur, mais employée trop chaude, elle fait bouillonner l'ouvrage & gâte le sujet, & si c'est du bois, l'expose à s'éclater : la derniere couche que l'on étend avant que d'appliquer le vernis, est la seule qui doive être donnée à froid.

4°. Lorsqu'on veut faire de beaux ouvrages, & rendre les couleurs & plus belles & plus solides, on prépare les sujets qu'on veut peindre par des encollages & des blancs d'apprêts, qui servent de fond pour recevoir la couleur ; c'est rendre la surface sur laquelle on veut peindre, bien égale & bien unie : nous en parlerons ci-après.

5°. Cette impression doit se faire en blanc, telle couleur qu'on veuille y appliquer ; parce que les fonds sont plus avantageux pour faire ressortir les couleurs, qui empruntent toujours un peu du fond.

6°. Si on rencontre des nœuds au bois, ce qui arrive sur-tout dans les boiseries de sapin, il faut frotter ce nœud avec une tête d'ail, la colle prendra mieux.

Observations sur les Doses.

Pour que les détails se fassent mieux sentir, nous prendrons pour point fixe de toute superficie à peindre, une ou plusieurs toises quarrées, c'est-à-dire, six pieds de haut sur six pieds de large, qu'on peut répartir comme on juge à

propos. L'on fixera enfuite la quantité de matieres & de liquides néceffaires pour couvrir
cette fuperficie. Je n'ai pas befoin de prévenir
mes Lecteurs que lorfqu'ils auront plus ou
moins de fuperficie, il faudra augmenter ou
diminuer les quantités, en raifon des proportions données : néanmoins il ne faut pas croire
que toutes celles indiquées feront toujours pré-
cifes & fuffifantes ; on ne peut préfenter que
des à-peu-près ; car il y a des fubftances
qui boivent plus ou moins de liquides, les
mêmes terres, felon leurs degrés de féchereffe,
s'en abreuvent plus ou moins. Il y a des parties,
comme plâtres, fapins, qui en pompent davantage (1). La maniere de l'employer y fait auffi
beaucoup ; l'habitude fait bien mieux les ménager qu'une premiere tentative : enfin il faut
toujours s'attendre que les premieres couches
confommeront plus de matieres que les fecon-
des & fubféquentes, qu'un fujet préparé en
exigera moins qu'un autre qui ne l'eft pas :
la raifon en eft fenfible, il faut d'abord abreuver les pinceaux, les broffes, les bois, les
toiles, les plâtres qui doivent recevoir les
couleurs ; les premieres couches qui font deftinées à cela, font & doivent être en plus grande
quantité que les autres.

Qu'on employe les couleurs fur du bois,
de la toile, du plâtre, les dofes doivent être
toujours les mêmes pour la toife quarrée, il
n'y a jamais que la premiere couche qui foit dans

---

(1) Sur-tout le fapin qui eft quelquefois fi poreux
que les couleurs filtrent au travers, comme fi on les
paffoit par un tamis.

le cas d'éprouver des différences bien fenfibles, parce que c'eft elle qui fert à abreuver les fujets ; mais la feconde & la troifieme ne doivent pas fubir ces variations, puifque par la première couche , tous les fujets deviennent égaux entr'eux, enforte qu'une muraille qui a reçu une première couche bien donnée , n'exigera pas plus de couleurs à la feconde & troifieme, qu'un lambris qui aura pareillement reçu une pareille couche.

Quand nous parlerons dans cet ouvrage de la toife quarrée, il faut l'entendre d'une fuperficie unie & égale ; car fi les bois font enrichis de moulures, fculptures, l'évaluation ne peut plus être la même pour l'emploi : nous n'entendons pas parler ici de l'évaluation relative au toifé d'Entrepreneur ou d'Expert.

ARTICLE PREMIER.

De la Détrempe commune.

La détrempe commune eft celle qu'on employe pour de gros ouvrages qui ne demandent pas grand foin , & qui conféquemment n'exigent pas de préparation, comme plafonds, planchers , efcaliers ; elle fe fait ordinairement en infufant des terres à l'eau, & en les détrempant avec de la colle : nous allons indiquer quelques fujets où on l'employe.

Groffe détrempe en blanc.

1º. Ecrafez du blanc d'Efpagne dans de l'eau, laiffez - le s'y infufer une couple d'heures.

2°. Faites pareillement infuser du noir de charbon dans l'eau. 3°. Mélangez le noir avec le blanc, ne les mêlez qu'à mesure suivant la teinte que vous desirez. 4°. La teinte faite, détrempez-la dans de la colle d'une bonne force, suffisamment épaisse & chaude. 5°. Couchez sur le sujet ; on peut en donner plusieurs couches.

Dose pour une toise quarrée. Blanc de Bougival deux pains, (c'est à-peu-près deux livres & demie) une chopine d'eau pour l'infuser ; plus ou moins de charbon aussi infusé à part, autant que l'on veut pour foncer le blanc, & près d'une pinte de colle pour détremper le tout.

Si vous voulez employer cette détrempe sur de vieux murs, il faut : 1°. Les bien gratter : 2°. Passer deux ou trois couches d'eau de chaux, jusqu'à ce que le roux soit mangé : 3°. Epousseter la chaux avec un ballet de crin : 4°. Appliquer ensuite les couches de détrempe, comme nous venons de le dire. Si c'est sur des plâtres neufs, il faut mettre plus de colle dans le blanc pour en abreuver la muraille.

On peut employer toutes sortes de couleurs en détrempe commune quand la teinte en est faite, & qu'elle a été infusée à l'eau : on la détrempe de même à la colle.

Plafonds ou Planchers.

Quand les plafonds ou planchers font neufs : 1°. Prenez du blanc de Bougival, auquel vous joindrez un peu de noir de charbon pour empêcher que le blanc ne roussisse : 2°. Infusez-les féparément dans de l'eau 3°. Détrempez le tout avec moitié eau & moitié colle de gants, (la colle de gants étant forte, feroit écailler la couche, c'eft pourquoi on la coupe avec l'eau) : 4°. Donnez deux couches tiédes de cette teinte. Si les murs ont déjà été blanchis, il faut : 1°. Gratter *au vif* tout l'ancien blanc, c'eft-à-dire, remettre le plafond autant à nud qu'il fe peut, ce qui fe fait avec des *gratoirs*, tantôt dentés & tantôt à tranche plate & obtufe, emmanchés de court pour fatiguer moins l'ouvrier. 2°. Y donner autant qu'il faut de couches de chaux pour l'enduire & le faire devenir blanc : 3°. Epouffeter la chaux : 4°. Mettre deux à trois couches de blanc de Bougival infufé à l'eau & détrempé à la colle, comme on vient de le dire.

Murs intérieurs, contre-cœurs de cheminées.

Quand ce font des murs intérieurs qu'on veut peindre en détrempe commune, comme murs d'efcaliers ou parties de murs, on les peint en infufant de même à l'eau le blanc, ou telle autre terre colorée choifie, & en les détrempant à la colle de gants pure.

Badigeon.

Le *Badigeon* eft la couleur dont on fe fert pour embellir les maifons au-dehors lorfqu'elles font vieilles, ou les Eglifes quand on veut les éclaircir ; il donne à ces édifices l'extérieur d'une nouvelle bâtiffe, en leur donnant le ton de couleur d'une pierre fraîchement taillée,

1°. Prenez un feau de chaux éteinte : 2°. Joignez-y un demi-feau de fciure de pierre, dans laquelle vous mélangerez de l'ochre de rue , felon le ton de couleur de pierre que vous voudrez donner à votre badigeon : 3°. Détrempez le tout dans la valeur d'un feau d'eau où vous aurez fait fondre une livre d'alun de glace. Badigeonnez le fujet avec une groffe broffe. Quand on n'a pas de fciure de pierre, on y met plus d'ochre de rue, ou d'ochre jaune, ou l'on écrafe des écailles de pierres de S. Leu , les paffer au tamis, en faire un ciment avec la chaux, que la pluye & l'air mangent difficilement.

Plaques de Cheminée en mines de plomb.

1°. Nettoyez vos plaques avec une forte broffe ufée à peindre en détrempe , enlevez la rouille & la pouffiere : 2°. Pilez environ un quarteron de mine de plomb , lorfquelle eft en poudre , mettez-la dans un pot avec un demi-feptier de vinaigre : 3°. Frottez-en vos plaques avec la broffe : 4°. Quand elles font noircies avec ce liquide , prenez une broffe féche , trempez-la dans d'autre mine féche en poudre, & vous frotterez jufqu'à ce que les plaques deviennent luifantes comme une glace.

Carreaux.

Si les carreaux font neufs , nettoyez, grattez & lavez-les bien ; quand ils font bien fecs : 1°. Donnez une premiere couche très-chaude de gros rouge infufé dans l'eau bouillante , où vous aurez fait fondre de la colle de Flandre :

cette premiere opération fert à abreuver le carreau : 2°. Etendez bien mince une feconde couche à froid, de rouge de Pruffe broyé à l'huile de lin, & détrempé à la même huile, où vous aurez mis un peu de litharge : ce fecond procédé fert à fixer & coller la couleur. 3°. Faites fondre de la colle de Flandre dans de l'eau bouillante, retirez le pot du feu, jettez-y du rouge de Pruffe, que vous y laifferez infufer, & incorporez - le bien en le remuant avec la broffe ; employez cette couleur tiéde : cette troifieme couche mafque la couleur à l'huile, & empêche qu'elle ne poiffe & colle aux fouliers. 4°. Quand cette derniere couche fera féche, frottez le carreau avec de la cire ; cette cire à fon tour fixe & attache la détrempe.

Dofe pour une toife quarrée.

Pour la premiere couche. Faites fondre un quarteron de colle de Flandre dans trois chopines d'eau ; quand elle fera bouillante retirez-la du feu, jettez-y alors une livre de gros rouge, qu'il faudra remuer très-exactement ; le rouge bien mêlé, donnez la couche très-chaude.

Pour la feconde. Broyez une livre de rouge de Pruffe à l'huile de lin, enfuite détrempez-le avec une livre d'huile de lin, dans laquelle vous aurez mis deux onces de litharge, & couchez à froid.

Pour la derniere. Dans une pinte d'eau que vous ferez bouillir fur le feu, jettez un demi-quarteron de colle de Flandre, lorfqu'elle fera fondue retirez-la de deffus le feu, & incorporez - y une demi - livre de rouge de Pruſſe , remuant beaucoup : appliquez-la tiéde.

Quand les carreaux ſont vieux , comme ils ont été déjà imbibés , ils prennent moins de matiere.

N. B. Les couches de couleurs pour les parquets & carreaux ſe donnent avec des balais de crin un peu uſés , en les promenant de gauche à droite & de droite à gauche , mais on prend de moyennes broſſes pour aller au long des lambris.

Parquets.

Pour mettre des parquets en couleurs , on choiſit ordinairement une couleur citron ou orange : cette derniere eſt plus belle. Quand le parquet eſt bien balayé & nettoyé : 1°. Tirez une teinture orange ou citron , ce qui ſe fait en mêlant plus ou moins de graine d'Avignon , de terra merita & de ſaffranum ; il y en a qui ne mettent que des deux derniers , d'autres qui n'employent que de ſaffranum pur. 2°. Pour coller votre teinture au parquet , jettez-la dans de l'eau dans laquelle vous aurez fait fondre de la colle de Flandre ; lorſque les parquets ſont vieux , ajoutez-y de l'ochre de rue pour donner du corps à la teinture. 3°. Donnez avec un balai deux couches tiédes de cette teinture ſur le parquet , en prenant garde de maſquer les veines du bois. 4°. Les couches ſéches , frottez avec de la cire.

Obſervez que la premiere couche conſomme ordinairement le double de matiere de la ſeconde , parce qu'elle ſert à abreuver les

parquets , & que la feconde ne fert qu'à peindre : ainfi fi l'on n'avoit pas affez de la dofe
que nous allons indiquer pour les deux couches,
il faut en préparer encore dans les proportions
données , pour fe procurer la quantité néceffaire.

*Dofe pour huit toifes de parquets en couleur
d'Orange.* 1°. Mettez une demi-livre de graine
d'Avignon, autant de terra merita , autant de
faffranum : (Il y en a qui, comme nous venons
de le dire, ne mettent qu'un quart de ces deux
dernieres , & qui mettent une livre de graine
d'Avignon , d'autres qui ne mettent que du
faffranum : quelle que foit votre combinaifon,
que ces trois drogues, ou feules ou mélangées ,
vous donnent une livre & demie de matieres)
mettez cette livre & demie de matieres dans
douze pintes d'eau , que vous ferez bouillir
jufqu'à ce qu'elles foient réduites à huit.
2°. Quand elles bouillent jettez-y un quarteron
d'alun , ou de cendres gravelées ; il y en a qui
ne les mettent qu'après l'avoir retiré du feu :
cela eft égal pourvu que l'alun s'y diffolve
en le remuant bien , & que le mélange ne
monte pas en bouillant. 3°. Paffez le tout dans
un linge ou tamis de foie , la teinture eft
tirée. 4°. Jettez dans cette teinture deux pintes
d'eau , dans lefquelles vous aurez fait fondre
une livre de colle de Flandre , remuez bien le
tout enfemble ; & fi les parquets font vieux ,
& que vous ayez choifi une couleur orange ,
ajoutez-y une livre d'ochre de rue fi vous avez
adopté une couleur citron, au lieu d'ochre de
rue fubftituez une livre d'ochre jaune : le
faffranum donne une couleur orange , la terra

merita & la graine d'Avignon font plus
tendres.

ARTICLE SECOND.

De la Détrempe vernie appellée Chipolin.

Toute opération méchanique peut offrir plus
ou moins de beauté & de perfection, felon le
plus ou moins de foin qu'on y porte, & l'habileté de celui qui travaille. Il eft des Arts
où cette gradation entre le fini & le parfait
eft moins fenfible ; la Peinture d'impreffion,
femble même ne pas admettre cette différence,
car peindre un fujet d'une couleur uniforme,
paroît n'offrir qu'un feul procédé, celui d'appliquer la couleur. L'ignorant comme l'habile
homme n'a qu'une maniere de le faire, & il a
fini fon entreprife. D'où dérive donc la beauté
d'un ouvrage, eft-ce toujours de la dextérité
de l'Artifte qu'elle naît ? non, mais de fes
précautions, de fes préparations, de fes foins
enfin à le perfectionner. Ainfi celui qui, dans
tous les Arts méchaniques, veut atteindre à
cette perfection, doit fe perfuader que l'action
intermédiaire qui eft l'objet de fon travail, ne
fuffit pas s'il n'a pris fes précautions avant que
d'adopter un fujet, & s'il ne porte tous fes
foins lorfqu'il vient de lui donner la forme qu'il
cherchoit. C'eft fur ces deux parties, du commencement & de la fin, qui contribuent tant
à la perfection, que nous nous arrêterons
toujours dans le cours de cet ouvrage. Ce font
elles qui font l'habile Artifte, & qui, bien
décrites, inftruiront l'Amateur : ce font elles

qui ont donné tant de supériorité au chipolin.

La détrempe vernie qu'on nomme *chipolin*,
est sans contredit le chef-d'œuvre de la Peinture d'impression. Rien de si magnifique pour
un sallon, un appartement, qu'une superbe
boiserie peinte de cette maniere. On peut
offrir au fastueux de plus riches, de plus somp-
tueux embellissemens; mais on ne peut présenter
au sage, de plus noble, de plus économe,
de plus durable décoration. En effet, cette
Peinture a le brillant & la fraîcheur de la
porcelaine; son éclat lui vient de ce que ses
couleurs ne changent point; de ce qu'elles
refletent bien la lumiere, & s'éclaircissent par
son concours; de ce que, plus aisées à adoucir, elles acquiérent plus de vivacité, sans
jetter de luisant; & de ce qu'étant toujours les
mêmes, on les voit également dans tous les
jours, ce qui ne se rencontre pas dans les Peintures à l'huile, où l'on est assujetti à la po-
sition des lieux & à la vibration de la lumiere,
où les couleurs se ternissent & les clairs deviennent obscurs. Sa fraîcheur lui vient de ce
que, bouchant exactement les pores du bois
qu'elle couvre, elle repousse l'humidité & la
chaleur, qui ne peuvent y pénétrer, & que
l'influence de l'air extérieur est écartée. Son
avantage est de ne donner aucune odeur, de
permettre la jouissance des lieux aussi-tôt son
application, de communiquer aux endroits
cette fraîcheur qu'elle porte, & de conserver
les clairs toujours brillans, vifs; enfin, par
l'application du vernis, qui la garantit de
l'humidité qui pourroit l'altérer, & des mor-

sures des insectes, de conserver sa beauté &
sa fraîcheur.

Ce genre de Peinture, qui étoit autrefois
hors de prix lorsqu'il étoit bien fait, puisqu'on
en a payé jusqu'à 60 livres la toise, est devenu
beaucoup moins coûteux, parce que les Ouvriers, qu'on ne veut pas récompenser suivant
le temps prodigieux qu'il exige, se hâtent de
répondre à l'empressement de ceux qui les
employent, ne travaillent qu'en raison de leur
salaire, & ne se font pas scrupule, en travaillant, de sacrifier nombre de détails, qui sont
cependant nécessaires pour sa perfection. Pour
mettre le Public dans le cas de n'être pas trompé, & les Artistes à l'abri d'éprouver aucune
lésion dans leurs travaux, nous allons donner
un détail exact de ceux qu'il est nécessaire de
suivre, pour peindre une détrempe vernie superbe.

Relisez l'article encollage, page 52, où
l'on traite des différentes forces de la colle,
& de la façon de la faire, ensuite les préceptes généraux de la Peinture d'impression,
& ceux particuliers à la détrempe.

Pour faire une belle détrempe vernie, il
faut sept principales opérations ; la premiere,
encoller le bois; la seconde, apprêter de blanc;
la troisieme, adoucir & poncer ; la quatrieme,
réparer ; la cinquieme, peindre ; la sixieme, encoller ; & la septieme, vernir.

Premiere Opération.

Encoller. 1°. Prenez trois têtes d'ail &
une poignée de feuilles d'absynthe, que vous
ferez bouillir dans trois chopines d'eau, que

vous réduirez à une pinte ; paffez ce jus au travers d'un linge , & mêlez-le avec une chopine de bonne & forte colle de parchemin, joignez-y une demi-poignée de fel & un demi-feptier de vinaigre ; faites bouillir le tout fur le feu.

2°. Avec une broffe courte de fanglier, encollez votre bois avec cette liqueur bouillante, imbibez-en les fculptures & les parties unies, ayant foin de bien relever la colle , de n'en laiffer dans aucun endroit de l'ouvrage , de crainte qu'il ne refte d'épaiffeur. Ce premier encollage fert à faire fortir les pores du bois, pour que les apprêts puiffent mordre deffus, & forment un corps enfemble , ce qui empêche l'ouvrage de s'écailler par la fuite.

3°. Dans une pinte de forte colle de parchemin , à laquelle vous joindrez un demi-feptier d'eau , que vous ferez chauffer , laiffez infufer deux poignées de blanc de Bougival, l'efpace d'une demi-heure.

4°. Remuez - le bien , enfuite donnez - en une feule couche très-chaude & non bouillante , en *tapant* également & réguliérement , pour ne pas engorger les moulures & fculptures , s'il y en a ; c'eft ce qu'on appelle *encollage blanc* , qui fert à recevoir les *blancs d'ap-prêts*.

Seconde Opération.

APPRÊTER DE BLANC. Il faut prendre garde que les couches fuivantes foient égales , tant pour la force de la colle que pour la quantité de blanc qu'on y met dedans. S'il arrivoit qu'une couche où la colle feroit foible , en reçût une plus forte, l'ouvrage tomberoit par écailles. Évitez auſſi de la faire bouillir, parce que la trop grande chaleur l'engraiſſe; & de l'employer trop chaude, parce qu'elle dégarnit les blancs de deſſous.

Il faut auſſi avoir ſoin, dans les intervalles qu'on laiſſe ſécher les couches, d'abattre les boſſes, de boucher les défauts, ou autres choſes qui peuvent ſe trouver avec un maſtic qu'on fait de blanc & de colle, qu'on appelle *gros blanc*; ayez une pierre-ponce, & une peau de chien, pour ôter à ſec les barbes du bois, & autres parties qui nuiroient à l'adouciſſage.

Pour apprêter de blanc, prenez de la forte colle de parchemin, ſaupoudrez-y légérement avec la main, juſqu'à ce que la colle en ſoit couverte d'un doigt d'épaiſſeur, du blanc de Bougival pulvériſé & tamiſé, que vous y laiſſerez s'infuſer pendant une demi-heure, en tenant le pot, que vous aurez ſoin de couvrir un peu loin du feu, & aſſez près néanmoins pour donner à votre blanc une chaleur tiede. 2°. Remuez bien votre blanc avec la broſſe, juſqu'à ce que vous n'y voyez plus de grumeaux, & que le tout vous paroiſſe bien mêlé. 3°. Servez-vous de ce blanc pour en donner une couche de moyenne chaleur, en tapant comme à l'encollage ci-deſſus, très-finement & également; car s'il étoit employé trop à *nage* ou trop en abondance, l'ouvrage ſeroit ſujet à bouillonner, & donneroit beaucoup de peine à adoucir; il faut donner ſept, huit ou dix couches de blanc, ſelon que l'ouvrage & la défectuoſité des bois de ſculpture l'exigent, donnant plus de blanc aux parties qui doivent

être

être adoucies ; c'eſt ce qu'on appelle *apprêter de blanc.*

Il faut que la derniere couche de blanc ſoit plus claire, ce qu'on fait en jettant un peu d'eau ; qu'elle ſoit appliquée légérement, en adouciſſant avec la broſſe, comme lorſqu'on imprime, ayant ſoin, avec de petites broſſes, de paſſer dans les moulures, & de vuider les onglets, pour qu'il ne reſte pas d'épaiſſeur de blanc, ce qui gâteroit la beauté de la menuiſerie.

Troiſieme Opération.

ADOUCIR ET PONCER. L'ouvrage bien ſec, ayez des petits bâtons de bois blanc & des pierres-ponces, qu'il faut affiler ſur les carreaux, dans la forme néceſſaire pour les parties qu'on veut adoucir, en en formant de plates pour le milieu des panneaux, de rondes & en tranchets, pour aller dans les moulures & les vuider.

Pour adoucir & poncer, vous prendrez de l'eau très-fraîche, la chaleur étant très-contraire à ces fortes d'ouvrages, & ſujette à les faire manquer ; dans l'été on y ajoute même de la glace. Mouillez votre blanc avec une broſſe qui ait ſervi à apprêter de blanc, ne mouillant par petite partie que ce qu'il faut adoucir chaque fois, dans la crainte de détremper le blanc, ce qui gâteroit l'ouvrage ; enſuite, adouciſſez & poncez avec vos pierres & vos petits bâtons : lavez avec une broſſe à meſure que vous adouciſſez, & paſſez par-deſſus un linge neuf, pour donner un beau luſtre à l'ouvrage.

F

Quatrieme Opération.

RÉPARER. L'ouvrage adouci, vous nettoyerez avec un fer dans toutes les moulures, & n'irez pas trop en avant, de crainte de faire des barbes au bois ; il eſt d'uſage, quand il y a des ſculptures, de les réparer avec les mêmes fers, pour dégorger les refends remplis de blanc, ce qui nettoye & répare l'ouvrage, & remet les ſculptures dans leur premier état.

Cinquieme Opération.

PEINDRE. L'ouvrage ainſi réparé eſt prêt à recevoir la couleur qu'on veut lui donner, choiſiſſez votre teinte. Suppoſons de blanc argentin. 1°. Broyez du blanc de céruſe & du blanc de Bougival, chacun ſéparément à l'eau, & par quantité égale, mêlez-les enſemble. 2°. Ajoutez-y un peu de bleu d'indigo, & très-peu de noir de charbon de vigne très-fin, auſſi broyés à l'eau ſéparément ; le plus ou le moins de l'un & de l'autre vous donnera la teinte que vous cherchez. 3°. Détrempez cette teinte avec de bonne colle de parchemin. 4°. Paſſez le tout dans un tamis de ſoie très-fin. 5°. Servez-vous-en, poſant les couches ſur votre ouvrage en adouciſſant, ayant ſoin de les étendre bien uniment ; donnez-en deux couches, & la couleur eſt appliquée.

Sixieme Opération.

Faites une colle très-foible, très-après l'avoir battu à froid &

paſſé au tamis, vous en donnerez deux couches ſur l'ouvrage, avec une broſſe très-douce, qui aura ſervi à peindre, & qui ſera nettoyée : une neuve rayeroit & gâteroit la couleur. Ayez ſoin de n'en pas engorger vos moulures, ni d'en donner plus épais dans un endroit que dans un autre. Etendez-la bien légérement, de peur de détremper les couleurs en paſſant, & de faire des ondes qui tachent les panneaux ; ce qui arrive quand on paſſe trop ſouvent ſur le même endroit. De ce dernier encollage dépend la beauté de l'ouvrage, & peut le perdre s'il eſt mal fait, parce qu'alors, ce qu'on verra bien mieux ſi on vernit ſur des endroits où l'on aura oublié d'encoller, le vernis noircit les cou-leurs lorſqu'il pénétre dedans.

Septieme Opération.

VERNIR. Ces deux encollages ſecs, donnez deux à trois couches de vernis à l'eſprit-de-vin ; ayez ſoin en l'appliquant que l'endroit ſoit bien chaud, & votre détrempe vernie eſt terminée. Ces couches de vernis mettent la détrempe à l'abri de l'humidité. Voyez à la ſeconde partie du vernis les détails de ſon application.

ARTICLE TROISIEME.

De la Détrempe au Blanc de Roi.

Le *blanc de Roi*, ainſi nommé parce que les appartemens du Roi ſont aſſez volontiers de cette couleur, eſt fort commun quand on ne veut pas vernir ; il eſt très-beau dans ſa fraî-

cheur, il se prépare comme la détrempe vernie dont nous venons de parler ; c'est-à-dire,
quand l'encollage, les blancs d'apprêts sont
finis, que l'ouvrage est adouci & réparé dans
les moulures, on broye à l'eau du blanc de
céruse, & une égale partie de blanc de plomb,
en y mêlant très-peu de bleu d'indigo, pour
ôter le jaune du blanc, & lui donner un œil
vif ; ensuite on détrempe ce blanc avec de la
très-belle colle de parchemin d'une bonne force,
on passe le tout par un tamis de soie, & on
en donne deux couches d'une moyenne chaleur.

Ce blanc de Roi est très-fin, très-beau pour
des appartemens qu'on occupe rarement ; mais
il se gâte aisément dans les appartemens habités,
& notamment dans ceux où l'on couche, parce
que n'étant pas vernis, les exhalaisons & autres
vapeurs qui émanent de tout corps animé,
réagissent sur le blanc de plomb & le noircissent. On l'employe sur-tout pour les sallons
que l'on dore ; ce blanc, comme disent les
ouvriers, est ami de l'or, c'est-à-dire, il le
fait briller par son beau mat, & ressortir davantage. On vernit très-peu les fonds blancs,
lorsqu'il y a de la dorure ou de beaux ornemens.

SECTION SECONDE.

De l'emploi des Couleurs à l'huile.

Peindre à l'huile, est appliquer sur toutes
sortes de sujets, comme murailles, bois, toiles,
métaux, des terres colorées ou autres substances broyées & détrempées à l'huile. Les an-

ciens ignoroient cette maniere ; ce fut un Peintre Flamand, nommé *Jean van Eych*, plus
connu sous le nom de Jean de Bruges, qui la
trouva au commencement du quatorzieme siecle.
Tout ce secret ne consiste néanmoins qu'à se
servir d'huile au lieu d'eau, pour broyer & détremper les couleurs. Par l'huile, les couleurs
se conservent plus long-tems, & ne séchant
pas si promptement que la détrempe, elles
donnent aux Peintres plus de tems de les unir
davantage, & de finir ; ils peuvent retoucher
à plusieurs reprises à tous leurs desseins ; les
couleurs étant plus marquées & se mêlant
mieux, donnent des teintes plus sensibles, des
nuances plus vives, plus agréables, & des
coloris plus doux & plus délicats. Elle pourroit passer pour la plus parfaite des manieres
de peindre, si les couleurs ne se ternissoient
pas par la suite des tems ; défaut qui vient de
l'huile, qui donne toujours un peu de roux
aux couleurs qu'elle détrempe, mais au moins
elle est préférable à la détrempe, en ce qu'elle
est plus solide, & fait braver les intempéries
des saisons, les variations ou injures de l'air ;
puisque tout ce qui est peint à l'huile, comme
murailles extérieures, panneaux de voitures,
tout ce qui est dans le cas d'être frotté & manié souvent, comme portes d'escalier, chambranles, ferrures, se conservent très-bien &
long-tems : elle est préférable encore, même
pour les boiseries d'appartemens, à la détrempe, en ce que dans cette derniere, comme on
l'a vu ci-dessus, on est obligé d'abreuver les
bois par des encollages bien chauds, ce qui
les tourmente nécessairement, & les expose à

éclater en introduifant des liquides chauds dans
les pores du bois , ce qui doit néceffairement
gonfler fon tiffu ; au lieu qu'à l'huile toutes
les opérations fe faifant à froid , les liquides
ne font que s'attacher au bois fans le pénétrer ni le faire travailler ; ce qui le conferve
beaucoup mieux. Auffi y a-t-il long-tems qu'on
a rejetté la maniere de quelques anciens, qui,
lorfqu'ils vouloient peindre des boiferies en
huile, leur faifoient donner un encollage des
deux côtés.

Il y a deux fortes de Peintures à l'*huile* ,
favoir, celle à l'*huile fimple* , & celle à l'*huile
vernie-polie* ; l'une ne demande ni apprêts ni
vernis, lorfqu'elle eft faite ; l'autre , au contraire , exige pour fa perfection d'être préparée par des *teintes dures* , & d'être vernie lorfqu'elle eft appliquée. Toutes fortes de fujets
peuvent être peints à l'une ou à l'autre de ces
deux manieres ; mais ordinairement on peint
à l'huile fimple les portes , les croifées , les
chambranles , les murailles ; & à l'huile vernie-
polie , les lambris d'appartemens , les panneaux
d'équipages , &c. & tout ce qui mérite des foins
marqués.   ➤

PRÉCEPTES PARTICULIERS

pour la Peinture à l'huile.

1°. Quand on veut broyer & détremper à
l'huile des couleurs claires , telles que le blanc,
le gris , &c. il faut fe fervir d'huile de noix
ou d'œillet ; fi elles font plus fombres , telles
que le maron , l'olive, le brun , fervez-vous

de l'huile de lin pure, qui eſt la meilleure des huiles.

2°. Toutes les couches broyées & détrempées à l'huile doivent être données à froid ; on ne les applique bouillantes, que lorſqu'on veut préparer une muraille, un plâtre neuf ou humide.

3°. Toute couleur détrempée à l'huile pure ou à l'huile coupée d'eſſence, ne doit jamais filer au bout de la broſſe, au contraire de la détrempe, ou la couleur quitte la broſſe lorſqu'on la retire du pot.

4°. Ayez ſoin de remuer de tems à autre votre couleur dans le pot avant que d'en prendre avec la broſſe, pour qu'elle ſoit toujours d'égale épaiſſeur, & conſéquemment du même ton, autrement les matieres ſe précipitent au fond du pot, le deſſus s'éclaircit, & le fond devient épais. Malgré la précaution de remuer, ſi le fond ne conſervoit pas la même épaiſſeur que le deſſus, pour l'égaler il faut éclaircir le fond avec de la même huile, qu'on y verſe en quantité ſuffiſante.

5°. En général, tout ſujet qu'on veut peindre en huile doit recevoir d'abord une ou deux couches d'impreſſion. L'*impreſſion* eſt un enduit de blanc de céruſe broyé & détrempé à l'huile, qu'on étend ſur le ſujet qu'on veut peindre. Voyez ce que nous avons dit là-deſſus aux préceptes de la détrempe, pag. 67, n°. 5.

6°. Quand on a des dehors à peindre, comme portes, croiſées d'eſcalier & autres ouvrages qu'on ne veut pas vernir, il faut faire les impreſſions à l'huile de noix pure, ſans mélange d'eſſence, parce qu'elle les rendroit biſes

F iv

& les feroit tomber en pouffiere. On préfere
l'huile de noix, qui devient plus belle à l'air
que l'huile de lin, qui en s'évaporant laiffe les
couleurs devenir blanches comme fi elles étoient
employées en détrempe. Ainfi tous les dehors
doivent être à l'huile pure.

Lorfque les fujets qu'on peint font intérieurs,
ou qu'on veut vernir la peinture, la premiere couche doit être broyée & détrempée à l'huile, & la
derniere doit être détrempée avec de l'effence
pure. Premierement, l'effence emporte l'odeur
de l'huile; en fecond lieu, le vernis qu'on applique par-deffus une couche de couleur détrempée à l'huile coupée d'effence, ou à l'effence
pure, en devient plus brillant, au lieu qu'il s'em-
boiroit dans la couche d'huile; troifiémement
enfin, l'effence, lorfqu'on en détrempe feule
les couleurs, les durcit à fond; lorfqu'elle eft
mêlée avec l'huile, elle la fait pénétrer dans la
couleur. Ainfi, toute couleur qu'on veut vernir, la premiere couche doit être détrempée
à l'huile, & les deux autres dernieres à l'effence
pure.

Quand on ne veut pas vernir, la premiere
couche doit être à l'huile pure, & les dernieres à l'huile coupée d'effence.

8°. Si on peint fur du cuivre, du fer, ou
autres matieres dures qui ne reçoivent pas aifément l'impreffion, & qui rendent ordinairement les couches trop polies pour qu'on y puiffe
peindre facilement, ce qui fait gliffer les couleurs par deffus; il faut mettre un peu d'effence
dans les premieres couches d'impreffion, l'effence fait pénétrer l'huile.

9°. Si l'on rencontre des nœuds au bois, ce qui se trouve sur-tout au sapin, & que l'impression ou la couleur ne prenne pas aisément sur ces parties, il faut, si l'on peint à l'huile simple, préparer à part de l'huile, la forcer de sicatif, c'est-à-dire, y mettre beaucoup de litharge, en broyer un peu l'impression ou la couleur, & les réserver pour les parties nouées. Si l'on peint à l'huile vernie-polie, il faut y mettre plus *de teinte dure*, comme nous l'enseignerons. La teinte dure masque le bois, & durcit les parties résineuses qui en exsudent; une seule couche bien appliquée suffit ordinairement, donne du corps au bois, & les autres couches prennent très-aisément par dessus.

10°. Si par accident on a jetté de la couleur sur une étoffe, il faut sur le champ, ou peu d'heures après, frotter la tache légérement avec une serge neuve, imbibée d'essence de térébenthine; l'essence la fait disparoître; ces sortes d'accidens peuvent arriver très-souvent, il est bon de pouvoir y appliquer le remede.

11°. Il y a des couleurs telles que les stils-de-grain, les noirs de charbon, & sur-tout les noirs d'os & d'ivoire, qui broyées avec des huiles, ne séchent que très-difficilement. Pour remédier à ces inconvéniens, ou bien même lorsqu'on est pressé de jouir, on mêle des sicatifs dans les couleurs; nous allons en traiter ici.

Des Sicatifs.

Les *sicatifs* sont des substances qu'on mêle dans les couleurs broyées & détrempées à l'huile pour les faire sécher. Les meilleurs dont se serve la peinture d'impression, sont la litharge, la couperose, & sur-tout l'huile grasse.

La *litharge* est une chaux de plomb à demi-vitrifiée, & qui prend la forme de scorie ou d'écume métallique par la coupellation. Il y en a de deux especes : la premiere donne un jaune tirant sur le rouge, approchant de la couleur d'or : on l'appelle *litharge d'or* ; l'autre, qu'on nomme *litharge d'argent*, a une couleur qui tire en quelque façon sur celle de l'argent. La différence de ces deux litharges ne procéde que des différentes manieres dont elles ont été refroidies ; celle d'or a été refroidie en masses, & la litharge d'argent a été éparpillée pour refroidir.

Le *vitriol*, ou la *couperose*, est en général un sel minéral qu'on tire par lotion, filtration, évaporation & crystallisation d'une espece de marcassite, appellée *Pyrite*, ou d'une terre résultante des débris de ces pyrites ; on en trouve presque par-tout, mais sur-tout en Italie, en Allemagne, en France, aux environs de Paris. Il y a trois especes générales de vitriol, le blanc, le verd, le bleu, qui proviennent des différentes combinaisons de l'acide vitriolique avec le zinc, le fer & le cuivre. On ne se sert guere, pour sécher les huiles, que de la couperose blanche, qu'on doit choisir en gros morceaux blancs, durs, nets, ressemblans à du sucre en pain, qu'il faut dessécher, lorsqu'elle ne l'est pas, en suivant le procédé que nous avons indiqué pour la céruse, page 38, & éviter d'en respirer la vapeur, qui est suffoquante & sulfureuse pendant la deffication. On choifit la couperofe pour mettre dans les couleurs claires broyées à l'huile ; mais il en faut mettre avec précaution, parce que la couperofe étant un fel , fon acide ou fon humidité récente fait jaunir en féchant la couleur , & en ternit la beauté.

L'huile graffe ou *l'huile ficative*, eft, fans contredit, le meilleur des ficatifs , mais il le faut ménager avec foin. Elle fe prépare en mettant une demi-once de litharge , autant de cérufe calcinée , autant de terre d'ombre , & autant de talc ou de pierre à Jefus ; en tout deux onces de matiere pour une livre d'huile de lin , qu'on fait bouillir à feu doux & égal , de peur que l'huile noirciffe. Quand elle mouffe, il faut l'écumer ; lorfque l'écume commence à fe raréfier , & à devenir rouffe , l'huile eft fuffi-famment cuite & dégraiffée ; les matieres qui fe trouvent alors dénaturées en partie , laiffent un marc ou fédiment , dans lequel fe trouve une portion de la matiere muqueufe de l'huile, qui s'eft combinée avec les ingrédiens , fous une forme emplaftique. On laiffe enfuite repofer l'huile ainfi defféchée & préparée, parce que dans les intervalles du repos, elle dépofe toujours un peu , & devient plus claire ; plus elle eft ancienne, meilleure elle eft : réfervez-la pour les occafions où vous en aurez befoin. Nous traiterons plus au long de l'huile graffe , dans l'Art du Vernifleur, en donnant l'extrait d'un Mémoire préfenté à l'Académie des Scien-ces , & adopté par cette Compagnie à la fin de l'année derniere ; l'Auteur de ce Mémoire nous a permis d'en faire ufage dans la def-cription de notre Art , & nous ne néglige-

rons rien pour rendre cette defcription inté-
reffante.

Préceptes

pour les Sicatifs.

1°. Ne mettez de ficatif que lorfque vous
voulez employer votre couleur ; car , long-
tems auparavant l'emploi , il les épaiffit.

2°. Ne mettez point de ficatif, ou au moins
très-peu , dans les teintes où il entrera du blanc
de plomb ou de cérufe , parce que ces deux
fubftances font par elles-mêmes très-ficatives ,
fur-tout lorfqu'on les employe à l'effence ; le
ficatif eft très-inutile.

3°. Lorfque vous voulez vernir , ne mettez de ficatif que dans la premiere couche ; les
deux ou trois autres couches employées à l'effence doivent fécher feules. Si vous ne voulez
pas vernir , vous pouvez en mettre , mais très-
peu dans toutes vos couches, à caufe que l'effence
qu'on y employe à l'huile pouffe affez au ficatif.

4°. Pour employer des couleurs fombres à
l'huile , jettez tout fimplement par chaque
livre de couleur , en la détrempant , une demi-
once de litharge ; fi ce font des couleurs claires , telles que le blanc & le gris, mettez par
chaque livre de couleur , & en la détrempant
dans l'huile de noix ou d'œillet , que la litharge terniroit par fa couleur , un gros de
couperofe blanche , que vous aurez eû foin
de broyer avec la même huile. Cette couperofe
n'ayant pas de couleur , ne peut gâter celles
où elles fe trouvent.

5°. Quand au lieu de litharge ou de couperose, on veut se servir d'huile grasse, qu'on employe sur-tout pour les citrons & les verds de composition, on met par chaque livre de couleur un poisson d'huile grasse : on détrempe le tout à l'essence pure, & la couleur est en état de recevoir le vernis ; car l'huile grasse qu'on ajouteroit à l'huile pure rendroit les couleurs pâteuses & trop grasses.

Observations sur les doses des Matieres & Liquides.

Les réflexions que nous avons faites sur les doses nécessaires à la détrempe, trouvent encore ici leur place ; on ne peut offrir que des à-peu-près, & il seroit injuste de nous attribuer quelqu'envie d'en imposer, si les quantités que nous indiquons étoient ou moindres ou plus que suffisantes. La variation dépend, comme on l'a dit, de mille causes ; ensorte que telle superficie pour laquelle nous disons qu'il faut une livre de couleur, en consommera peut-être deux, trois, tandis qu'une autre ne l'épuisera pas ; la main de l'ouvrier, le sujet qui les reçoit, la façon dont il est disposé, tout contribue à empêcher la certitude & la précision ; nous en prévenons ici le Lecteur : d'après cela nous allons indiquer la quantité des doses nécessaires pour peindre à l'huile.

1°. Les ochres & les terres consomment en général plus de liquide, pour être broyées & détrempées que le blanc de céruse ; ce qui revient à environ deux onces de liquide de plus.

2°. C'est le broyement qui est cause de la

variation des doses de liquide ; car les substances en exigent plus ou moins, selon leur sé-
cheresse, mais pour les détremper c'est toujours
à-peu-près la même quantité.

3°. Il n'y a que la premiere couche, ou
d'impression, ou de couleur, qui puisse éprouver une différence bien sensible pour les doses ;
c'est la préparation du sujet qui en exige plus
ou moins, il faut le disposer à recevoir la
couleur. Quand il est apprêté par une impression, que ce soit une porte, une croisée, une
muraille en plâtre, il n'en consommera pas plus
pour cela de matiere : les couches d'impression
mettent, pour ainsi dire, tous les sujets au même
niveau.

4°. Pour peindre un sujet à l'huile, il faut
d'abord l'imprimer. Si le sujet est abreuvé d'huile
bouillante, comme nous allons le dire, il doit
consommer moins d'impression ; de même,
quand les couches d'impression sont données,
il doit absorber moins de couleur. La raison
en est sensible ; plus il est imprégné de liquide
dans les premieres couches, moins il lui en
faudra aux subséquentes.

5°. Pour la premiere couche d'impression
d'une toise quarrée, il faut évaluer sur quatorze onces de blanc de céruse, environ deux
onces pour le broyer, & quatre onces pour le
détremper, en tout une livre un quart de blanc
de céruse tout détrempé : il faudra un peu moins
des uns & des autres, si on met une seconde
couche d'impression.

6°. Il faut à-peu-près trois livres de couleur pour trois couches d'une toise quarrée ; il
ne faut pas croire que chaque couche consom-

mera également la fienne ; la premiere en ab-
forbera, fuppofons, dix-huit onces ; la feconde, feize ; la troifieme, quatorze, parce qu'à
chaque couche il faut compter fur une dimi-
nution d'une à deux onces ; ainfi tout rentre
dans la dofe donnée.

7°. Pour compofer ces trois livres de couleur, prenez deux livres à deux livres & demie
de couleurs toutes broyées, & détrempez-les
dans une chopine à trois demi-feptier d'huile,
ou d'huile coupée d'effence, ou d'effence pure :
on en met moins quand on détrempe à l'effence
pure.

8°. Si l'on juge à propos de peindre rout
de fuite le fujet, fans y mettre de couches
d'impreffion, il eft évident qu'il faudra plus
de couleur par chaque couche, puifque le fujet
n'eft pas difpofé à la recevoir.

C'eft d'après ces évaluations, auxquelles
il faut fe fixer, que nous allons parcourir toutes
les parties d'un bâtiment qu'on peint ordinairement à l'huile.

ARTICLE PREMIER.

Peinture à l'huile fimple.

Parcourons les parties d'un bâtiment qu'on
peint le plus volontiers à l'huile ; nous dé-
crirons en même tems les procédés de l'application.

Portes, Croifées, Volets extérieurs.

Suppofons qu'on ait à peindre au-dehors des
portes ou des croifées d'efcaliers, ou des volets :

1°. Donnez une couche de blanc de céruse broyé à l'huile de noix ; & pour qu'il couvre mieux le bois, détrempez-le un peu épais avec de la même huile, dans laquelle vous mettez du ficatif. 2°. Donnez une feconde couche d'un pareil blanc de céruse broyé à l'huile de noix, & détrempé de même ; fi vous voulez un petit gris, ajoutez-y un peu de bleu de Pruffe & du noir de charbon, que vous aurez auffi broyé à l'huile de noix. Si, par deffus ces deux couches, vous voulez en ajouter une troifieme, broyez-la & détrempez-la de même à l'huile de noix pure, en obfervant que les deux dernieres couches foient détrempées moins claires que les premieres, c'eft-à-dire, qu'il y ait moins d'huile. La couleur en eft plus belle & moins fujette à bouillonner à l'ardeur du foleil.

Murailles extérieures.

Il faut que la muraille foit bien féche ; cela fuppofé : 1°. Donnez une ou deux couches d'huile de lin bouillante, pour durcir les plâtres. 2°. Pour les deffécher, mettez, felon que vous voudrez y peindre, ou du blanc de céruse ou de l'ochre broyé un peu ferme, & détrempé avec l'huile de lin ; donnez-en deux ou trois couches. 3°. Quand elles feront féches, vous pourrez peindre fur la muraille tout ce que vous voudrez.

Murs intérieurs.

Si vous voulez peindre fur une muraille qui ne foit pas expofée à l'air ou fur du plâtre neuf. 1°. Donnez une ou deux couches d'huile de

lin

lin bouillante, foulez-en la muraille ou le plâtre, de façon qu'ils n'en puiffent plus boire ; ils font alors en état de recevoir l'impreffion. 2°. Donnez une couche de blanc de cérufe broyé à l'huile de noix, & détrempé à trois quarts d'huile de noix, & un quart d'effence. 3°. Donnez deux autres couches de blanc de cérufe broyé à l'huile de noix, & détrempé à l'huile coupée d'effence fi vous ne voulez pas vernir ; & à l'effence pure fi vous voulez vernir : c'eft ainfi qu'on peint ordinairement les murailles en blanc. Mais fi l'on avoit adopté une autre couleur, il faudroit la broyer & la détremper dans la même quantité d'huile ou d'effence.

Portes, Croifées & Volets intérieurs.

Les portes, croifées & volets intérieurs fe peignent communément en petit gris. 1°. Donnez une couche de blanc de cérufe broyé à l'huile de noix, & détrempé aux trois quarts d'huile de noix, & un quart d'effence. 2°. Donnez deux autres couches de ce blanc de cérufe broyé à l'huile de noix, & détrempé à l'effence pure : on peut y appliquer, fi l'on veut, deux couches de vernis à l'efprit-de-vin.

Chambranles, Pierres ou Plâtres intérieurs.

Pour un chambranle, ou autres parties de pierre ou de plâtre. 1°. Imprimez d'abord une couche de blanc de cérufe broyé à l'huile de noix, & détrempé avec un peu de litharge pour la faire fécher. 2°. Appliquez-y une première

G

couche de la teinte choisie, broyée à l'huile
& détrempée à un quart d'huile & trois quarts
d'essence. 3°. Donnez encore deux autres couches de cette même teinte broyée à l'huile &
détrempée à l'essence pure : on peut vernir de
deux couches à l'esprit-de-vin.

Couleurs d'acier pour les ferrures.

1°. Broyez du blanc de céruse, du bleu de
Prusse, de la laque fine, du verd-de-gris
crystallisé, chacun séparément à l'essence ; plus
ou moins de chacune de ces couleurs mêlées avec
le blanc, donne le ton de la couleur d'acier
que l'on desire. 2°. Quand le ton de la couleur
est fait, prenez-en gros comme une noix,
que vous détremperez dans un petit pot avec
un quart d'essence, & trois quarts de vernis
gras blanc. Nettoyez bien les ferrures, & peignez-les avec cette couleur, laissant la distance
de deux ou trois heures entre chaque couche;
cette opération faite, mettez-y une couche de
vernis gras pur.

On fait plus communément cette couleur
d'acier, avec du blanc de céruse, du noir
de charbon & du bleu de Prusse, qu'on broye
à l'huile grasse & qu'on employe à l'essence;
elle est moins coûteuse, mais elle n'est pas aussi
belle.

Tuiles en couleur d'ardoise.

1°. Broyez du blanc de céruse à l'huile de
lin, broyez aussi du noir d'Allemagne à
l'huile de lin ; mêlez ces deux couleurs en-

femble, afin qu'elles faffent un gris d'ardoife, & détrempez-les à l'huile de lin. 2°. Donnez une premiere couche fort claire pour abreuver les tuiles. 3°. Vous en donnerez encore trois autres couches que vous tiendrez plus fermes ; car il en faut au moins quatre pour la plus grande folidité.

Balcons & Grilles de fer au-dehors.

Broyez du noir de fumée d'Allemagne à l'huile de lin, & détrempez-le à trois quarts d'huile de lin & un quart d'huile graffe ; vous pouvez y mêler de la terre d'ombre pour lui donner du corps, mais en très-petite quantité : mettez-en autant de couches que vous voudrez.

Rampes d'escaliers & Grilles intérieures.

1°. Détrempez du noir de fumée avec du vernis au vermillon, que nous indiquerons dans l'Art du Vernisseur. 2°. Donnez-en deux couches ; elles féchent promptement. 3°. Donnez deux couches du vernis à l'esprit-de-vin, indiqué dans l'Art du Vernisseur, *Vernis noir pour les ferrures.*

Treillages & Berceaux.

1°. Donnez une couche d'impression de blanc de céruse broyé à l'huile de noix, & détrempé dans la même huile, dans laquelle vous mettrez un peu de litharge. 2°. Donnez deux couches de verd de treillages, indiqué page 47, broyé & détrempé à l'huile de noix. On fait grand ufage à la campagne de ce verd en huile, pour peindre les portes, les contre-vents, les treillages, les bancs de jardins, les grilles de fer & de bois ; enfin tous les ouvrages en bois & en fer qui doivent être expofés aux injures de l'air.

Statues, Vafes & autres Ornemens de pierre.

Pour blanchir des vafes ou figures, où en rafraîchir le blanc : 1°. Nettoyez bien le fujet : 2°. Donnez une ou deux couches de blanc de cérufe broyé à l'huile d'œillet pure, & détrempé à la même huile. 3°. Donnez une ou plufieurs couches de blanc de plomb broyé à l'huile d'œillet & employé à la même huile.

Lambris d'Appartemens.

Depuis la découverte de la peinture à l'huile, & que l'on a reconnu que les bois fe confervoient bien mieux lorfqu'ils étoient peints de cette maniere, fur-tout encore depuis la découverte d'un vernis fans odeur, qui emporte même celle de l'huile, on préfere avec raifon de peindre en huile les appartemens. En effet, l'huile femble ne faire que boucher les pores du bois ; &, quoiqu'il fouffre toujours un peu de l'impreffion d'un liquide, cependant l'effet en eft fi peu fenfible, que nous confeillerons à ceux qui veulent ménager leurs boiferies, de préférer cette maniere : c'eft s'affurer au moins une plus longue durée.

Pour peindre & conferver long-tems un lambris d'appartement, le garantir de l'humidité, il faut donner fur le derriere du lambris, deux à trois couches de gros rouge, broyé & détrempé à l'huile de lin ; lorfqu'il eft fec, on pofe le lambris.

Pour le peindre en huile : 1°. Donnez une couche de blanc de cérufe broyé à l'huile de noix, & détrempé avec de la même huile, coupée d'effence : 2°. Cette impreffion faite, donnez deux autres couches de la couleur que vous avez adoptée, qu'il faut broyer à l'huile & détremper à l'effence pure.

Si vous voulez que les moulures & fculptures foient rechampies, c'eft-à-dire, qu'elles tranchent d'une autre couleur, broyez la couleur dont vous voulez rechampir, à l'huile de noix, détrempez-la à l'effence pure, & donnez-en deux couches : 3°. Deux ou trois jours après, quand les couleurs font bien féches, donnez-y deux à trois couches de notre vernis blanc fur-fin fans odeur, qui fans en donner emportera même celle des couleurs à l'huile.

Nombre de perfonnes commencent quelquefois tous les procédés de la détrempe, l'ennui les prend, elles veulent finir, elles peuvent terminer leur ouvrage à l'huile, comme ci-deffus. Quand les pores des bois font bien bouchés par les blancs d'apprêts, on donne par-deffus une couche de blanc de cérufe broyé à l'huile de noix & détrempé à l'huile coupée d'effence ; elle fera fuffifante, le bois étant abreuvé ; enfuite, il faut coucher la couleur choifie, comme ci-deffus.

ARTICLE SECOND.

De la Peinture à l'huile vernie-polie.

Ce genre eſt le chef-d'œuvre de la Peinture
à l'huile, comme la détrempe vernie-polie
l'eſt de la détrempe ; c'eſt donc plus de ſoin
qu'il exige, car quant aux procédés ils ſont
les mêmes que ceux de la peinture à l'huile
ſimple : la différence ne conſiſte que dans les
préparations, & la maniere de finir ; auſſi
réſerve-t-on ce genre pour les beaux ouvrages
recherchés, tel qu'un ſuperbe ſallon, un élégant équipage : nous allons en donner tous les
détails.

Appartemens & Equipages à l'huile vernie-polie.

La Peinture à l'huile vernie-polie, eſt celle
qu'on employe lorſqu'on veut polir la couleur
& lui donner plus d'éclat : il faut, quand le
lambris ou la caiſſe ſont neufs, 1°. préparer
les ſujets ſur leſquels on veut peindre ainſi,
par une impreſſion, comme diſent les ouvriers,
qui ſert de fond pour recevoir la teinte dure,
ou le fond poli & les couleurs : c'eſt rendre la
ſurface bien unie & bien égale. Cette impreſſion doit être faite en blanc, telle couleur
qu'on veuille y appliquer, parce que les fonds
blancs ſont toujours plus avantageux. L'impreſſion ſe fait, comme nous l'avons dit, en
donnant une premiere couche de blanc de céruſe broyé très-fin à l'huile de lin, avec un

peu de litharge, & détrempé avec de la même huile, coupée d'essence. 2°. On fait un fond poli en mettant sept à huit couches de *teinte-dure*. Pour les équipages, on en donne jusqu'à douze.

La *teinte-dure* se fait en broyant très-fin à l'huile grasse pure du blanc de céruse, qui ne soit pas trop calciné, pour qu'il ne pousse pas les couleurs, & en le détrempant avec de l'essence. Il faut bien prendre garde que les sept à huit couches de cette teinte-dure soient bien égales, non-seulement quant à l'application, mais encore quant à la dose même du blanc de céruse & de l'huile, & au degré de calcination du blanc de céruse.

3°. On adoucit tout le fond avec une pierre-ponce : 4°. On le polit avec un morceau de serge qu'on tient en forme de tampon; pour le faire avec modération, on trempe cette serge dans un seau d'eau, dans lequel on a mis beaucoup de ponce en poudre passée au tamis de soie, lavant à mesure avec une éponge, pour découvrir si on adoucit bien également; il ne faut pas épargner l'eau pour cette opération, elle ne peut rien gâter.

5°. Choisissez la teinte de la couleur dont vous voulez décorer votre appartement ou votre équipage, qu'elle soit bien broyée à l'huile & détrempée à l'essence, passez-la au tamis de soie très-fin; donnez-en trois ou quatre couches bien étendues & bien tirées; mieux elles le sont & plus la couleur est belle. Toutes sortes de couleurs peuvent être ainsi employées à l'huile & à l'essence.

6°. Donnez deux ou trois couches d'un

G iv

vernis blanc à l'esprit-de-vin, si ce sont des
appartemens, mais si c'est pour des panneaux
d'équipages, on se sert de vernis gras. Si l'on
veut polir le vernis, il faut en mettre sept à huit
couches au moins & bien étendues, avec grande
précaution de ne pas charger un endroit plus
qu'un autre, cela feroit des taches;

7°. On repolit encore avec de la ponce en
poudre & de l'eau, & un morceau de serge,
comme on vient de le dire, & comme il sera
plus au long expliqué au chapitre de la manière
de polir les vernis. Il ne faut point employer
de chapeaux, parce qu'ils se déteignent toujours un peu & gâtent l'ouvrage.

Si la caisse où le lambris ont déjà été peints,
il faut bien manger la couleur jusqu'à ce qu'on
fasse revivre la teinte dure, ce qui se fait
avec une pierre de ponce, & de l'essence ou de
l'eau.

Blanc verni-poli à l'huile.

Cette peinture au blanc à l'huile qui répond
au blanc de Roi de la détrempe, imite &
porte la fraîcheur du marbre. Si c'est pour
appliquer sur du bois : 1°. Donnez une impression de blanc de céruse broyé à l'huile de
noix, avec un peu de couperose calcinée, &
détrempé à l'essence ; mais si c'est pour peindre sur la pierre, il faut l'employer à l'huile
de noix pure, & de la couperose calcinée :
2°. Broyez du blanc de céruse très-fin à l'essence, & le détrempez avec un beau vernis
gras blanc au copal : 3°. Donnez-en sept à
huit couches sur l'ouvrage : le vernis employé

avec ce blanc de céruse, sèche si promptement
qu'on peut en donner trois couches par jour :
4°. Adoucissez & polissez toutes ces couches,
comme ci-dessus : 5°. Donnez deux ou trois
couches de blanc de plomb broyé à l'huile de
noix, & détrempé à l'essence pure : 6°. Ensuite
sept à huit couches de vernis blanc à l'esprit-
de-vin pur : 7°. Polissez-les.

SECTION TROISIEME.

De l'emploi des Couleurs au Vernis.

La beauté de la détrempe, & la durée de la
peinture à l'huile, dont nous venons de donner
les procédés, quand elles sont bien exécutées,
dédommagent sans doute l'Amateur de l'ennui
des détails qu'exige la perfection de l'une, &
du dégoût que porte l'odeur de l'autre : mais
comme souvent le désir de la jouissance ne peut
compatir avec la patience attachée aux opérations minutieuses ; comme les Amateurs re-
doutent quelquefois les vapeurs fortes des
couleurs broyées à l'huile, que d'ailleurs tous
les sujets ne sont pas également susceptibles
des deux genres de Peinture qui nous ont
occupé jusqu'ici, que le beau ne doit pas
être prodigué, & qu'il est nécessaire pour le
faire valoir, qu'il ait des objets de comparaison, que la grande solidité n'est pas toujours
recherchée ; nous allons présenter à la vivacité
& à l'empressement, une façon de peindre
toutes sortes de sujets promptement & sans
inconvéniens. Avec un vernis à l'esprit-de-vin
ou à l'huile, on fait des teintes presqu'aussi

belles que celles qu'on fait en détrempe vernie-
polie, si elles n'ont pas la durée de la Peinture
à l'huile vernie-polie; elles ont néanmoins assez
de consistance pour qu'on en puisse jouir assez
long-tems.

Nous avons à Paris, dans quelques maisons,
de cette sorte de Peinture d'impression; sa
beauté flatte assez pour balancer les suffrages :
quelques personnes la préferent même au chipolin en détrempe dont nous avons parlé; mais
l'œil fin du Connoisseur saura bien se fixer
par goût sur ce dernier, qui méritera sûrement
le choix, parce que le beau solide & parfait
l'emportera toujours en raison du tems & des
soins qu'on lui aura sacrifiés. Cette façon de
peindre est un peu plus coûteuse pour l'achat des
marchandises que les deux autres, parce qu'on
y employe considérablement de vernis; elle
est aussi plus embarrassante, en ce que le
vernis séchant très-promptement ne donne pas
toujours le tems de finir ses opérations ; que
les teintes sont plus exposées à varier entr'elles,
& que le vernis en général étant plus difficile
à manier, le succès n'appartient qu'à la grande
habitude, sur-tout lorsqu'on veut traiter de
grands sujets, tel que l'étendue d'un sallon:
mais aussi à peine a-t-on le tems de désirer,
nulle incommodité à craindre, nul inconvénient à redouter ; la révolution d'un jour
peut voir naître & satisfaire le desir.

Peindre au vernis, est employer sur toutes
sortes de sujets des couleurs broyées & détrempées au vernis, soit à l'esprit-de-vin, soit
à l'huile : nous ne donnerons point ici les préceptes nécessaires à l'emploi, nous renvoyons

à ceux que nous indiquerons dans la troisieme partie, qui reçoivent en général ici leur application.

L'on peint au vernis des lambris d'appartemens, des meubles & des panneaux d'équipages ; nous allons seulement donner les procédés pour peindre de cette maniere un lambris d'appartement, ou un panneau d'équipage : ils suffiront pour faire voir comment on doit l'employer.

1°. Mettez une ou deux couches de blanc de Bougival, détrempé dans une forte colle chaude & bouillante, pour faire votre encollage, ainsi que nous l'avons enseigné page 78, N°. 1, 2, 3, dont il faut suivre les procédés.

2°. Mettez une couche de blanc d'apprêt, de la maniere dont nous l'avons dit page 79.

3°. Bouchez les défauts du bois avec un mastic en détrempe, & quand les couches sont séches, poncez-les : nous avons encore enseigné cette opération ci-dessus, page 81, nous y renvoyons pour s'y conformer.

Lorsque le bois est bien uni, supposons que vous vouliez faire du gris, prenez une livre de blanc de céruse bien tamisé, un gros de bleu de Prusse, ou de noir de charbon, ou d'ivoire, mêlez le tout dans une peau d'agneau que vous liez fortement, pour que la couleur ne s'échappe pas ; secouez fortement cette peau, ou bien passez le tout plusieurs fois dans un tamis couvert, par-là vous mélangerez bien votre couleur.

5°. La couleur introduite, prenez-en deux onces, que vous mettez dans un poisson de vernis ; délayez bien le tout, pasfez la premiere couche fur le blanc d'apprêt mis fur votre bois.

6°. La premiere couche féche, mettez dans pareille quantité de vernis une once feulement de couleur, & donnez votre feconde couche.

7°. La troifieme couche ne contiendra, dans la même quantité de vernis, qu'une demi-once feulement de couleur.

8°. Il faut faire attention, lorfque chacune de ces trois couches eft donnée, de frotter à chaque fois avec une toile neuve & rude. Evitez cependant d'emporter la couleur ; mais comme les couches féchent à-peu-près d'heure en heure, il faut ne les frotter que lorfqu'elles font féches.

9°. Si l'on veut donner le luftre parfait à l'ouvrage, il faut paffer une quatrieme couche dofée de même que la troifieme : on peut la donner de vernis pur.

On voit que dans cette opération on met toujours la même quantité de vernis, & qu'à chaque couche l'on diminue la dofe des couleurs de moitié. Toutes les autres teintes de couleur, comme jaune, bleue, &c. dont nous avons donné la compofition, s'employent de même : cette méthode eft la feule où l'on puiffe employer l'orpin dans toute fa beauté, mais ne lui ôte pas fes inconvéniens.

La feconde maniere de faire ce chipolin beaucoup plus vîte en trois heures, eft de s'exempter de faire les encollages & le blanc d'apprêt, & tout de fuite d'appliquer les teintes au vernis, comme ci-deffus : on conçoit facilement que le luftre n'en fera pas alors auffi brillant.

Si on veut peindre ainfi au vernis fur des panneaux de voitures, il faut faire les premiers apprêts comme ceux à l'huile vernie-polie, c'eft-à-dire, donner des couches d'impreffion, & de teinte dure. Quand elles font adoucies & polies, on employe les couleurs au vernis au copal, ou au karabé, felon la teinte adoptée.

Maniere de décorer les Equipages.

Comme les voitures font dans ce fiecle autant un objet d'agrément qu'elles n'étoient dans leur origine confidérées que pour leur utilité, & que leur décoration n'intéreffe pas moins leurs propriétaires que celle des appartemens, nous allons fuivre les parties de l'équipage, & indiquer la maniere de les décorer en peinture, renvoyant pour la dorure & la façon de les vernir, aux deux autres parties de ce Traité.

Une voiture faite pour être expofée à l'air, & conféquemment obligée de fubir toutes les intempéries des faifons, ne peut être peinte qu'en huile, ou au vernis. C'eft la teinte que l'on choifit qui décide de quelle maniere on peut la décorer. Toutes les terres s'employant aifément à l'huile, on peut fuivre les détails que nous en avons donné page 102, en obfervant de bien coucher les teintes dures, de les bien polir : le brillant de la voiture dépend fur-tout de ces deux premiers procédés:

Si l'on préfere une couleur verd d'eau, qui eft aujourd'hui tant à la mode, & que nous prendrons pour exemple, pour décorer les panneaux, il faut, après une premiere couche d'impreſſion, ſi la caiſſe eſt neuve :

1°. Donner dix à douze couches de teinte dure, les unes après les autres, & n'en pas mettre de nouvelles que la derniere ne ſoit abſolument très-ſéche, comme nous l'avons enſeigné page 103.

2°. Adouciſſez avec la pierre-ponce, & poliſſez avec un tampon de ſerge détrempé dans de l'eau, où il y a de la ponce paſſée au tamis, lavant à meſure avec une éponge, ainſi que nous l'avons dit page 103.

3°. Broyez du blanc de céruſe à l'eſſence, broyez du verd-de-gris cryſtalliſé à l'eſſence, mélangez-les ſelon la teinte du verd que vous cherchez ; détrempez-les dans un beau vernis gras blanc au copal : n'en broyez & détrempez qu'autant que vous en avez beſoin.

4°. Donnez-en trois couches, que la derniere ſoit moins chargée de couleurs que les deux autres, c'eſt-à-dire, y mettre un peu plus de vernis.

5°. Donnez huit à dix couches d'un beau vernis gras blanc au copal, en attendant toujours que chaque couche ſoit bien ſéche.

6°. Poliſſez, comme nous l'avons dit, & comme il ſera expliqué au chapitre de la maniere de polir & luſtrer, & votre panneau eſt peint verni-poli.

Panneaux d'Equipages en fond noir, verni-poli.

Après votre premiere couche d'impreſſion, donnez dix à douze couches de teinte dure, qu'il faut bien adoucir & poncer, comme nous

venons de le dire ; votre apprêt terminé, pour
peindre un fond poli noir, détrempez du noir
d'ivoire tamisé très-fin dans un beau vernis au
karabé ; donnez-en deux ou trois couches bien
unies & très-égales, la derniere un peu moins
chargée de noir ; donnez-en ensuite huit ou dix
couches d'un beau vernis au karabé, que vous
polirez & lustrerez comme nous venons de le
dire. On peut faire ainsi toutes sortes de fonds
avec le vernis gras au karabé quand on a des
fonds sombres, & au copal quand ils sont
clairs.

Roues d'Equipages.

1º. Donnez deux à trois couches de blanc
de céruse broyé à l'huile de lin, & détrempé
à la même huile : 2º. Donnez deux à trois
couches de la teinte adoptée ; si c'est *un verd*,
voyez celle indiquée page 48, & vernissez
par-dessus deux couches de vernis blanc au
copal.

Si vous choisissez *un gris*, mettez deux couches de blanc de céruse broyé à l'huile de noix,
& détrempé à l'essence, coupée d'huile de
noix ou d'œillet ; ensuite l'on met la teinte
grise qu'on juge à propos, avec du blanc & du
noir broyés à l'huile & détrempés à l'essence.

Si vous préférez le *vermillon*, mettez deux
couches de rouge de Berry, broyé à l'huile
de lin avec un peu de litharge, & détrempé ;
savoir, la premiere couche à l'huile, & la
seconde à l'huile coupée d'essence ; donnez
une troisieme couche du même rouge, coupé
de mine rouge ou de minium, broyés à l'huile

& détrempés à l'essence : 3°. Quand tout est bien sec, on donne une couche de vernis à l'esprit-de-vin, dans lequel on détrempe du vermillon. *Voir ce vernis à la premiere partie de l'Art du Vernisseur :* Si l'on veut qu'il soit plus beau & plus solide, on donne une ou deux couches de vernis gras.

Trains d'Equipages.

On peint les trains d'équipages à l'huile, de la teinte qu'on juge à propos, en donnant comme aux roues une ou deux couches d'impression de blanc de céruse, broyé & détrempé à l'huile de lin, ou de noix ou d'œillet, selon la teinte qu'on veut appliquer ; quand on a mis deux couches de cette teinte, on y met un vernis gras fait pour les trains d'équipages, qui conserve les couleurs de maniere qu'on peut les laver sans les endommager. *Voir la premiere partie du Vernisseur.*

SECTION QUATRIEME.

De l'emploi des Couleurs à la cire, au lait, au savon, &c.

Nous n'avions pas parlé dans notre premiere édition de la Peinture à l'encaustique : la raison que nous en avons donné dans le supplément, est que les ouvrages faits de cette maniere demandent autant de préparation que la détrempe vernie ; qu'ils sont beaucoup moins solides, plus sujets à se gâter, que les taches ne peuvent s'en effacer ; qu'en conséquence

nous

nous n'avions pas cru devoir parler de cette
maniere d'employer les couleurs, qui n'a eu
qu'un regne très-court, & dont l'existence est
même ignorée de plusieurs Amateurs. Cette
même raison nous avoit pareillement engagé
à ne nous point occuper des Peintures au lait
& au savon, que la chimérique crainte des
prétendus dangers des matieres employées à
l'huile avoit fait adopter, & que le goût ardent
pour la nouveauté a tenté d'introduire : nous
allons cependant en parler, plus pour satisfaire la curiosité de l'Amateur que ses besoins,
& pour remplir l'engagement que nous en
avions dès-lors contracté dans le cas d'une seconde édition.

La maniere de peindre au savon, au lait,
à l'encaustique, s'opere de même que celles
que nous venons de décrire; la seule différence
c'est qu'on broye toutes les couleurs à l'eau pure,
& qu'on les détrempe avec de l'eau de savon
ou du lait, ou avec un encaustique. L'encaustique se compose en faisant fondre ensemble
une demi-once de sel de tartre, quatre onces
de cire vierge la plus blanche, dans une pinte
d'eau, ce qui revient à un vrai savon.

Les deux premieres façons ont été bientôt
abandonnées, sur-tout celle au lait par l'odeur
fade qu'elle laisse après elle. La derniere a un
peu plus réussi; on s'y est d'autant plus attaché
qu'on a cru y retrouver la maniere de peindre
des Anciens, dont Pline nous parle au Livre
35, chap. 11; que le renouvellement de cet
Art est dû à l'illustre M. le Comte de Caylus,
dont les opinions, les idées avoient à si juste
titre une influence marquée sur toutes les opé-

H

rations des Artiſtes dans tous les genres (1); mais nous ne croyons pas , quel que ſoit l'avantage de cette découverte , qu'elle intéreſſe jamais le Peintre d'impreſſion. Il faut convenir cependant que cette maniere de peindre eſt fort avantageuſe, ſur-tout pour les carreaux & les parquets. C'eſt ſans doute au premier coup d'œil , bien dégrader cette découverte ; mais ne vaut-il pas mieux l'avoir utile dans le genre le moins brillant de la Peinture , que féchement admirée par les Spéculateurs ?

Lorſque les trois couches indiquées pour les carreaux & les parquets, pag. 73 & 74, ſont féches ; au lieu de les cirer, on donne une couche d'encauſtique doſée ci-deſſus. Si elle eſt bien étendue , le frottement la rend plus unie & brillante; au lieu qu'en promenant un morceau de cire, comme on fait ordinairement ſur le parquet, on le raye, quoiqu'on tâche par le frottement de l'étendre bien également, & cependant, la cire eſt toujours plus marquée & plus ſenſible aux endroits où elle a été couchée , qu'à ceux où la broſſe l'a conduite , ce qui donne à la teinte des jours inégaux qu'on évite plus aiſément en couchant un encauſtique.

SECTION CINQUIEME.

De la Peinture des Toiles.

DEPUIS l'invention de la Peinture à l'huile, les Peintres à talent peignent moins ſur le bois, le cuivre , &c. ils ne ſe ſervent plus gueres

---

(1) Voyez les Mémoires de l'Académie des Belles-Lettres de 1752 , 1753, 1754 & 1755 , & la Préface de Dom Pernetti , dans ſon Dictionnaire de Peinture.

que de toiles pour y repréfenter les fujets qu'ils
veulent peindre ; ils ont abandonné les autres
manieres. La facilité de pouvoir tranfporter les
toiles, de les imprimer & difpofer à volonté,
contribue à la préférence qu'ils leur donnent.
Les Peintres d'impreffion les employent dans
les bâtimens pour mafquer des folives ou autres parties qui déplaifent à la vue , ou pour
des décorations de théatre, qu'alors on enrichit
d'ornemens. Nous allons indiquer la façon de
les préparer, foit en huile, foit en détrempe.

Maniere de peindre les Toiles en détrempe pour Décorations , &c.

1°. Choififfez une toile quelconque, étendez-
la ferme fur les chaffis qui doivent la recevoir. Si elle eft claire , avec la colle de fa-
rine, collez par derriere du papier ; fi elle ne
l'eft pas, ce préalable eft inutile. 2°. Le papier collé & fec, donnez une couche de blanc
de Bougival infufé dans l'eau , & détrempé
avec la colle de gants chaude. 3°. Paffez par-
deffus une pierre-ponce pour en ôter les nœuds,
& les plus grandes inégalités. 4°. Redonnez une
feconde couche d'impreffion, mais plus ferme &
plus épaiffe de blanc de Bougival & de colle ;
poncez encore un peu la toile, & alors elle eft
prête pour travailler.

Si vous voulez y peindre des décorations,
broyez toutes vos couleurs à l'eau, & détrempez-les à la colle de gants. Le ftil-de-grain,
le bleu de Pruffe & les cendres bleues, fervent
à repréfenter des payfages. La cendre bleue
feule fuffit pour faire des ciels ; la laque plate

que l'on brunit avec de l'eau de cendres gravelées , s'employe pour les fonds rouges :
&c. &c.

Des Rehauts d'or en détrempe.

On appelle *rehauts* en Peinture les lumieres
d'un deſſein faites avec du blanc ou d'autres
couleurs lumineuſes , lorſque ce deſſein eſt ſur
du papier coloré ; & ſi ce papier eſt blanc, ſa
couleur conſervée fait les rehauts. On appelle
encore rehauts en peinture, les lumieres qu'on
place par hachure. Lorſqu'on veut imiter quelques morceaux de ſculptures , bas-reliefs ou
ronde boſſe , on appelle *hachures* les lignes
ou traits dont on ſe ſert pour exprimer les ombres , ſoit dans les gravures , ſoit dans les
deſſeins , à l'aide d'un burin ou d'un crayon.
Il y a des hachures ſimples & des doubles ;
les ſimples ſont formées par des lignes , ſoit
droites, ſoit courbées, qui ont une ſeule direc-
tion ; les doubles ſont formées par pluſieurs
lignes , ſoit droites, ſoit courbes , qui ſe croi-
ſent en maniere de lozange. Ainſi *rehauſſer* eſt
donner plus de clair aux jours , & plus d'obſcu-
rité aux ombres. *Hacher* eſt donner de l'effet
aux différens objets qu'on veut ombrer. Telles
ſont les définitions des termes généralement
adoptées par le Deſſinateur , le Graveur , le
Peintre en tableaux. Voyons comment le Décorateur ſe prépare à exécuter ces opérations.

Rehauſſer d'or eſt peindre en couleur d'or
ſur une toile , ſoit en huile , ſoit en détrempe,
des morceaux de ſculpture , de bas-reliefs ,
de ronde boſſe , par des hachures.

Pour rehauſſer d'or en détrempe , examinez

d'abord si votre fond est bien encollé, & si l'ouvrage est peint à bonne colle ; s'il ne l'étoit pas assez, passez-y une légere couche de colle bien claire & bien nette ; ne repassez pas avec la brosse, qui doit être douce pour ne pas ternir les fonds ; car, quoiqu'on fasse, il se gâte toujours un peu en l'encollant.

Votre fond bien préparé ; 1°. Peignez tous les clairs que vous voulez rehausser d'or avec de l'ochre de rue, de la terre d'ombre, de la décoction du jus de graine d'Avignon & du jaune, broyés tous à l'eau, & détrempés à la colle de gants ou de Flandre.

2°. Préparez un mordant ou bature composé d'environ une livre de cire, d'une demi-livre d'huile de lin, & d'une demi-livre de térébenthine de Venise, qu'on fait bouillir ensemble. 3°. Rehaussez vos ornemens, en mettant par hachure de votre mordant ou *bature* chaude, avec la pointe d'un petit pinceau, sur tous les clairs de l'ouvrage. 4°. Appliquez le cuivre réduit en feuilles, appellé vulgairement *or d'Allemagne*, c'est lui qui sert pour ces sortes d'ouvrages, ou avec du coton, ou avec des bilboquets garnis de draps. 5°. Au bout d'une couple d'heures, quand il est bien sec & bien fait, il faut l'épousseter avec une brosse de soie de porc, bien douce & bien nette.

Il faut sur-tout prendre garde que la bature ne s'emboive dans le fond aussi-tôt qu'elle est couchée, ce qu'on connoît quand elle devient terne & qu'elle perd son luisant, car alors l'or ne peut s'y attacher. Il faut tout simplement recommencer à coucher de bature dans les endroits ombrés.

ARTICLE SECOND.

Maniere de peindre les Toiles en huile pour Tableaux, &c.

CHOISISSEZ une toile, étendez-la fur un chaffis, en rebordant la toile fur l'épaiffeur du chaffis, où on l'attache avec l'efpece de petits clous qu'on nomme *femence*, à trois ou quatre doigts de diftance les uns des autres. (On a inventé de nos jours une maniere de faire des chaffis, qu'on appelle chaffis à clefs; on tend les toiles plus fortement, toutes les fois que la féchereffe les relâche : ces clefs fe mettent dans tous les coins de l'affemblage, & au bout de chaque travers). 1°. La toile ainfi difpofée, étendez le chaffis à plat, & préfentez le côté qu'on doit peindre.

2°. Ayez de la colle de gants de moyenne force, qu'on puiffe battre en confiftance de bouillie, & étendez-la bien également avec un grand couteau de bois fait exprès pour cela, jufqu'à ce que la toile foit bien imbibée par-tout.

3°. Ramaffez avec ce couteau le furplus de la colle, afin qu'il n'en refte que ce qui peut être entré dans la toile. Il faut que la colle foit fuffifamment forte, pour qu'elle ne pénetre pas de l'autre côté; cette eau de colle fert à coucher tous les petits fils fur la toile, & à remplir les petits trous, afin que la couleur ne paffe pas au travers.

4°. La colle bien ramaffée, accrochez le chaffis à l'air; quand il eft bien fec, avec une pierre-ponce, poncez en tout sens légérement la toile, pour abattre & manger les petits fils qui peuvent s'y trouver.

5°. Broyez du brun-rouge à l'huile de noix avec de la litharge, & détrempez-le à l'huile ; quand la couleur est suffisamment épaisse, remettez votre chassis à plat, étendez la couleur dessus avec un couteau destiné à cet effet.

6°. La couleur bien étendue & retirée, de façon qu'il n'en reste que ce qui est empreint dans la toile, laissez sécher le chassis de nouveau, & quand la couleur est séche, l'on peut encore passer la pierre-ponce par-dessus, pour la rendre plus unie.

7°. Donnez dessus une couche de petit-gris, fait avec du blanc de céruse & du noir de charbon broyé très-fin & détrempé à l'huile de noix & huile de lin, par moitié. Cette couleur se pose à la brosse fort légérement ; on en met le moins qu'on peut, afin que la toile ne se casse pas si-tôt, & que les couleurs qu'on vient à coucher dessus en peignant se conservent mieux.

Des Rehauts d'or à l'huile.

Pour rehausser d'or à l'huile, on se sert de massicot, de jaune de Naples, de jaune de Berry, d'ochre de rue & de stil-de-grain, bien broyés séparément à l'huile de noix, qu'il faut placer sur la palette, pour peindre les ouvrages d'ornemens qu'on se propose de rehausser. Des uns & des autres, on forme les teintes des bruns & des clairs, ayant soin sur-tout que le mélange de ces couleurs forme un bon

ton doré. On les détrempe sur la palette
avec de l'huile grasse, coupée moitié d'essence, qu'on met dans un godet.

1°. Il faut que les parties sur lesquelles on
veut peindre des ornemens & des rehauts d'or,
soient imprimées & peintes de couches à l'huile,
& d'une troisieme à l'huile coupée d'essence,
que vous poncerez avec une pierre - ponce,
comme nous l'avons déjà dit.

2°. Dessinez vos ornemens, & peignez-les;
quand ils sont secs, prenez de la chaux éteinte
d'elle-même à l'air, passée dans un linge, qu'on
met dans un nouet, & qu'on appelle *ponce de
chaux* ; passez-en sur votre ouvrage, en tapant
pour désigner les parties qui doivent rester en
couleur, & pour empêcher que l'or ne prenne
par-dessus, ensorte qu'il ne doit s'attacher que
sur les hachures où il y aura de l'or couleur.

3°. Epoussetez cette ponce légérement avec
un pinceau : soufflez dessus pour ôter le plus
fort de la poussiere.

4°. Prenez de *l'or couleur* (on verra à l'article de la dorure ce que c'est que l'or couleur)
très-fin, très-net, & bien passé par un linge,
pour qu'il n'y ait aucun grain dedans ; posez-le
sur la palette, & employez-le avec un pinceau
très-fin, en redessinant votre ouvrage par hachure. Appliquez-le assez épais & assez ferme
pour qu'il ne coule pas ; car plus il est épais, plus
l'or a de relief ; c'est pourquoi on se sert de
pinceaux longs, aigus & assez fermes.

5°. N'appliquez l'or que lorsque l'or couleur
est tout-à-fait sec ; pourvu qu'il puisse un peu
happer l'or c'est assez, car plus il est sec plus il
est vif. Posez l'or en pleine feuille sur les par-

ties où vous jugez que l'or doit s'arrêter, en appuyant très-légérement & sans haleter, comme on fait à la dorure, ce qui feroit prendre l'or par-tout.

6°. Avec une broffe de poil neuf, nette & douce, nettoyez l'or très-légérement dans toutes les hachures, de façon qu'il n'en refte qu'aux endroits où on a pofé l'or couleur.

7°. L'or bien épouffeté, prenez fur la palette un peu de ftil-de-grain, de jaune de Berry, broyés très-fin à l'huile, & mêlez-les enfemble en détrempant le pinceau dans le godet, où doit fe trouver l'huile graffe coupée moitié d'effence.

8°. Paffez légérement de cette teinte, pour faire un glacis fur toutes les parties où il n'y a point d'or; il y a de certains endroits, où, fur le bord des hachures, on fait des glacis pour adoucir de trop grands éclats de lumiere, qu'il faut modérer pour faire valoir des parties brillantes.

9°. L'opération finie & féche, faites des teintes brunes avec de la terre de Sienne, terre d'Italie, ochre de rue broyées à l'huile, & détrempées comme nous l'avons dit. Ces fortes de couches doivent être très-ménagées & placées à propos, pour donner des reflets & de la correction à l'ouvrage, & produire le plus grand éclat.

Maniere de glacer les Couleurs.

Glacis, en terme de Peinture, fignifie l'effet que produit une couleur tranfparente qu'on applique fur une autre qui eft déjà féche, de

maniere que celle qui fert à glacer laiffe appercevoir la premiere, à laquelle elle donne
feulement un ton ou plus brillant, ou plus léger, ou plus tranfparent ; les glacis fervent à
l'union des teintes & à l'harmonie des différens
tons. Ainfi *glacer* eft mettre une couleur qui a
peu de corps, ou une teinture qui laiffe appercevoir au travers le fond fur lequel elle eft
couchée.

On ne glace ordinairement qu'avec des couleurs tranfparentes, telles que les laques, les
ftils-de-grain, &c. la terre d'ombre & la terre de
Cologne, fervent à glacer les bruns pour leur
donner plus de force, le blanc de plomb,
pour les parties claires auxquelles on veut arrêter des coups de lumiere, faire des jours très-
vifs & éclatans, & qui le font toujours beaucoup plus, que fi la même couleur étoit
peinte à l'ordinaire avec toutes fes différentes
teintes.

Les glacis font une des plus grandes diffi-
cultés de la Peinture ; ce n'eft que la vue fréquente des travaux des grands Maîtres, &
les tentatives répétées qui font capables d'y
faire réuffir. Ici finit le méchanique de la Peinture d'impreffion & commence le talent ; il ne
nous appartient pas de porter jufques-là nos
vues.

Tableaux.

Lorfqu'un tableau eft neuf, fi vous voulez
donner de la fraîcheur & de la vivacité aux
couleurs, faites fondre gros comme une aye-
line de fucre candi dans un demi-poiffon d'eau-
de-vie. Battez bien un blanc d'œuf, & introdui-
fez-y petit-à-petit l'eau-de-vie ; battez-le tout en-

femble, & avec une éponge très-douce & très-fine, dans laquelle il n'y aura aucuns graviers, & qui en fera imbibée, paſſez deſſus le tableau légérement; c'eſt ce que les Peintres employent ordinairement : on l'a nommé aſſez mal-à-vernis.

Si le tableau eſt ancien, il faut le nettoyer légérement avec le bout d'une broſſe un peu rude, qu'on trempe dans une leſſive tiéde, compoſée d'une pinte d'eau de riviere & un quarteron de ſavon noir; prenez garde que l'eau ne morde trop fort (1), ce qui gâteroit le tableau. Lorſqu'il eſt lavé, nettoyé & ſec, appliquez-y une ou deux couches de vernis à tableau, indiqué dans la troiſieme partie.

On donne différens autres ſecrets pour nettoyer les tableaux, mais je crois la recette que nous indiquons la meilleure. Au reſte, il faut beaucoup de dextérité pour s'en ſervir, & ſavoir les ménager ſuivant les tons des coloris & le ſens de la touche. L'eau de ſavon noir eſt mordante; ſi on la laiſſoit trop long-tems repoſer, elle enleveroit au tableau ce velouté charmant, qui naît du mélange fini des couleurs, & laiſſeroit à peine l'imprimure. Nous conſeillons cette recette, préférable ſûrement aux leſſives de potaſſe, de cendres gravelées, d'eau ſeconde compoſée d'urine,

_____

(1) N'en déplaiſe à Dom Pernetti, qui dans ſon Dictionnaire de Peinture aux mots *nettoyer*, *décraſſer*, *eau ſeconde*, *ſavon*, blâme ce procédé, quoiqu'il convienne au mot *nettoyer* qu'il décraſſe très-bien : en ce cas, c'eſt le ſoin qu'il faut preſcrire, & non le procédé qu'il faut blâmer.

qui peuvent fervir à la vérité, mais doivent être bien ménagées & bien affoiblies. Il y en a qui ne fe fervent que d'eau pure qu'ils laiffent quelque tems fur la couleur, pour diffoudre la craffe & les ordures des mouches, qui y font ordinairement, & qu'on ne peut pas quelquefois emporter quand la couleur en eft teinte ; mais l'eau qu'on laiffe féjourner peut détremper la couleur & gâter le tableau. Cette opération devient fur - tout plus difficile lorfqu'un poffeffeur ignorant ou un Brocanteur cupide, ont appliqué fur des tableaux de grands Maîtres, des vernis & autres compofitions dont on ignore la nature. On a vu de grands Peintres fe donner la peine de décraffer eux-mêmes de pareils tableaux, & fe trouver dédommagés quand ils ont fauvé une partie des beautés qu'ils favent fi bien apprécier.

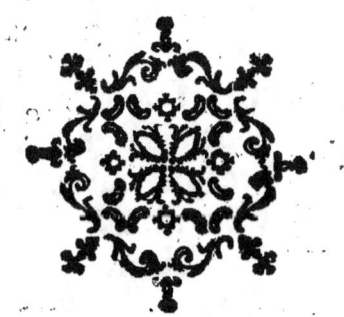

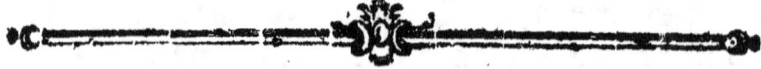

OBSERVATIONS

Sur les maladies appellées Coliques des Peintres, & précautions à prendre pour s'en garantir lorsqu'on employe les couleurs.

JE manquerois sans doute au premier devoir de l'humanité, & je ferois un funeste présent à mes Concitoyens, si, en leur présentant l'Art du Peintre, en offrant, soit à l'économie, soit à l'oisiveté, soit au besoin, des ressources d'épargne, ou de dissipation ou d'industrie, je n'avertissois en même-tems des dangers qui peuvent résulter de l'emploi des couleurs. Ainsi, je préviens tous ceux qui veulent s'en amuser ou s'en occuper, qu'il en est qui peuvent occasionner des maladies; mais aussi ne faut-il pas croire que toutes soient dans le cas d'en donner : celles même qui en causent quelquefois, peuvent n'être pas nuisibles lorsque l'on prend certaines précautions.

« La Colique des Peintres, dit l'Auteur de » l'examen d'un Traité de M. Tronchin sur » cette maladie, (M. Bouvard) est une mala- » die particuliere aux Peintres, aux Emailleurs, » aux Lapidaires, aux Doreurs sur métaux, » aux Potiers-de-terre, en un mot aux Artisans » qui employent des couleurs où entrent les » préparations de plomb, de cuivre ou d'orpi-

» ment, à ceux qui respirent la poudre ou la
» vapeur de ces matieres, à ceux qui boivent
» des vins sophistiqués avec des préparations
» de ce métal, ou adoucis avec de la litharge.
» Elle provient, dit l'Encyclopédie, des va-
» peurs qui s'élevent des fourneaux où l'on
» fond le plomb, que l'on respire & que l'on
» avale avec la salive. Elle est très - fréquente
» parmi les Ouvriers qui s'occupent à purifier
» ce métal, ou à le séparer de l'argent dans
» des fourneaux d'affinage, comme le prati-
» quent ceux qui travaillent dans les mines de
» la Forêt noire en Allemagne, dans celles
» d'Angleterre ou ailleurs, où, malgré l'atten-
» tion que l'on a de ne dresser des fourneaux
» que sur des lieux élevés, & de les exposer
» aux vents, les exhalaisons en sont fatales
» aux Ouvriers, aux Habitans, & même en
» Angleterre aux animaux qui passent près des
» minerais de plomb. Les Potiers-de-terre qui
» se servent de l'alquifoux, espece de plomb
» minéral difficile à fondre, ou de plomb en
» poudre, pour vernir leurs ouvrages, sont
» fort sujets à cette colique : les femmes qui
» mettent du blanc s'y exposent, puisque la
» céruse est la base de ce blanc, dont le moin-
» dre effet est celui de dessécher la peau, &
» d'avancer par les rides la vieillesse qu'elles se
» proposent d'éloigner.
» On est encore convaincu par plusieurs
» expériences que les médicamens dans la
» composition desquels il entre du plomb,
» comme la teinture antiphtisique, le suc,
» sel magistere ou vitriol de Saturne, que les
» Charlatans prescrivent intérieurement contre

» le crachement de fang, le piffement de
» fang, la gonorrhée, les fleurs blanches, &
» autres maladies femblables, produifent enfin
» cette malheureufe colique.

» Mais l'ufage que plufieurs Marchands de
» vins font aujourd'hui de la cérufe ou de la
» litharge, pour éclaircir, corriger, éduleorer
» leurs vins, a fi fort répandu cette cruelle
» maladie dans toute l'Europe, que tous les
» Souverains font intéreffés à chercher les
» moyens les plus convenables pour en arrêter
» le cours. Perfonne n'eft à l'abri des triftes
» effets qui réfultent de cette fophiftication de
» vins, & particuliérement des vins acides,
» comme par exemple des vins du Rhin, que
» l'on édulcore de cette maniere, en Souabe,
» ou ailleurs, avant que de les envoyer en
» Hollande, & dans les autres pays où ces
» fortes de vins adoucis font recherchés ».

Je cite ces deux autorités pour faire voir
que la colique des Peintres ne frappe pas
feulement ceux qui employent les couleurs,
mais encore différens Artifans qui ne manient
pas même le pinceau, que l'ufage de certaines
boiffons & de certains remedes peut la donner;
ainfi il ne faut pas croire que la maladie foit
affectée à l'état de Peintre, parce que le nom
lui en eft refté, & que pour l'arrêter il n'y ait
d'autre moyen que de ne pas fe mêler de la
Peinture, puifqu'on la rencontre dans les remedes même qu'on préfente à la maladie.

Il eft certain cependant que ceux qui s'a-
donnent à la Peinture peuvent la gagner.
Encore n'y a-t-il que ceux qui travaillent en
huile qui puiffent en être incommodés; car

la détrempe ne peut jamais être nuifible ; l'eau,
la colle , les tertes qu'on employe , n'offrent
rien de mal-fain dans les broyemens & l'emploi : ainfi l'on peut peindre en détrempe fans
courir aucun rifque. Il n'en eft pas de même
de la Peinture à l'huile ; la cérufe , la fitharge,
le blanc de plomb , le verd-de-gris , les orpins , les maffcots qu'on employe à l'huile (1),
peuvent caufer des maladies ; les broyemens,
les calcinations qu'on eft obligé d'en faire ,
en font refpirer ou la poudre ou la vapeur ;

---

(1) Ainfi l'on voit que ce ne font pas les huiles ,
mais les matieres qu'on y employe qui font dangereufes. Ceci eft pour répondre en paffant à un Avis inféré
dans les Affiches de province de 1772 , N°. 18 , où
un Notaire d'Amiens a fait annoncer qu'il avoit trouvé
le fecret d'ôter l'odeur à l'huile pour les Peintres.
« Cette derniere , dit-il , feche en moins de dix à
» douze heures , même dans les tems les plus humides ,
» fait le double de l'ouvrage des autres , & s'employe
» fans crainte des fuites funeftes qu'on a trop fouvent
» éprouvé par l'odeur des huiles ordinaires. » Encore
une fois ce n'eft pas l'odeur de ces huiles qui eft funefte ,
mais celle du mélange des matieres avec l'huile qui
font à redouter. La preuve en réfulte de ce que les
ouvriers qui travaillent à la compofition des huiles n'en
font jamais incommodés.
Cette Notice inférée dans ma premiere édition a été
vivement relevée par le fieur Henault, c'eft le nom du
Notaire, dans les Affiches d'Amiens, que je ne connois point, que je n'ai jamais lu ; la victoire lui feroit
vraifemblablement reftée , puifqu'il s'efcrimoit brave-
ment dans un champ de bataille où je ne pouvois pas
paroître. Un habile Phyficien d'Amiens a bien voulu
ramaffer pour moi le gantelet, & confondre le fieur
Henault. Je n'ai été inftruit du combat que fix mois
après par le favant lui-même, qui m'a fait l'honneur
de me venir voir , & de m'en faire la relation.

de-là

de-là le danger, ainsi qu'on l'a vu ci-dessus. Ainsi je conseille très-fort à toutes les personnes qui veulent s'adonner à la Peinture, de faire venir les matières toutes broyées & mélangées, suivant la dose dont elles ont besoin ; c'est autant de gagné sur les inconvéniens. Voyons actuellement comment on peut éviter ceux de l'emploi.

Il est prouvé, dit l'Auteur de l'examen ci-dessus cité, que cette maladie n'attaque jamais les Peintres en tableaux, qu'elle est au contraire très-ordinaire aux Peintres d'impression, parce que ceux-ci employent les couleurs à grande dose ; parce qu'ils les employent liquides ; parce qu'ils les détrempent eux-mêmes, & que tant qu'ils les remuent, & qu'elles ne sont pas encore liées avec l'huile, elles laissent échapper une grande quantité de particules légeres qui se répandent dans l'air, & se font un chemin par les poumons & par l'œsophage ; enfin parce que l'Ouvrier est tout le jour en travail. On a cependant vu un Peintre en tableaux en être pris ; mais loin d'infirmer la regle générale, cette exception même en est une preuve : cet homme avoit l'habitude de nettoyer son pinceau avec la bouche.

Ainsi, quiconque voudra peindre en huile pour son plaisir ou pour ses besoins, voit assez ce qu'il a à faire pour éviter le danger. Il faut donc :

1°. Ne jamais porter son pinceau à la bouche, ne prendre aucune nourriture que l'on ait touché avec des mains chargées de couleurs.

2°. Ne détremper les couleurs & ne tra-

I

vailler, autant qu'il fera poffible, qu'en fe
plaçant dans un courant d'air affez rapide,
pour détourner de la refpiration & emporter
les particules métalliques ou les vapeurs qui
fe détachent du mélange : je dis les vapeurs,
car elles peuvent avoir le même effet que des
particules moins déliées, fur-tout lorfque le feu
les difperfe dans une certaine quantité. La
preuve s'en trouve dans l'Avis au Peuple de
M. Tiffot. Un Jardinier, dit l'Editeur, ayant
employé du vieux bois d'un treillage peint en
verd, à chauffer le four où l'on cuifoit le pain,
à faire le feu pour cuire le potage, & à en
brûler dans un poële, dont on levoit le couvercle
pour mettre le bois, cette imprudence caufa à
plufieurs perfonnes de la maifon des coliques
métalliques.

3°. Ne point boire de liqueurs, ni une
trop grande quantité de vin, même bien
naturel ; l'intempérance de la plûpart des
Compagnons Peintres qui s'adonnent à l'eau-
de-vie & aux liqueurs, eft prefque l'unique
caufe de leurs maladies : il eft même affez rare
que ceux qui font fort rangés en foient attaqués, à moins que ce ne foit par foibleffe de
complexion, ou quand leur tempérament eft
dérangé.

4°. Ainfi, ne prenez jamais le pinceau
lorfque vous vous fentirez indifpofé, ou dans
un état de convalefcence ; laiffez les forces
& l'appétit revenir, fur-tout ne vous hâtez
pas, ni ne vous empreffez à vouloir tout
exécuter rapidement ; laiffez de l'intervalle à
vos travaux, pour refpirer un air plus fain ;
évitez la fatigue, la fueur ; ne prenez que

des rafraîchiffans ; empêchez qu'un imprudent domeftique que vous y faites travailler, ne boive des liqueurs & ne s'enivre.

5°. En général ne travaillez jamais à jeun, prenez quelque chofe de chaud, comme fait café, chocolat, fur-tout fi ces liqueurs vous conviennent ; on a l'expérience que le befoin fatisfait fupporte mieux l'odeur que celui qui follicite, qui conféquemment eft alors plus dans le cas de recevoir les vapeurs métalliques.

Si, malgré toutes ces précautions, on fe trouve indifpofé à la fuite d'une opération, il faut chercher à connoître quelle eft la caufe de cette incommodité, fi elle provient réellement de la couleur, ou fi elle n'a pas fa fource dans une difpofition particuliere du tempérament. Les fymptômes de la maladie que nous allons décrire éclairciront là-deffus les doutes qui pourroient naître.

La colique des Peintres, dit l'Auteur de l'examen du Traité de M. Tronchin, fe caractérife par une douleur gravative à la région de l'eftomac. Ce n'eft d'abord qu'une efpece d'angoiffe, accompagnée de la gêne de la refpiration ; la douleur devient enfuite fort vive & poignante, occupe toute l'étendue du bas-ventre, & fe répand dans la poitrine, les épaules, les lombes, & l'épine du dos. Il furvient des envies de vomir, des vomiffemens même : le ventre eft conftipé, plutôt retiré vers les vertebres qui prominent en devant ; le malade urine peu : quelquefois dans cette maladie une paralyfie faifit graduellement les extrémités fupérieures, & quelquefois les inférieures, à mefure que les douleurs

diminuent. Il furvient fouvent du délire, des
convulfions & des accès d'épilepfie : la plûpart
des malades n'ont point de fievre, ou s'ils en
ont, elle reffemble plutôt à une fievre lente
qu'à une fievre aiguë ; les envies de vomir
font un accident ordinaire : les convulfions
n'arrivent que lorfque les douleurs, toujours
très - vives dans cette maladie, deviennent
atroces ; elles le font quelquefois au point que
les malheureux qui font attaqués de cette
colique, fe tordent les membres jufqu'à fe
les luxer.

Qu'on ne croye pas que l'emploi feul des
couleurs foit dans le cas de caufer ces horribles
maladies ; la colique des Peintres frappe tous
ceux qui refpirent les exhalaifons & les vapeurs des matieres que l'on calcine, ou qui
boivent des vins fophiftiqués, ou qui prennent
des remedes corrofifs. Eft-il étonnant que toute
la machine foit cruellement attaquée lorfqu'elle
eft impregnée des parties fubtiles de cet affreux
poifon ? Mais en prenant les précautions que
l'on vient de décrire, en mettant même fi l'on
veut au-devant de fa refpiration un mouchoir
ou un linge qui en écartent les vapeurs ; je
répondrois prefque que l'on n'en fera jamais
atteint.

Si cependant on éprouvoit quelque fâcheux
accident, il faut recourir de bonne heure au
remede. L'expérience a appris que le vrai
traitement confifte dans l'émétique, dans les
purgatifs énergiques, dans l'opium, le tout
à grande dofe, & employé dès le commencement ; c'eft la méthode qu'on fuit depuis
long-tems à l'Hôpital de la Charité de Paris.

Elle a été publiée d'abord par M. Dubois, Médecin de cette Maison : elle opere en sept ou huit jours, souvent plutôt, une guérison complette; lorsque cela n'arrive pas, ce qui est très-rare, il suffit de recommencer les mêmes remedes en tout ou en partie, suivant que les circonstances l'exigent. Le succès de ce traitement étoit tel du tems de M. Dubois, que sur 1200 malades qu'il avoit traité lui-même à la Charité, ou vu traiter par le Médecin qui l'avoit précédé, à peine en mourut-il vingt. Ces succès ont continué de se soutenir. De-là cet Hôpital est encore aujourd'hui le lieu où vont se rendre presque tous les Ouvriers de Paris, même les Ouvriers aisés, que leur état expose à la colique des métaux. Si c'est pour trouver des Médecins accoutumés à traiter souvent, & conséquemment à mieux traiter cette maladie, les Artisans ont raison. Mais le public auroit tort de penser que hors de l'Hôpital de la Charité un homme attaqué de cette colique en périra presque nécessairement. Les Ouvriers ont cependant la malheureuse prévention de croire que le traitement est un secret renfermé dans le sein de cette Maison; mais cette maniere est bien connue : si cependant quelque Médecin l'ignoroit, il la trouvera, non-seulement dans la These de M. Dubois & dans l'Examen du livre de M. Tronchin, deux pieces qui peuvent être rares, mais encore dans l'Avis au Peuple par M. Tissot, qui se trouve à Paris chez Didot. On y verra pareillement qu'il est des remedes qu'on doit éviter; & il est d'autant plus nécessaire d'en avertir, que ce sont précisé-

ment ceux qui se présentent les premiers à
l'esprit. Il est constaté à la Charité que les
malades qui, avant d'y être conduits, ont été
traités par des huileux, des délayans, des
émolliens, & sur-tout par des saignées, ont
beaucoup plus de peine à guérir que les autres,
ou sont du nombre de ceux qui n'en guérissent
pas. Les Ouvriers de Paris sont si convaincus de
cette vérité, qui de l'Hôpital s'est peu à peu
répandue jusques parmi eux, qu'il n'en est
presqu'aucun qui n'avertisse lui-même du danger
de ces remedes.

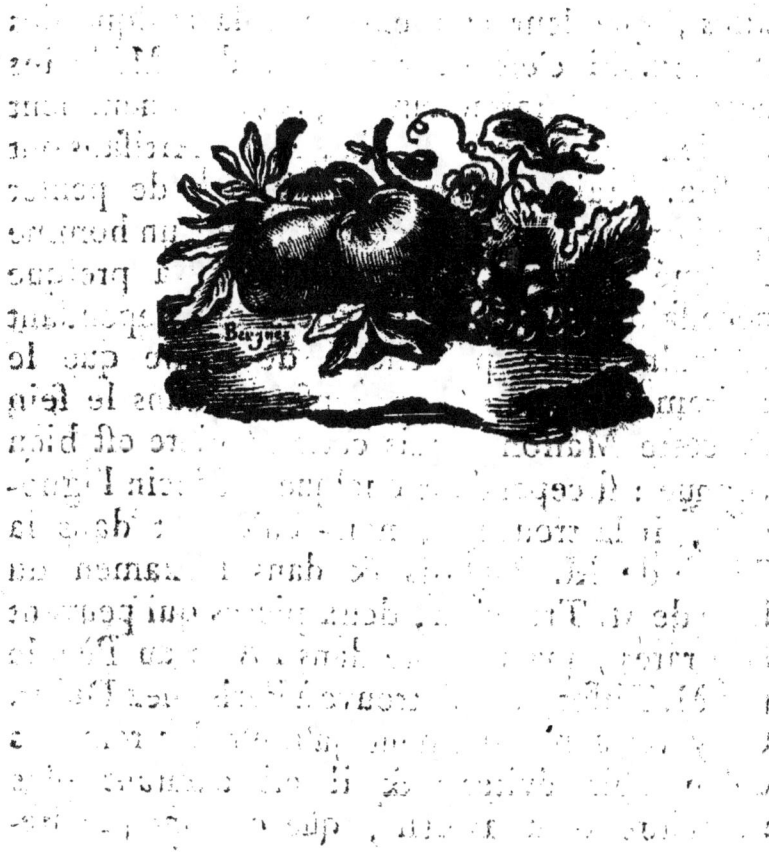

L'ART
DU DOREUR.

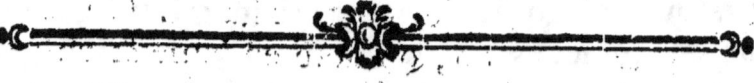

SECONDE PARTIE.

DE tous les êtres que la Nature a fournis au pouvoir de l'homme, il n'en est peut-être pas de plus tourmenté, & sûrement aucun de plus tourmentant que l'or ; la cupidité déchire les entrailles de la terre pour l'en tirer ; à peine l'obtient-elle, qu'il devient en ses mains un Protée qu'elle varie au gré de son caprice. La nécessité a bien fait sans doute de le rendre le moyen unique d'échanges entre toutes les productions terrestres ; mais il appartenoit à l'industrie de l'échanger contre lui-même. Destiné d'abord à n'être dans le commerce que la mesure des valeurs, le luxe en a bientôt fait le prix & l'objet d'une valeur, en inventant la dorure. Comme il annonce l'aisance de son maître, le fastueux, qui ne croit l'être qu'en raison du nombre des surfaces de ce métal épar-

fes avec profusion, fur fes habits, fes bijoux,
fes meubles, fes équipages, pour affocier,
par un accord affez bifarre, l'éclat à la parci-
monie, a trouvé le moyen, à la vérité aux dépens de la folidité, de multiplier ces furfaces
qui fuffifent à l'oftentation; auffi eft-il devenu le
premier befoin de la vanité, & le principal
aliment de l'orgueil.

La Dorure eft l'art d'employer l'or en feuilles, en l'appliquant fur diverfes matieres; on
dore fur métaux en or moulu & en or en feuilles;
on argente avec de l'argent haché. On dore
fur les cuirs; enfin, on dore en huile & en détrempe fur les bois, plâtres, &c. La premiere
maniere appartient à l'Art du Doreur fur métaux, autrement nommé *Damafquineur*; la
feconde concerne les *Doreurs fur cuirs* & les
Relieurs; les *Peintres* ont feuls le droit de façonner la troifieme. C'eft fous ce point de vue
de fa réunion avec la Peinture que nous allons
confidérer ici la Dorure.

On ne peut fe diffimuler que la haute antiquité a ignoré l'Art de la Dorure. L'ufage
étoit anciennement d'enrichir d'or les cornes
des taureaux & des geniffes qu'on immoloit
en facrifice. Homere, dans fon Odyffée, à
l'occafion d'un facrifice offert par Neftor à
Minerve, dit qu'on fit venir un ouvrier pour
appliquer l'or fur les cornes de la victime; cet
homme apporte les outils propres à cette opération, ils confiftent dans une enclume, un
marteau, & des tenailles; Neftor fournit l'or
à cet ouvrier, qui le réduit fur le champ en
lames très-minces; il enveloppe enfuite de ces
lames les cornes de la geniffe. On ne remarque

point dans ce procédé rien qui puisse faire penser que les Grecs connussent l'Art de dorer tel
que nous le pratiquons aujourd'hui , puisque
la seule maniere étoit de revêtir le sujet de
lames d'or minces.

Salomon , qui deux cents ans après bâtit son
Temple, ne paroît pas plus instruit. Tout dans
ce Temple étoit couvert d'or (1) ; mais les
expressions dont se sert le livre , n'annoncent
aucuns des procédés de la dorure ; il n'y est
fait mention d'aucun mordant : on couvroit alors
comme du tems d'Homere. Ces deux faits
positifs nous engagent à regarder comme très-
douteux, ce qu'avance M. de Boze, de l'Académie des Belles-Lettres dans les Mémoires
de cette Compagnie, tom. 14 , pag. 13 , sur
la maniere de dorer des Egyptiens. Il prétend
avoir eu une figure de bronze, représentant
Osiris, singuliérement dorée ; qu'en décompo-
sant cette dorure il avoit trouvé que l'or étoit
appliqué sur une couche de blanc ; que ce blanc
étoit couché sur une sorte de colle parsemée de
brins de paille de riz, qu'on avoit ajouté deux
toiles fines de coton, enduites de colle l'une &
l'autre , pour rendre l'adhérence plus ferme &
prendre plus aisément les contours de la figure ;
que par-dessus on avoit mis une couche de
blanc pour recevoir la dorure. Je sais que M.
de Caylus prétend aussi que les Egyptiens connoissoient la dorure. Quelques Voyageurs , entr'autres Thevenot , parlant des bandes hiéro-

(1) Operuit illud , & vestivit auro purissimo, ver,
10 : nihil erat in templo quod non auro tegeretur, &
totum altare texit auro, liv. 3 , chap. 6.

glyphiques & dorées dont étoient revêtues les Momies, dit qu'ayant déployé une de ces bandes, il trouva que les lettres & figures dorées s'étoient détachées du plâtre ou mordant, à cause de l'humidité ; ce n'est pas assez, selon nous, pour croire que ces Peuples connussent la maniere de dorer comme nous. Cette figure d'Osiris, ces bandes pouvoient bien être dorées, mais l'ont-elles été par les Egyptiens, ou ne l'ont-elles été que depuis ? Voilà la question, qui seroit bientôt résolue, si l'on prouvoit qu'ils la connoissoient.

Pline rapporte qu'on ne commença à dorer à Rome qu'après la ruine de Carthage, & sous la censure de Lucius Mumnius, environ près de neuf cents ans après la bâtisse du Temple de Salomon, & une centaine d'années avant la naissance de J. C. Les lambris du Capitole furent les premiers ouvrages dorés, mais le luxe se répandit des Temples dans les maisons particulieres. Les Romains avoient dès-lors le secret de battre l'or & de le réduire en feuilles minces. Ce que Pline dit là-dessus nous le prouve (1).

_____

(1) Pline dit que d'une feuille d'or, on en faisoit cinq, six ou sept cents feuilles d'or qui avoient quatre doigts en quarré ; il est vrai qu'il ajoute qu'ils en pouvoient faire davantage ; que les plus épaisses s'appelloient *Brac-tes prexnectinæ*, à cause que dans ces lieux là il y avoit une image de la Fortune dorée de ces sortes de feuilles ; & que celles qui étoient de moindre épaisseur s'appelloient *Bractes quæstoriæ*. Nous nous servons aussi de diverses grandeurs de feuilles d'or, qui sont aussi plus fortes les unes que les autres, car il s'en fait dont le millier ne pese pas quatre à cinq gros.

Mais de quelle maniere happoient - ils & fixoient - ils l'or ? Il paroît qu'ils se servoient d'un blanc d'œuf pour le faire tenir sur le marbre & sur les autres corps qui ne pouvoient pas souffrir le feu ; pour le bois, ils faisoient une composition qui s'employoit avec de la colle ; cette composition étoit faite de terre glutineuse, qui happoit l'or , & de maniere qu'on pouvoit le polir : il seroit à souhaiter que leurs secrets ne fussent pas perdus pour nous, puisqu'on voit en Italie des restes de voûtes très-anciennes, où l'or & les couleurs sont encore très-vifs & bien appliqués.

Instrumens du Doreur.

Les Peintres travaillent plusieurs sortes de dorure ; mais avant que d'entrer dans le détail de leurs différentes manieres , il est néces-

---

Les Grecs nommoient la composition qui happoit l'or λευκόφορον , mot Grec qui veut dire un mélange de blanc fait de terre glutineuse qui servoit, suivant les apparences, à faire tenir l'or & souffrir le polissoir, de même que notre assiette : il est mal-aisé de savoir quelles étoient les terres, quoique Pline les nomme ; car tous ceux qui ont écrit sur le *sinopis*, le *sil*, le *melina*, qu'il fait entrer dans cette composition, ne conviennent ni de leur couleur, ni de leur véritable nature. Ce que l'on peut conjecturer , est que le sinopis étoit une terre pareille à notre bol d'Arménie, le sil une espece d'ochre, le melina une matiere qui tiroit son nom de l'isle de Melos : étoit-elle grasse, séche ? on l'ignore. Pline, Isidore, Agricola, disent qu'elle étoit blanche, Dioscoride, dit qu'elle étoit rougeâtre ; quelle que fût sa couleur, il falloit qu'elle fût séche & glutineuse , afin de s'attacher uniquement au bois, & attirer & happer l'or.

faire de faire connoître les inſtrumens & les matieres qui ſervent aux Doreurs, renvoyant au Dictionnaire pour les termes dont ils ſe ſervent.

Les *Pinceaux à mouiller* ſont des pinceaux de poils de petit-gris, qui ſervent à mouiller l'ouvrage afin qu'il puiſſe retenir l'or ; il faut avoir ſoin, lorſqu'on ne s'en ſert plus, de les retirer de l'eau, & de les preſſer pour leur faire faire la pointe.

Les *pinceaux à ramender* ſervent à réparer les caſſures de l'or ; il y en a de différentes groſ-feurs. Ils doivent être ronds, d'un poil très-doux, afin qu'ils ne puiſſent pas endommager l'or en le prenant, & ne point faire la pointe comme les pinceaux du Peintre.

La *palette à dorer* eſt un bout de queue de poil de petit-gris, qu'on diſpoſe dans une carte, & auquel on fait faire l'éventail ; elle ſert à prendre la feuille d'or, mais auparavant il faut la paſſer légérement ſur la joue ſur la-quelle on met de la graiſſe de mouton, qui par-là s'entretient dans une chaleur douce ; le léger frottement qu'on lui fait faire ſur cette graiſſe lui fait happer la feuille d'or qu'on en-leve & qu'on poſe doucement ſur l'ouvrage en haletant un peu par-deſſus pour l'étendre : or-dinairement à l'autre bout de la palette, eſt attaché un autre pinceau qui ſert à appuyer la feuille d'or auſſi-tôt qu'elle eſt poſée.

Le *couſſin* eſt un morceau de bois d'un carré long, ſur lequel on met deux ou trois cardes de bon coton, de l'épaiſſeur de trois doigts, enſuite on étend deſſus une peau de veau dé-graiſſée & paſſée au lait, que les Corroyeurs vendent, & qui ne fert qu'aux Doreurs. Cette peau tendue, l'on attache aux quatre extrémités du carré une feuille de parchemin, qui forme un bordage pour maintenir l'or.

Le *bilboquet* est un petit morceau de bois qui préfente une furface unie, fur laquelle on a adapté de l'écarlate ; on halete deffus, & à fon aide on enleve les bandes d'or qu'on a coupées avec un *couteau* d'une lame large & mince, qui fert à couper l'or. Il fert auffi à dorer les parties droites qu'on ne veut pas qui débordent, ce qui dore plus proprement & plus jufte que la palette.

La *pierre à brunir* eft une pierre fanguine, ou un caillou dur & tranfparent, qu'on affute & polit fur une meule en dent de loup, & qu'enfuite on emmanche dans une virole de cuivre, qui a un manche de bois : il faut bien fe garder de mouiller cette pierre.

Matieres qu'employent les Doreurs.

Les Doreurs fe fervent, comme les Peintres, de blanc de cérufe, de litharge, de terre d'ombre, d'huile d'œillet, d'ochre jaune, de gomme gutte, de ftil-de-grain ; ainfi nous ne reviendrons point fur ces objets, dont nous avons donné déjà des définitions; mais ils employent fpécialement les matieres fuivantes, dont il a été déjà parlé ci-devant, & dont nous n'avons point indiqué la qualité, ni marqué quel devoit en être le choix.

Mine de plomb, eft une efpece de minéral que nous appellons *crayon*, & les Naturaliftes *molybdéne*. Voyez fur fa nature les Differta-

tions de Pott, traduites par M. de Machy ;
elle fert à deffiner, & doit être légere, médiocrement dure, fe taillant aifément, nette,
unie, de couleur noire argentée, luifante : on
la choifit en morceaux de moyenne groffeur,
longs, d'un grain fin & ferré. Elle entre dans
la compofition de l'*affiette*.

Sanguine ou *crayon rouge*, eft une terre rouge, ferrugineufe, qu'on trouve dans les carrieres de Cappadoce : il y en a de plufieurs efpeces ; les unes font d'une feule couleur, les autres font tachées, quelques-unes font cendrées
& graiffeufes, les autres font dures & féches ;
elles fervent aux Ouvriers pour crayonner &
tirer des lignes. On nous apporte d'Angleterre
une autre efpece de *fanguine* qu'on taille facilement pour faire des crayons, qu'on appelle
auffi *crayon rouge*. On doit la choifir rouge,
brune, pefante, compacte, unie, douce au
toucher ; elle entre auffi dans la compofition
de l'*affiette* ; calcinée, elle fert aux apprêts
de la dorure à la grecque.

Le Bol d'Arménie eft une terre onctueufe &
argilleufe, douce au toucher, fragile, de couleur rouge ou jaune, qu'on nous apporte en
morceaux de différentes groffeurs & figures.
On en faifoit venir autrefois du Levant &
d'Arménie ; on l'appelle encore Bol oriental
ou Bol d'Arménie ; mais tout le Bol que nous
voyons & que nous mettons préfentement en
ufage, eft tiré de divers lieux de la France.
Le plus beau & le plus eftimé vient de Blois,
de Saumur, de la Bourgogne : on en trouve
dans plufieurs carrieres autour de Paris, comme
à Bâville, à Meudon, qui, quand il eft bien

rouge, eſt aſſez recherché. On choiſit le bol
net, non graveleux, doux au toucher, rouge,
luiſant, s'attachant aux levres quand on l'en
approche : il ſert auſſi à l'aſſiette.

Rocou, eſt une pâte ſéche, ou un extrait
qu'on a tiré par infuſion ou macération des
grains contenus dans la gouſſe d'un arbre cultivé dans toutes les iſles de l'Amérique, &
qu'on appelle communément *Urucu* ou *Rocou*.
Il faut choiſir la pâte de *Rocou* ſéche, haute en
couleur, rouge, d'une odeur forte & aſſez dé-
ſagréable.

Le *Saffran* eſt le piſtil de la fleur d'une plante
qu'on cultive en pluſieurs endroits de la France,
& ſur-tout dans le Gâtinois. Il faut le choiſir
nouveau, bien ſéché, mais mollaſſe & doux
au toucher, en longs filets, de très-belle couleur rouge, les moins chargés de parties jaunes,
fort odorant, d'un goût balſamique, agréable. On le conſerve dans des boîtes bien fermées. Le Saffran & le Rocou s'employent pour
faire des *vermeils*.

Ces différentes ſubſtances combinées entr'elles, donnent des compoſitions qui ſervent
aux Doreurs dans les cas que nous allons indiquer ici.

Il eſt néceſſaire de remarquer que pour appliquer l'or ſur un ſujet quelconque, il faut
auparavant étendre ſur ce ſujet quelques matieres ou liqueurs qui happent & retiennent
la feuille du métal. Comme il y a deux manieres de dorer, ainſi que nous allons le dire;
ſavoir, en détrempe & à l'huile, il y a auſſi
deux ſortes de compoſitions pour happer l'or,
une pour chacune de ces deux procédés. L'aſ-

siette est la composition qu'on employe pour retenir la feuille d'or, lorsqu'on veut brunir la dorure en détrempe : comme l'or couleur, le mordant & la mixtion, servent à retenir l'or dans les dorures à l'huile, dont nous allons aussi parler.

L'*Assiette* est une composition sur laquelle on asseoit l'or ; elle est composée de bol d'Arménie, d'un peu de sanguine, très-peu de mine de plomb & de quelques gouttes d'huile d'olive, plus ou moins, selon que la dose en est forte, ce qui peut former une demi-cuillerée d'huile sur une livre de drogues mêlées ensemble. Les drogues doivent être broyées séparément, chacune à part, avec de l'eau de riviere très-limpide ; quand elles sont séches, on les mêle toutes avec de l'huile d'olive, & on les rebroye toutes ensemble : on la détrempe ensuite dans la colle pour la coucher, comme on le verra. L'assiette bien gouvernée & bien faite donne la beauté à la dorure.

Le *Vermeil* est un liquide qui donne du reflet & du feu à l'or, & qui fait paroître l'ouvrage vermeillonné comme s'il étoit doré d'or moulu ; on le compose avec une partie de sang de dragon (1), du rocou, de gomme gutte, du beau saffran, & de cendres gravelées qu'on fait bouillir ensemble dans de l'eau, en

_____

(1) Dose : Rocou, deux onces ; gomme gutte, une once ; vermillon, une once ; sang de dragon, une demi-once ; cendres gravelées, deux onces ; dix-huit grains de beau saffran. On fait bouillir le tout dans une pinte d'eau à petit feu, jusqu'à ce qu'il soit réduit à trois demi-septiers.

consistance

confistance d'une liqueur qu'on passe par un tamis de soie ou mousseline : chaque fois qu'on l'employe, on y introduit un quart d'eau de gomme arabique, qui se compose avec un quarteron de gomme fondue dans une pinte froid.

L'*Or couleur* est le reste des couleurs broyées & détrempées à l'huile, qui se trouvent dans les pinceliers sur lesquels les Peintres nettoyent leur pinceau. Cette matiere, extrêmement grasse & gluante, ayant été rebroyée & passée par un linge, sert de fond pour y appliquer l'or en feuilles. On couche cet or couleur sur la teinte dure avec un pinceau, comme si l'on peignoit : il faut observer que plus il est vieux, plus il est onctueux. On le laisse dans un vase vernissé, ou une boîte de plomb, pendant l'espace d'une année au soleil.

L'on fait aussi une sorte d'or couleur très-beau, avec du blanc de céruse, de la litharge, un peu de terre d'ombre broyée à l'huile d'œillet, qu'on détrempe ensemble avec la même huile, en confistance fort liquide, qu'on expose aussi au soleil pendant l'espace d'une année.

« Quelque bonnes que puissent être ces » methodes, les Doreurs Anglois, dit l'En- » cyclopédie, aiment mieux se servir d'ochre » jaune broyé avec de l'eau, qu'ils font sécher » sur une pierre à craye, après quoi ils les » broyent avec une quantité convenable d'huile » grasse & dessicative, pour lui donner une » confistance nécessaire ; ils donnent quelques » couches de cette composition à l'ouvrage » qu'ils veulent dorer : & lorsqu'elles sont » presque séches, mais encore assez onctueuses

K

» pour retenir l'or , ils mettent les feuilles
» par-deſſus ». Cet or, quoi qu'en diſe l'Auteur de cet article , ne vaut ſûrement pas celui
dont nous nous ſervons.

Mordant eſt une compoſition dont on ſe ſert
quelquefois pour dorer à l'or mat , ſur-tout
lorſqu'on eſt preſſé , & qu'on employe pour
bronzer. On le fait avec du bitume de Judée,
de l'huile graſſe , on y incorpore de la mine
de plomb , & on l'éclaircit avec de l'eſſence ;
d'autres mettent ſimplement du vernis gras ,
mais il fait moins d'effet.

Depuis ſept à huit ans , les habiles ouvriers
ont renoncé à ſe ſervir d'or couleur & de mordant pour les dorures à l'huile , & ſe ſervent
d'une compoſition qu'ils appellent *mixtion.*
C'eſt une liqueur préparée , que chacun fait
à ſa guiſe ; mais qui, lorſqu'elle eſt bien faite ,
l'emporte de beaucoup & ſur les ors couleurs ,
& ſur les mordans , en ce qu'elle ne fait aucune épaiſſeur , & ne laiſſe appercevoir aucune
ſoudure des feuilles d'or.

Vernis à la laque eſt un liquide qu'on prépare pour dorer quand on eſt très-preſſé , &
pour bronzer : il ſe compoſe en faiſant fondre
au bain-marie , trois onces de gomme laque
plate dans une pinte d'eſprit-de-vin. Ce liquide, qui n'a ni conſiſtance ni brillant, eſt mal-
à-propos nommé vernis ; il ſert dans les
apprêts de dorure pour dégraiſſer les couleurs
à l'huile , & les diſpoſer à recevoir l'or avant
que de coucher de mixtion.

DE LA DORURE.

On trouve dans différens volumes nombre de procédés de Dorure ; mais j'ose le dire avec confiance, à citer même l'Encyclopédie, le Dictionnaire des Arts, sans en excepter celui du sieur Jaubert, de l'Académie de Bordeaux, le Livre des Secrets des Arts & Métiers, aucun ne les a suffisamment détaillés ; le public peut comparer leurs descriptions aux miennes, & sûrement il se déterminera à croire mes procédés & plus sûrs & plus exacts. Peut-être trouvera-t-on que je m'arrête trop sur les détails ; mais, je l'ai déjà dit, la mal-adresse seule est prompte, l'habileté lente, & la perfection minutieuse.

La Dorure s'applique ou en détrempe ou à l'huile, selon que les sujets sont disposés à la recevoir : c'est de cette derniere dont on se sert ordinairement pour dorer les dômes, les combles des Eglises, des Basiliques, des Palais, & les figures de plâtre ou de plomb qu'on veut exposer à l'air & aux injures du tems ; elle ne craint point l'humidité, aussi l'applique-t-on sur toutes sortes de métaux, comme grilles, balcons, sur les équipages, où elle résiste même à être lavée tous les jours, sans crainte d'être emportée. La Dorure en détrempe se fait avec plus d'apprêts, & sûrement avec plus d'art : il est constant néanmoins qu'elle ne peut être employée en autant de sujets que la premiere ; quelques ouvrages de sculpture, de stuc, de bois, des boîtes de cartons, quelques parties d'appartemens, font les seuls qu'on dore

à la colle, encore faut-il qu'ils foient à couvert,
ne pouvant réfifter ni à la pluye ni aux impref-
fions de l'air, qui la gâtent & l'écaillent aifément : mais auffi quelle délicateffe ! quel
fini ! La Dorure à l'huile a, pour ainfi dire, par-
tout la même phyfionomie ; l'autre au contraire
par fes ombres, fes reflets, fon bruni, fon mat, fes
nuances, vit & refpire ; elle imite & peint tout :
dans les mains de l'infortuné Midas, tout ce
qu'il touchoit fe changeoit en or, dans celles
du Doreur habile. l'or devient tout ce qu'il
veut.

C'eft ici l'occafion de combattre un préjugé
trop généralement adopté, que les Dorures
anciennes étoient plus belles que les nôtres.
S'il étoit queftion de la folidité, on en conviendroit ; parce qu'effectivement les Anciens
employoient de l'or bien plus épais ; mais nos
ouvrages font certainement bien fupérieurs aux
leurs, pour l'agréable & le fini. Leur fculpture étoit lourde, matte ; nulle idée, nulle
grace, nulle précifion dans leur deffin : la
Dorure n'étoit pas mieux conduite ; conful-
tant peu l'effet de la fculpture, ne fachant pas
réparer, ils bruniffoient tout pour donner à tout
de l'éclat ; à peine y voyoit-on des mats, des
reflets ; aujourd'hui fous le cifeau de l'induftrieux
Sculpteur, le bois parle & s'anime ; le Doreur
par les traits fins de la réparure, lui rend fon
expreffion, fon langage ; la rofe épanouie, le
bouton prêt d'éclore, le naiffant feuillage, le
lierre rampant, la gerbe abondante, le pampre,
la grappe du joyeux buveur, toutes les richeffes
de Flore, les dons de Cérès, les préfens de
Pomone ; ce velouté, cette fraîcheur, ce glacis

charmant que la nature répand fur tout ce qu'elle anime, font aujourd'hui fupérieurement rendus, multipliés par deux Arts jaloux & imitateurs.

Cinq fections diviferont ce chapitre ; la premiere indiquera les procédés de la Dorure en détrempe , & tout ce qui y a rapport : la feconde, ceux de la Dorure à l'huile : dans la troifieme , nous enfeignerons la maniere de faire les fonds aventurinés, & les fonds d'or & d'argent glacés. Comme il appartient aux Doreurs de bronzer les ferrures qui font dans un appartement, nous donnerons dans la quatrieme fection, la maniere de bronzer les fers, ferrures & cartels : enfin, la derniere traitera de la façon de nettoyer les vieilles Dorures, comme celle des cadres, bordures de tableaux, moulures de tapifferies, & de leur rendre leur premier luftre.

SECTION PREMIERE.

De la Dorure en détrempe.

La Dorure s'applique, comme nous venons de le dire , fur toutes fortes de fujets, comme bois , plâtres , pierres , &c. mais il faut difpofer le fujet à les recevoir, c'eft-à-dire, rendre d'abord leur furface unie , égale , enfuite y coucher quelques matieres qui puiffent happer l'or. Ces apprêts font les mêmes que ceux de la Peinture vernie-polie ; cependant nous les répéterons pour décrire en entier les procédés , en diftinguant avec foin les opérations , & pour les rendre plus fenfibles, nous les détaillerons en entier ; enfuite nous en-

feignerons la maniere de dorer de différens
ors, de faire l'or mat repaſſé, de dorer à la
grecque & d'argenter.

La Dorure en détrempe demande à être
faite dans des atteliers où l'on puiſſe ſe garantir de l'ardeur du ſoleil ; la grande chaleur
de l'été y eſt contraire : de même il faut
éviter de travailler dans des endroits trop humides, écarter les mauvaiſes haleines, les
odeurs mal-faiſantes, & ſur-tout éloigner certaines perſonnes du ſexe dans leurs tems critiques.

Il y a dix-ſept opérations principales pour
finir un ouvrage de dorure en détrempe ; ſavoir,
encoller, blanchir, reboucher & peau de
chienner, adoucir & poncer, réparer, dégraiſſer, prêler, jaunir, égrainer, coucher
d'aſſiette, frotter, dorer, brunir, matter,
ramender, vermeillonner & repaſſer. Pluſieurs
de ces opérations demandent à être réitérées :
nous allons les décrire toutes.

A R T I C L E   P R E M I E R.

Maniere de Dorer en détrempe des Baguettes,
Moulures de tapiſſeries, Cadres de tableaux,
& autres Ouvrages deſtinés à reſter dans les
intérieurs.

Premiere Opération.

ENCOLLER : Faites bouillir dans une pinte
d'eau une bonne poignée de feuilles d'abſyn-
the, & deux ou trois têtes d'ail. L'eau réduite à moitié, paſſez ce jus par un linge,
ajoutez-y une demi-poignée de ſel & un demi-

feptier de vinaigre : mêlez quantité égale de cette composition, faite pour préferver le bois de la piquure des vers, & tuer ceux qui pourroient y être, avec autant de bonne colle bouillante, pour l'employer dans cet état : encollez vos bois bien chaudement avec une broffe courte de fanglier. Cette premiere opération, comme nous l'avons dit à l'article de la détrempe vernie-polie, page 178, auquel nous renvoyons, fert à dégraiffer le bois, & à le difpofer à mieux recevoir les apprêts.

Quand on dore fur la pierre ou le plâtre, au lieu d'un feul encollage que nous indiquons ici, il faut en donner deux ; le premier de colle foible & bouillante, pour qu'elle entre bien dans la pierre & l'humecte fort ; le fecond doit être plus fort de colle : mais ne mettez pas de fel dans l'un ou l'autre de ces encollages, parce que le fel pouffe une pouffiere faline fur la Dorure lorfque la pierre ou le plâtre font expofés dans des endroits humides : on ne peut s'en difpenfer pour le bois.

Seconde Opération.

APPRÊTER DE BLANC : Faites bien chauffer une pinte de très-forte colle de parchemin à laquelle vous aurez joint un demi-feptier d'eau ; faupoudrez-y deux bonnes poignées environ de blanc de Bougival pulvérifé & paffé au tamis de foie ; laiffez-le une demi-heure s'infufer, après quoi vous le remuerez bien ; donnez-en une couche très-chaude fur l'ouvrage, en *tapant* bien finement, de crainte qu'il ne refte d'épaiffeur dans quelques endroits : il faut de

K iv

même en tapant, aller dans les fonds de sculpture avec une petite brosse ; que cette couche de blanc soit donnée légérement, & néanmoins que le bois en soit si bien atteint qu'on ne l'apperçoive plus.

Prenez ensuite de la forte colle de parchemin, saupoudrez-y du blanc à discrétion, aussi pulvérisé & tamisé, jusqu'à ce qu'on ne voye plus la colle paroître, qu'elle en soit couverte d'un bon doigt environ. Couvrez votre pot, ne l'approchez du feu qu'autant qu'il le faut pour le maintenir dans un état de tiédeur : demiheure après infusez votre blanc, qui doit être remué avec la brosse jusqu'à ce qu'on ne voye plus de grumeaux, & que le tout soit bien mêlé. Quand le blanc est un peu chaud, *tapez*-en avec une brosse, comme à l'encollage cidessus, très-finement & également ; car si le blanc étoit trop épais, l'ouvrage seroit sujet à bouillonner : donnez-en ainsi sept, huit ou dix couches, selon que l'ouvrage & la défectuosité des bois & sculptures peuvent l'exiger, ayant soin que les parties saillantes qui doivent être brunies, soient bien garnies de blanc, car le bruni de l'or en est plus beau.

Il faut bien prendre garde de ne point appliquer de nouvelles couches que la derniere ne soit bien séche, ce qu'on reconnoît en posant le dos de la main ; il faut aussi avoir grand soin que les huit ou dix couches cidessus soient bien égales entr'elles, c'est-à-dire, que la colle soit dans toutes de la même force, & que la quantité de blanc qu'on y infuse soit la même : car s'il arrivoit qu'on mît une couche forte sur une plus foible, la premiere n'étant pas en état de là foutenir, l'ouvrage tomberoit par écailles.

La derniere couche de blanc doit être d'une bonne chaleur, & donnée un peu plus clair, en adouciffant légérement avec la broffe.

Troifieme Opération.

REBOUCHER ET PEAU-DE-CHIENNER. Entre les couches de blanc il faut abbattre les petites boffes, boucher les défauts & autres défectuofités qui peuvent fe trouver dans les bois, ce qui fe fait avec un maftic compofé de blanc & de colle, qu'on appelle *gros blanc*; enfuite avec une peau de chien de mer, on ôte les barbes du bois.

Quatrieme Opération.

PONCER ET ADOUCIR. Vos couches de blanc féches, taillez uniment des pierres-ponces en les ufant fur un carreau, formez-en de plates pour adoucir le milieu des panneaux, & de rondes pour aller dans les moulures : taillez auffi de petits bâtons de bois blanc très-minces, pour vuider les moulures qui peuvent être engorgées de blanc.

Adouciffez l'ouvrage, en n'en mouillant que petite partie à petite partie avec une broffe, & avec vos pierres-ponces & vos petits bâtons; adouciffez & poncez, c'eft-à-dire, frottez légérement les parties blanchies, ce qui liffe la furface & la rend douce au toucher, en même-tems avec une broffe qui foit douce & qui ait fervi au blanc; lavez à mefure que

vous adouciffez , pour ôter la bourbe qui fe
forme par-deffus ; pompez l'eau avec une petite
éponge , évitez qu'il en refte, & enlevez bien
légérement avec le doigt tous les petits grains
qui pourroient s'y trouver. Cette opération
prépare la beauté de l'ouvrage. Paffez par-
deffus un linge ou toile rude pour nettoyer
le tout , ayant foin que les parties quarrées,
ainfi que les tranches, foient très-unies, & que
les onglets foient bien évuidés & bien coupés
d'angle.

Cinquieme Opération.

Réparer. L'ouvrage adouci, poncé & fec,
pour rendre à la fculpture fa premiere beauté,
en lui reftituant les coups fins & délicats du
cifeau , on la répare , ce qui fe fait avec des
fers tournés en forme de crochets de différentes
efpeces, avec lefquels on retrace tous les li-
néamens de la fculpture , & on dégorge les
moulures ; c'eft ce qu'on appelle *refendre &
réparer*, ce qui doit fe faire avec beaucoup
de foin. Un habile Répareur fait paroître fur
le blanc tous les traits de la fculpture , comme
fi elle fortoit des mains du Sculpteur.

Sixieme Opération.

Dégraisser. On dégraiffe : dégraiffer eft
rendre au blanc fa premiere propreté. La
réparure qui exige ordinairement un tems affez
confidérable, occafionne fur le blanc beaucoup
de frottement des mains , ce qui ternit &
graiffe le blanc. On le nettoye, ou on le dégraiffe avec un linge mouillé qu'on paffe lé-

gérement sur les parties qui doivent être mattes & brunies, ne passant qu'une brosse douce & mouillée sur les réparures; on lave le tout avec une petite éponge douce, en prenant garde qu'il ne reste aucuns grains ou poils de brosse.

Septieme Opération.

PRESLER. L'ouvrage sec, prêlez légérement, c'est-à-dire, lissez bien toutes les parties unies avec de la prêle, ayant soin de ne pas user le blanc.

Huitieme Opération.

JAUNIR. Mettez dans un demi-septier de bonne colle de parchemin nette, blanche, claire comme un crystal; & quand elle est figée, de moitié moins forte que la colle au blanc, deux onces d'ochre jaune broyé très-fin à l'eau, lequel, détrempé dans la colle chaude, vous laisserez reposer.

Lorsque le jaune sera précipité au fond, vous passerez le dessus au travers d'un tamis de soie, ou d'une mousseline fine, ce qui doit vous donner une teinture jaune: faites chauffer cette teinte, & employez-la très-chaude, avec une brosse très-douce & bien nette, & jauniffez tout l'ouvrage; ne le frottez pas trop long-tems, vous détremperiez le blanc, & lui feriez perdre les traits fins de la réparure, ce qui gâteroit le tout.

Cette teinte jaune sert à remplir les fonds, où quelquefois l'or ne peut pas entrer; il sert aussi de mordant pour tenir l'assiette & happer l'or.

Neuvieme Opération.

EGRAINER. Le jaune posé & bien sec, avec
de la prêle frottez légérement tout l'ouvrage
pour en ôter les grains & poils de brosse qui
peuvent s'y trouver ; toute la surface doit être
lisse , unie , sans la moindre inégalité.

Dixieme Opération.

COUCHER D'ASSIETTE. Détrempez l'*assiette* ,
préparée comme nous l'avons dit page 140 ,
dans de la colle légére de parchemin , très-
belle & très-nette , passée & tamisée pour qu'il
n'y ait aucune matiere étrangere , que vous
aurez un peu fait chauffer ; donnez-en trois
couches avec une petite brosse de soie de porc
très-longue , très-mince , faite exprès , dont
le poil soit très-doux ; étendez les couches
sur les parties que vous voulez brunir , & sur
celles qui doivent rester mattes , évitant d'en
laisser entrer dans les fonds.

Onzieme Opération.

FROTTER. Les trois couches d'assiette séches,
frottez avec un linge neuf & sec , dans les
grandes parties unies les endroits qui doivent
rester mats , ce qui fait que l'or que l'on ne
doit point brunir s'étend , devient brillant ,
& fait couler l'eau dessous sans tacher quand
on dore.

Donnez ensuite sur les parties qui n'ont point
été frottées avec le linge , & qu'on veut brunir

deux couches de la même affiette , détrempée
à la colle , dans laquelle vous verferez une petite
goutte d'eau pour la rendre plus douce : l'ouvrage alors eft prêt à recevoir l'or.

Dou₂ieme Opération.

DORER. Prenez de l'or très-beau , d'égale
couleur & point piqué : il s'en vend en livret
depuis le prix de foixante-dix livres le millier
de feuilles , jufqu'à cent cinquante ; les ors
les plus ufités dans la Dorure font depuis
quatre-vingt jufqu'à cent vingt livres.

Vuidez un livret d'or fur votre couffin ,
enfuite avec des pinceaux de différentes groffeurs , proportionnés à la place que vous voulez
dorer , mouillez votre ouvrage avec de l'eau
claire , pure , nette , & fur-tout très-fraîche ;
car dans l'été on y ajoute de la glace : il faut
changer d'eau de demi-heure en demi-heure ,
ne mouillant qu'à mefure la place où vous
voulez pofer l'or ; obfervez de dorer les fonds
avant les parties fupérieures & éminentes.

La feuille pofée , faites paffer avec un pinceau
de l'eau derriere la feuille que vous venez de
pofer , en appuyant fur le petit bord , évitant
qu'il n'en paffe par deffus , ce qui tacheroit l'or ,
fur-tout aux parties qu'on veut brunir , cette
eau étend la feuille ; enfuite on halete deffus
légérement ; retirez l'eau qui auroit pu s'amaffer
avec le bout d'un pinceau , car elle feroit
détremper l'affiette & les apprêts de deffous.

Trei₂ieme Opération.

BRUNIR. Laiffez fécher la partie dorée

pour brunir celles que vous avez difpofé à cet effet, ayant foin que l'ouvrage ne foit pas trop fec, ce qui rendroit le bruni moins beau, mais auparavant paffez la pierre dans les filets quarrés pour appuyer l'or , qui quelquefois s'éleve en cloche.

Paffez encore un pinceau de poils longs & très-doux bien légérement fur l'ouvrage , pour ôter la poufliere qui pourroit y être tombée , enfuite avec votre pierre à brunir , allez & revenez deffus votre ouvrage , appuyant le pouce gauche fur la pierre même pour la maintenir, de crainte qu'elle ne s'échappe & n'aille toucher les parties qui ne doivent pas être brunies ; mouillez l'endroit bien légérement avec un petit pinceau , appliquez-y un petit morceau d'or , que vous brunirez quand il fera fec.

Quatorzieme Opération.

MATTER. Vos parties brunies, il faut matter les autres , ce qui fe fait en donnant avec un pinceau une couche légere & douce de colle de parchemin, belle, nette, fans aucune partie terreufe , bien tamifée, d'une confiftance moitié forte, de la colle pour le jaune, Opér. 8 , & chaude fans qu'elle le foit trop , de crainte d'enlever l'or , ne paffant qu'une feule fois deffus l'or , & entrant bien dans les petits fonds & refends de fculpture, ce qui matte & appuye l'or.

Quinzieme Opération.

RAMENDER. Il arrive quelquefois que le

Doreur a oublié de mettre l'or dans des petits fonds, ou qu'en paſſant la colle il enleve quelques petites parties d'or; alors il faut en couper une feuille ſur le couſſin par petits morceaux, le poſer avec un pinceau à ramender, après avoir mouillé la place où il manque avec un petit pinceau un peu trempé; lorſque le ramendage eſt ſec, paſſez un peu de colle ſur chaque endroit; c'eſt ce qui s'appelle *ramender*.

Seizieme Opération.

VERMEILLONNER. Trempez dans votre vermeil un pinceau très-fin, & vermeillonnez tous les refends, les quarrés & les petites épaiſſeurs, ayant grand ſoin de n'en point mettre trop à nage, ce qui formeroit des noirs: il faut paſſer légérement, avec goût & propreté, ne faire que gliſſer ſimplement ſur l'or: cette opération donne à l'ouvrage du reflet, & une couleur d'or moulu.

Dix-ſeptieme Opération.

REPASSER. Avec de la colle à matter, paſſez ſur tous vos mats, une ſeconde couche de colle plus chaude que la premiere; cela s'appelle *repaſſer*: c'eſt ce qui appuye & termine l'ouvrage.

On n'aura pas de peine ſans doute à croire après de pareils détails, que la Dorure en détrempe demande une attention bien vigilante & un tems infini, ſur-tout lorſqu'on conſidere que chaque opération exige d'aſſez longs intervalles Qu'on ne s'imagine pas que ce ſoit

un chalatanifme de ma part pour donner un air
d'importance à l'ouvrage ; je certifie avec confiance aux Amateurs , que je n'ai point été
prolixe , que les détails font exacts , & qu'ils
font néceffaires & effentiels pour la perfection.
Je fais que l'ignorance , l'avidité du gain ou
la néceffité les facrifient fouvent , & que , ou
pour s'épargner des foins , ou multiplier les
produits , on vend dans beaucoup d'endroits
des Dorures à toutes fortes de prix ; mais il
eft facile de connoître l'ouvrage que l'impéritie
dirige ou que le befoin commande.

ARTICLE SECOND.

Maniere de Dorer de différens ors.

Comme on a fu donner à l'or différens tons,
on peut de même fuivant ces tons , varier les
nuances de la Dorure ; le goût doit diriger
ces opérations : tous les apprêts font les mêmes
que ceux que nous venons de décrire jufqu'à
la huitieme opération , mais on change les
fonds fuivant la couleur de l'or ; il faut obferver feulement qu'en couvrant l'ouvrage de
jaune , il faut réferver en blanc , qui eft le
fond de la Dorure , les parties qui doivent
être dorées d'or verd , ou d'or citron.

Pour dorer en or verd , donnez fur ce blanc
réfervé & qui n'a pas été jauni , une couche
d'un peu de blanc de cérufe broyé très-fin à
l'eau , d'un peu de bleu de Pruffe tendre , &
d'un peu de ftil-de-grain , tous deux auffi
broyés à l'eau féparément , lefquels combinés
entr'eux donneront un verd d'eau de la couleur
de

de l'or verd ; détrempez le tout avec de la même colle dont vous vous êtes fervi pour le jaune ; laiffez-le repofer , & ne vous fervez que du deffus , qui doit vous donner une teinte claire.

Si vous préférez une teinte citron , chargez le fond de la cérufe d'un peu de ftil-de-grain , que vous broyerez de même très-fin à l'eau , & détremperez à la colle ; mettez une couche fur l'endroit réfervé en blanc.

L'ouvrage fini & doré , il faut de même faire des vermeils verds ou citrons ; pour le verd , compofez-le avec de la gomme gutte & très-peu de bleu de Pruffe , pour lui donner le ton verd : pour le citron , éclairciffez le vermeil que nous avons indiqué page 140 , en introduifant du jus de gomme gutte que vous y aurez fait fondre , paffez de ces vermeils dans les petits refends.

ARTICLE TROISIEME.

Maniere de Dorer un Sallon.

Lorfqu'on veut dorer un fallon , pour donner du reflet à l'or , on le peint ordinairement en un beau blanc de Roi , comme nous l'avons indiqué page 83 ; il faut d'abord apprêter de blanc les lambris , les corniches , les ornemens & toutes les parties qu'on veut peindre & dorer : tous les apprêts de blanc finis , (on a vu qu'ils font les mêmes pour la Dorure que pour la Peinture ,) il faut , avant que de peindre les fonds , procéder à la Dorure ; car fi l'on commençoit par peindre les fonds , on courroit

L

rifque de les falir en y jettant de l'eau , & fi l'on jettoit du vernis fur les apprêts de blanc de Dorure , on les gâteroit.

Quand les parties deftinées à être dorées le font, on peint les fonds de la teinte décidée, en rechampiffant avec de petites broffes , & prenant garde de jetter des couleurs fur l'or, qu'on feroit difparoître

En approchant des parties dorées, on pofe la couleur avec de petits pinceaux très-fins , en coupant bien nettement l'or qui paroît *bavocher.*

ARTICLE QUATRIEME.

De la Dorure d'or mat repaffé.

Dans les ouvrages preffés , ou lorfqu'on ne veut pas engager du blanc dans de très-belles fculptures , on ne fait que donner un encollage blanc , clair , à deux couches feulement, enfuite on nettoye proprement les grains de l'ouvrage , en adouciffant légérement : on couche de jaune , & l'on pofe l'or comme ci-deffus ; on donne deux couches de colle à matter par deffus. On conçoit que cette Dorure ne peut jamais avoir la beauté ni le fini de celle que nous avons ci-deffus décrite , puifqu'elle ne reçoit aucun apprêt , & qu'elle ne préfente par-tout que des parties mattes : c'eft ce qui lui a fait donner le nom *d'or mat repaffé.*

ARTICLE CINQUIEME.

De la Dorure à la Grecque pour Meubles, Canapés, Fauteuils.

Cette façon de dorer, à laquelle on a donné le nom *de dorure à la grecque*, n'a reçu cette dénomination que parce qu'elle a été mise en usage durant le regne très-court d'une mode qu'on appelloit il y a 10 à 12 ans *à la grecque*. Comme dans nos coutumes tout reçoit la loi de ce captieux despote, & que l'invention la plus utile comme l'ajustement le plus ridicule, lui donnent souvent des noms qui n'ont nul rapport avec eux, nous rendons compte exprès de l'origine du nom donné à la dorure que nous allons décrire, pour épargner aux Savans qui naîtront dans quelques siecles, la peine des dissertations à perte de vue sur l'origine du mot *dorure à la grecque*; & d'aller, par exemple, faire les honneurs de cette découverte, à l'époque du siege de Troye.

La dorure à la grecque, qui est, comme nous le disons, d'une invention très-moderne, a ses avantages & ses inconvéniens; elle exige moins d'apprêts que l'or bruni, conséquemment les sculptures & moulures ne sont pas sujettes à être autant engorgées de blanc. Le bruni qu'elle souffre est moins brillant, mais aussi ses mats sont plus beaux : cette beauté lui vient de ce que ces mats se font à l'huile, après le bruni, & qu'ensuite on les vernit. Enfin, cette dorure, qu'on employe plus communément pour les meubles, a l'avantage ines-

L ij

timable de ne point s'écailler , d'être flexible
au coup de marteau , & de pouvoir être lavé.
Son inconvénient eſt d'être très-dangereuſe à la
ſanté des ouvriers ; les calcinations des matieres
qu'on y fait ſervir occaſionnent ſouvent des
maladies très-aiguës. Comme nous ne voulcns
rien laiſſer ignorer ſur la dorure , nous allons
décrire les procédés de cette derniere.

1°. Donnez un encollage à la colle d'ail
comme à la dorure d'or bruni , pag. 150.

2°. Calcinez extraordinairement de la ſan-
guine , juſqu'à ce qu'elle ait perdu ſa dureté.
Calcinez auſſi du blanc de céruſe & du talc ;
broyez chacune de ces drogues ſéparément ,
très-fin , à l'eau pure & nette , mêlez-les enſemble , & rebroyez-les de même à l'eau.

3°. Détrempez ces couleurs ainſi broyées
avec de la colle très-chaude & très-forte , plus
forte que la colle du blanc de dorure ; mêlez-y
un tiers de blanc de Bougival , auſſi infuſé à la
colle.

4°. Donnez deux ou trois couches de cette
teinte dure en tapant , & une troiſieme en adouciſſant.

5°. Dégorgez l'ouvrage avec des fers , ré-
parez-les , & adouciſſez toutes les parties , de
même qu'on adoucit le blanc de dorure.

6°. Couchez l'aſſiette ſur les endroits que vous
voulez brunir , de même qu'à l'or bruni.

7°. L'aſſiette couchée , appliquez l'or aux
endroits que vous avez deſtiné à brunir ; laiſ-
ſez-le ſécher , paſſez enſuite un pinceau légérement deſſus , pour ôter la pouſſiere , &
bruniſſez.

8°. L'ouvrage bruni , il faut , ſur les parties

qu'on veut matter , donner trois ou quatre couches de vernis à la gomme laque; quand elles font féches, poliffez-les avec un peu de prêle, prenant garde de gâter les parties brunies.

9°. Couchez bien exactement l'or couleur, le mordant ou la mixtion; pénétrez dans les fonds , en bordant bien jufte les endroits brunis.

10°. Lorfqu'il eft bien fec, il faut, ainfi qu'à l'or mat, appliquer l'or.

11°. Quand l'or eft à fon tour bien fec, pofez un vernis à l'or à l'efprit-de-vin, qu'on chauffe à mefure qu'on l'applique avec un *ré-chaud de Doreur*; enfuite donnez deux ou trois couches de vernis gras.

Il faut obferver avant que de vernir, que s'il y avoit quelques parties qui n'euffent pas voulu prendre l'or, comme le fond eft brun, il faudroit pofer de l'or en coquille avec un petit pinceau, pour paffer dans les petits fonds.

ARTICLE SIXIEME.

De l'Argenture.

On argente les ouvrages de fculpture de même qu'on les dore ; les apprêts font les mêmes que ceux de l'or bruni. Quand l'ouvrage eft bien apprêté, adouci, réparé: 1°. Donnez une couche de beau blanc de plomb broyé bien fin à l'eau & détrempé à la colle , ce qui fe fait comme lorfqu'on jaunit, Opér. 8.

2°. Broyez enfuite du blanc de plomb très-fin à l'eau, & détrempez-le avec de la colle plus foible ; donnez - en deux couches fur les parties que vous voulez brunir, ce qui servira d'assiette.

3°. Argentez l'ouvrage avec de l'argent en feuilles.

4°. Brunissez les parties.

5°. Quand elles sont séches, prenez de la colle, dans laquelle vous mettrez de l'*argent moulu*, & vous en passerez sur tous les endroits que vous voulez qui soient mats, & dans les refends où l'argent en feuille n'aura pas pu entrer.

6°. L'ouvrage fini, si vous voulez en faire sur le champ un ouvrage doré, donnez une légére couche de colle à matter, dans laquelle vous détremperez un peu de vermeil ; ensuite quand elle sera séche, passez dessus un beau vernis à l'or. L'argenture est susceptible du mauvais air ; si on veut conserver sa couleur d'argent, il faut y passer un vernis à l'esprit-de-vin.

Fonds fablés.

Il arrive quelquefois qu'on demande des fonds fablés dans les parties dorées d'or bruni ou d'argent bruni. Ces fables se font en passant sur l'endroit que l'on destine, une couche de blanc fort clair, fort léger, à bonne colle ; ensuite l'on seme du fable fin passé au tamis, de la grosseur dont on veut que le fond soit fablé, on retourne le sujet qui rejette le fable qu'il ne peut pas retenir ; quand il est sec, on y passe une couche de blanc fort clair à bonne colle, & le fond fablé se trouve prêt. Cela se fait sur le blanc d'apprêt, avant que de jaunir l'ouvrage.

SECTION SECONDE.

De la Dorure à l'huile.

La Dorure en détrempe eſt ainſi appellée, parce que toutes les opérations s'en font avec de l'eau & de la colle ; celle à l'huile a reçu ce nom, parce que l'huile eſt, ainſi que dans la Peinture vernie-polie, le liquide eſſentiel qui ſert, tant aux impreſſions, teintes dures, qu'à l'application de l'or. Nous allons traiter de ces deux parties ; ſavoir, de la dorure à l'huile ſimple, & de la dorure à l'huile vernie-polie, quoique les premiers procédés de ces deux genres de Dorure ſoient les mêmes que ceux de la Peinture à l'huile, nous les redonnerons en entier.

ARTICLE PREMIER.

Maniere de Dorer à l'huile ſimple les Balcons, Rampes, parties de plâtres, &c.

1°. Donnez une couche d'impreſſion comme à la Peinture à l'huile ; c'eſt-à-dire, une couche de blanc de céruſe broyé à l'huile de lin, dans laquelle vous aurez mis de la litharge, & détrempé à l'huile de lin, dans laquelle vous aurez mis un peu d'huile graſſe & très-peu d'eſſence.

2°. Calcinez de la céruſe, broyez-la très-fin à l'huile graſſe, & la détrempez avec de l'eſſence, ce qui ne ſe fait qu'à fur & meſure qu'on s'en ſert, parce qu elle eſt ſujette à épaiſſir.

L iv

Donnez trois ou quatre couches de cette teinte dure, uniment & féchement dans les ornemens & les parties que vous voulez dorer ; il faut bien atteindre les fonds, bien retirer, & étendre la couleur le plus également & le plus mince que faire se pourra.

3°. Prenez de *l'or couleur* passé par un linge bien fin ; & avec une brosse très-douce qui ait servi à travailler aux couches à l'huile, couchez cet or couleur bien uniment, & à sec ; atteignez les fonds des sculptures & ornemens avec des petites brosses, ayant soin d'en retirer les poils s'ils s'en étoient échappés.

4°. L'or couleur suffisamment sec pour happer l'or, étendez-le sur le coussin ; dorez votre partie à fond avec la palette, appuyant légérement avec du coton, & ramendant les petits endroits dans les fonds avec de l'or, que vous couperez par morceau, appuyant avec un pinceau de putois.

5°. Si vous dorez des dehors, comme balcon, il ne faut point les vernir ; car la dorure à l'huile se soutient mieux lorsqu'elle ne l'est pas : au lieu que lorsqu'elle est vernie, & qu'il vient un coup de soleil à la suite d'une grande pluie, la dorure se trouve gravée comme avec de l'eau forte. Si les sujets sont pour des dedans, comme rampes d'escaliers, il faut mettre une couche de vernis à l'or, à l'esprit-de-vin, en promenant un réchaud de Doreur, & ensuite y poser un vernis gras.

6°. Comme la beauté de la Dorure à l'huile, dépend principalement de la maniere de la vernir, nous allons indiquer comment on s'y prend.

Pendant que vous vernissez, que l'attelier
soit très-chaud; posez la couche de vernis bien
posément & bien uniment, à mesure que vous
vernissez; ayez soin qu'un autre ouvrier vous
suive par derriere, rechauffe l'ouvrage avec
un réchaud de Doreur, en le promenant plusieurs fois devant la couche, sans s'arrêter au
même endroit, de crainte de faire bouillonner le vernis. Cette chaleur fait revenir l'or,
en rendant au vernis toute sa transparence avant
d'être sec, sans quoi il deviendroit blanc &
louche.

Article second.

Maniere de Dorer à l'huile vernie-polie, les
Equipages, Meubles, &c.

1°. Broyez très-fin du blanc de céruse, moitié
ochre jaune, & un peu de litharge, chacun
séparément; détrempez le tout avec de l'huile
grasse coupée d'essence de térébenthine, &
étendez cette couche d'impression uniment &
séchement.

2°. La couche séche, prenez de la teinte
dure : nous avons dit ci-dessus que la teinte dure
se compose avec du blanc de céruse qui ne
soit pas trop calciné, broyé à l'huile grasse &
détrempé à l'essence. Donnez-en plusieurs
couches à un jour de distance, les laissant sécher dans un endroit chaud, ou au soleil;
donnez-en jusqu'à dix ou douze couches, autant que l'ouvrage l'exigera : les fonds unis
en demandent davantage. Il faut qu'ils soient
bien garnis, pour masquer les pores du bois.

3°. Les couches données & l'ouvrage bien

ſec, adouciſſez d'abord avec une pierre-ponce & de l'eau, enſuite avec une ſerge & de la ponce paſſée & tamiſée au tamis de ſoie, quand la teinte dure eſt bien adoucie ; elle doit être ſans rayure & unie comme une glace.

4°. Avec une broſſe de poil de blaireau, donnez bien légérement & toujours à une chaleur douce dans un endroit expoſé au ſoleil, quatre à cinq couches d'un beau vernis à la laque, ci-deſſus indiqué page 146 : ſi ce ſont de grands fonds de panneaux unis que vous avez à dorer en plein, donnez-en juſqu'à dix couches.

5°. Lorſqu'elles ſont ſéches, poliſſez avec de la prêle dans les fonds de panneaux & dans les ſculptures ; enſuite avec de la potée & du tripoli, qu'il faut détremper dans l'eau, dont vous imbiberez une ſerge, poliſſez votre vernis, qu'il devienne comme une glace.

6°. L'ouvrage poli, portez-le dans un endroit chaud ; prenez garde à la pouſſiere. Donnez une couche de *mixtion* avec une broſſe très-propre & très-douce, qui ne jette ni poil ni ordure. Cette couche doit être donnée très-légérement & très-uniment, ſans épaiſſeur, en adouciſſant : le moins qu'on en peut mettre eſt le mieux.

7°. Laiſſez ſécher la mixtion juſqu'à ce qu'elle ſoit bonne à dorer, & qu'elle commence à happer, ce qu'on reconnoît en poſant le dos de la main dans un petit coin du panneau. Pour dorer les grandes parties, en ouvrant un livret d'or, appuyez le bord de la feuille & l'ouvrez à meſure que la feuille s'étend entiere ſans aucun pli ; cela s'appelle *poſer au livret*,

posez les feuilles à côté les unes des autres ;
le moins qu'il sera possible de mettre de pieces
sera le meilleur. Pour ce qui est des fonds &
des sculptures, il faut les dorer, comme on l'a dit,
en appuyant l'or avec du coton.

8°. Epousfetez bien l'or avec un pinceau
très-doux, & laissez-le sécher plusieurs jours.

9°. La partie dorée & épousfetée, avec une
brosse de blaireau carrée, de la largeur de trois
doigts, vernissez l'ouvrage avec un vernis à l'or,
à l'esprit-de-vin, que nous indiquerons dans
l'Art du Vernisseur ; posez-le au réchaud, comme
nous venons de le dire.

10°. L'ouvrage sec, donnez plusieurs couches d'un vernis gras blanc au copal ou kará-
bé, ou d'un vernis gras à l'or, que nous indiquerons, laissant entre chaque couche une
distance de deux jours : mieux vaut les présenter au soleil, & les y laisser exposées ;
sa chaleur semble éclairer l'ouvrage, & le durcit davantage. Les grands fonds de panneaux
demandent plus de vernis que les sculptures :
à l'égard des meubles, on n'en donne que deux
ou trois couches.

11°. Polissez les panneaux avec une serge
ou un morceau de drap imbibé de tripoli &
d'eau, & lustrez-les avec la paulme de la
main, que vous aurez oint d'un peu d'huile
d'olive, comme on le dira ci-après, ayant soin
de n'en point user dans un endroit plus que
dans l'autre, de crainte d'atteindre l'or ; si ce
sont des trains de voitures ou des meubles,
qui ne se polissent gueres, l'on y donne plus
de couches de vernis à l'or à l'esprit-de-vin,
& deux ou trois couches de vernis gras.

SECTION TROISIEME.

Maniere de faire des fonds aventurinés.

L'AVENTURINE eſt une pierre rougeâtre ou jaunâtre, belle & agréable à la vue, toute parſemée de paillettes qui ſemblent de l or ; il y en a de deux eſpeces, une naturelle & l'autre artificielle : la naturelle ſe trouve en pluſieurs lieux ; on en met dans la poudre qu'on jette ſur le papier, pour la rendre brillante : elle eſt talqueuſe. L'artificielle eſt une vitrification ou mélange de paillettes de cuivre, qu'on a fait dans du verre pendant qu'il eſt en fuſion ſur le feu. Son nom vient de ce que, de la limaille de cuivre étant tombée accidentellement dans du verre fondu, elle a été ainſi trouvée par hazard.

C'eſt pour imiter cette pierre aventurine que les Peintres ſe ſervent du clinquant haché, ou de la groſſe bronze d'Allemagne. Cette ſorte de Peinture étoit autrefois fort en vogue, on en embelliſſoit les bijoux, les meubles, les équipages. On ne s'en ſert plus aujourd'hui ; mais comme la mode pourroit fort bien en revenir, nous allons indiquer la façon de la faire.

Il faut pour recevoir l'aventurine, que les fonds d'ouvrages ſoient préparés par des couches d'impreſſion, par des encollages & des blancs d'apprêts, ſi on veut l'appliquer en détrempe ; ou des teintes dures, ſi c'eſt pour des équipages, & les adoucir ; ainſi nous renvoyons pour ces premieres opérations, à celles indiquées à l'article de la Peinture en huile vernie-polie, jusques & compris l'opération, qui est l'application de la teinte de la couleur. Supposons qu'on veuille peindre une aventurine verte : 1°. Donnez une couche de verd, qui se fait avec du blanc de céruse broyé à l'huile, du verd-de-gris calciné, broyé à l'essence, qu'on fera plus ou moins foncé suivant le mélange, & détrempé avec un quart d'huile grasse & le reste d'essence ; donnez deux couches sur l'ouvrage préparé.

2°. Quand cette couche est toute fraîche, saupoudrez par-tout également avec un tamis, de l'aventurine argentée.

3°. Laissez reposer une demi-heure tout votre ouvrage, en l'étendant à plat, pour donner le tems à la couleur de mordre & de happer l'aventurine ; puis retournez le sujet pour faire tomber celle qui n'a pas voulu s'y attacher.

4°. Laissez bien sécher l'ouvrage deux ou trois jours, ensorte qu'en passant la main sur l'aventurine elle ne s'en aille pas : posez ensuite une feuille de papier sur l'ouvrage, appuyez la feuille avec la main, ou quelqu'autre chose de très-lisse, pour imprimer l'aventurine qui pourroit relever.

5°. Broyez bien fin à l'huile du verd-de-gris crystallisé, prenez garde qu'il n'y ait aucuns grains ; détrempez-le d'une consistance très-claire, avec moitié huile grasse & moitié essence de térébenthine.

6°. Passez avec une brosse, blaireau, ou pinceau très-doux, de ce verd-de-gris, bien légérement & bien uniment, de façon qu'il n'y ait pas d'endroits plus chargés de ce verd que d'autres, ce qui feroit des ombres. Cette opération sert à glacer l'ouvrage ; ensorte qu'il faut que l'aventurine y soit brillante, & ne soit pas masquée par cette couleur que vous mettez.

7°. Prenez du vernis à l'esprit-de-vin pour découpure, que nous indiquerons ; donnez-en une couche à l'ouvrage, ayant soin de le présenter un peu au feu, s'il faisoit froid. Si c'est sur des voitures on employe du vernis gras, blanc au copal.

8°. La couche de vernis séche, passez la main dessus, tâtez s'il ne passe pas quelque petite pointe de votre aventurine ; si l'on en sent, il faut les appuyer légérement avec l'ongle dans le vernis.

9°. Continuez de donner plusieurs couches de vernis ; pour pouvoir polir l'ouvrage, il en faut au moins douze. Quand les couches sont bien séches, polissez ainsi qu'on le dira au dernier Chapitre de ce livre.

Telle est la maniere la plus ordinaire de faire l'aventurine ; mais on en fait de différentes couleurs. Pour cet effet on change seulement la teinte de la couleur & le glacis qui sont indiqués aux numéros 1 & 5. Si l'on veut une *aventurine rouge*, au lieu de la teinte du numéro 1, composez votre rouge de blanc de céruse, de carmin & de belle laque fine plus ou moins foncée, broyée & détrempée de même ; & pour le numéro 5, broyez très-fin de la laque, dans laquelle vous mettrez un peu de carmin : étant bien broyés, vous les détremperez comme dessus.

Pour l'*aventurine bleue*, broyez & détrempez au numéro 1 du blanc de cérufe & du bleu de Pruffe de Berlin très-fin , & au numéro 5 , fervez-vous du bleu de Pruffe tout pur pour glacer.

Dans l'*aventurine dorée* , prenez du beau ftil-de-grain & du blanc de cérufe , & glacez avec une couche de vernis à l'or à l'efprit-de-vin, que vous aurez foin de préfenter au feu pour faire revenir l'or. Cette façon d'aventurine d'or eft très-belle ; mais je confeille à ceux qui voudront en faire en or , de prendre de l'aventurine dorée , qui n'eft pas fujette à s'éteindre , puifqu'elle porte elle-même fa couleur.

Toutes ces aventurines ne font que pour des fonds unis qu'on veut mettre d'une feule couleur d'aventurine en plein ; mais l'on en fait de fablés, ce qui fe fait en faupoudrant l'aventurine légérement , de façon que le fond de la couleur paroiffe.

Maniere de faire des fonds d'or ou d'argent glacés fur les panneaux d'Equipages.

Quand on veut peindre quelques riches morceaux de fculptures ou quelqu'élégant équipage en or ou argent glacé , les préparations font les mêmes que celles qu'on employe lorfqu'on veut dorer à l'or mat à l'huile , ainfi qu'on l'a expliqué ci-deffus page 169. Quand l'or ou l'argent eft pofé fur la mixtion & qu'il eft fec, on colore le morceau de fculpture dans la couleur qui lui convient avec les matieres qui portent leurs glacis, comme laque pour les rofes, bleu de Pruffe de Berlin pour les bleus, ftil-de-grain , bleu de Pruffe & verd-de-gris calciné

pour les verds , ftil-de-grain d'Angleterre &
terre de Cologne pour les refends & les ômbres ; toutes ces couleurs n'ayant aucun corps
glacent l'or ou l'argent , qui paroiffent tranf-
parens au travers de la liqueur qui en eft impregnée ; elles fe broyent à l'huile de noix ,
& s'employent avec de très-belle huile de lin
graffe & de l'effence de térébenthine. Il eft
de l'Art du Peintre de bien ménager & diftribuer fes couleurs pour faire valoir fa fculpture ,
& que l'or ou l'argent ne foient que glacés ,
enfuite on met par-deffus un beau vernis à
l'efprit-de-vin.

Ces ouvrages font fort ufités ; on les employe à des armoiries où il entre or & argent ,
aux décorations de théatre , fur beaucoup de
fers blancs étamés, & enfin fur les équipages.

Quand on ne veut pas faire la dépenfe d'un
fond d'or ou d'argent, on peut faire des panneaux en beaux verds, en préparant les fonds
en beaux blancs de plomb , broyés & détrempés à l'huile d'œillet ; enfuite on glace avec
du verd-de-gris cryftallifé , broyé très-fin à
l'effence, & détrempé au vernis au copal, fur
lequel on donne huit à dix couches du même
vernis , qu'on polit.

SECTION QUATRIEME.

Maniere de bronzer les Fers , Ferrures & Cartels , &c.

LE cuivre jaune ou léton qui donne la bronze, eft un mélange de cuivre ou de pierre ca-
laminaire, qu'on a mis enfemble en fufion par
un

des Alchymiftes, qui cherchant à convertir le cuivre en or, trouverent le moyen de lui donner une couleur jaune. Ce qu'on appelle *clinquant* ou *auripeau*, eft du cuivre jaune battu jufqu'à ce qu'il ait été réduit en feuilles minces comme du papier; il fert aux Paffementiers. L'*or d'Allemagne* eft de l'auripeau rebattu, jufqu'à ce qu'il foit auffi mince que l'or en feuilles: on le garde auffi dans des livrets de papier rougeâtre; *la bronze* eft ce même or d'Allemagne broyé, on en met dans de petites coquilles, qu'alors on appelle *or en coquille*. La bronze ordinaire, appellée chez les Ouvriers *métal*, eft un alliage de cuivre avec du léton ou de l'étain; on en fait de diverfes fortes qui ne different que par la quantité d'étain qui a été fondu avec le cuivre; la meilleure eft celle qui réfonne le mieux quand on frappe deffus: elle fert à faire des mortiers, des cloches, &c.

Bronzer; c'eft appliquer la bronze fur la figure & autres ornemens. Quand on veut bronzer une ferrure: 1°. Il faut la chauffer d'un degré de chaleur qu'on ne puiffe y appliquer la main; on détrempe dans une petite dofe de vernis à la laque, fait avec une pinte d'efprit-de-vin, & trois onces de gomme laque plate, qu'on fait fondre à petit feu (1), de la bronze d'Allemagne qu'on étend également ment fur le fer chaud. Si le fer qu'on veut bronzer eft poli, il faut auparavant le bien

_____

(1) Indiqué pag. 146.

M

faire chauffer , & l'humecter avec du linge imbibé de vinaigre , pour en manger le poli, & que la bronze puiſſe s'incorporer dans le fer.

On bronze ainſi au Vernis communément les tringles , les gardes-feux ; mais cette façon eſt inférieure à la ſuivante.

On bronze autrement , ſi l'on veut , en mettant d'un mordant jaune avec une broſſe ou pinceau ſur le ſujet ; quand il eſt à moitié ſec & qu'il eſt prêt à happer la bronze, on poudre la bronze avec un blaireau : on bronze ainſi les ferrures , les eſpagnolettes , & toutes les ferrures qui ne doivent pas être expoſées au feu ; on frotte la piece avec une broſſe neuve , afin de faire tomber le ſuperflu de la bronze qui n'a point été arrêté par le mordant , en tenant deſſous un papier , pour qu'il ne ſoit pas perdu ; il n'eſt pas néceſſaire de paſſer aucuns vernis par-deſſus.

La bronze ne ſe maintient gueres dans ſon état brillant que dix ans ; l'humidité lui eſt contraire, en la faiſant pouſſer au vérd. Quand on veut la rafraîchir , il faut commencer par bien épouſſeter les bordures , enſuite mettre deux couches du vernis ci-deſſus indiqué , & coucher par petite partie du mordant, bronzant à meſure que le mordant ſe ſéche. Bronzez de bas en haut , c'eſt-à-dire , toujours en re-montant.

Quand on a des figures ou autres ornemens à bronzer, qu'on deſire mettre ſoit en bronze antique, ſoit en bronze rouge ou bronze jaune, ii faut diſpoſer les fonds de la couleur de la bronze qui en devient plus belle.

On prépare ces fonds avec une couleur broyée à l'huile graffe, & employée à l'effence ; lorfque le fond eft bien fec, il faut coucher le mordant & bronzer par-deffus.

SECTION CINQUIEME.

Maniere de nettoyer les vieilles Dorures, & de leur rendre leur premier luftre.

La brillante couleur jaune & foncée de l'or, eft un des premiers caracteres diftinctifs de ce métal ; fa couleur & fa beauté font de grande durée, n'étant point fujets à être maltraités ni par l'air, ni par l'humidité, ni par aucune des exhalaifons répandues dans l'atmofphere, comme il eft aifé d'en juger par les Dorures de quelques édifices publics, qui ont réfifté aux injures du tems, aux vapeurs des grandes villes, pendant plus d'un fiecle & demi. C'eft dans cette propriété que confifte la plus grande partie de l'excellence de ce métal, n'y ayant point dans tous les métaux malléables, qui fervent à l'embelliffement ou à quelques ufages mécaniques, aucun qui foit fi peu fufceptible de fe décolorer ou de fe ternir, ni qui foit moins capable de communiquer quelques faletés aux matieres auxquelles il touche.

Comme les inftrumens ou les ornemens d'or ne peuvent par conféquent être falis que par l'adhéfion de fubftances étrangeres, on peut leur faire reprendre leur premiere beauté fans injurier le métal, quelque finement travaillé qu'il foit, ou fans rayer fa furface, telle polie

M ij

& délicate qu'elle puisse être, par le moyen
de certaines liqueurs ou précautions capables
de dissoudre la saleté qui s'y adhere, comme,
par exemple, au moyen d'une dissolution de
savon, d'une solution de sels alkalis fixes,
d'une lessive alkaline, d'esprits alkalis volatils,
& d'esprit-de-vin rectifié.

Quant aux lessives alkalines, il faut savoir
bien supérieurement les ménager pour nettoyer
une Dorure, n'y ayant rien de si mordicant,
& la Dorure ne présentant pas une certaine
résistance se laisse enlever tout de suite.

Il y en a qui employent des poudres pour
nettoyer la Dorure, mais nous ne les con-
seillerons jamais, parce que quelques fines
qu'elles soient & avec telle précaution qu'on
les employe, elles rayent toujours l'or, &
même l'enlevent quelquefois lorsqu'il n'est que
superficiel & d'une extrême tenuité.

L'or n'étant point sujet à se décolorer, il
ne s'agit donc lorsqu'on veut le faire reparoître
sur un cadre, une bordure, un équipage, que
de nettoyer les parties sales & mal-propres qui
le ternissent, & en le rendant à lui-même de
lui rendre son premier lustre. Il n'y a point &
il ne peut y avoir de secrets pour cette opération:
ainsi toutes les recettes qu'on a données, si elles
étoient bonnes, n'ont dû avoir pour objet que
de bien le nettoyer; & toutes les fois qu'on
avancera avoir un secret pour rendre à l'or son
premier éclat, on en imposera, parce qu'on
ne peut pas lui rendre ce qu'il ne perd jamais,
ou ne peut qu'enlever ce qui l'empêche de
conserver son premier éclat. Que dira-t-on de

ceux qui sont assez hardis d'avancer qu'ils font
reparoître l'or même dans les endroits d'où il
est enlevé ? J'ai cependant lu quelque part des
recettes pour l'y faire revenir ; mais la meilleure & sûrement la plus certaine, est lorsqu'on
nettoye quelques Dorures, & qu'on voit que
quelques parties sont absolument dédorées, d'y
remettre de l'or, en suivant à cet égard les
procédés que nous avons indiqués pour l'application.

1.º. Faites fondre une once de potasse dans
une pinte d'eau, & avec un blaireau fort doux,
lavez légérement la Dorure, en épongeant &
frottant très-doucement.

2º. Trempez une éponge dans de l'eau de riviere,
épongez à grande eau & promptement la Dorure : cette opération sert à enlever la lessive
alkaline, qui mangeroit l'or si on l'y laissoit
trop long-tems.

3º. Versez un peu d'eau claire & la laissez
égoutter.

4º. Quand l'ouvrage est sec, essuyez-le avec
des linges chauds, en présentant la Dorure
au feu, ou en la présentant à la chaleur d'une
étuve, pour lui faire reprendre son ton de
vivacité.

5º. Si les fonds sont altérés, passez-y une
couche de vermeil sur les fonds, comme nous
l'avons dit page 159.

On lessive de même l'or à l'huile, & on
le revernit avec un vernis à l'esprit-de-vin à
l'or, sur lequel on couche du vernis gras.

On dit qu'on peut retirer l'or de dessus le

bois, je ne fais fi le procédé eft facile, s'il
eft bien fructueux; quel qu'il foit, voici comme
M. de Montamy, qui a développé cette découverte, la propofe dans les Mémoires des Savans étrangers: Faites fubir une fimple ébulition
au bois doré, le métal s'en détache avec la
colle qui l'affujettiffoit : on évapore l'eau, il
refte une matiere qu'on pulvérife, & qu'on
jette auffi-tôt dans le feu pour brûler la portion
de la colle; puis l'on procede par la voie de
l'amalgame, avec le mercure, en la maniere
ufitée, & l'or fe retrouve.

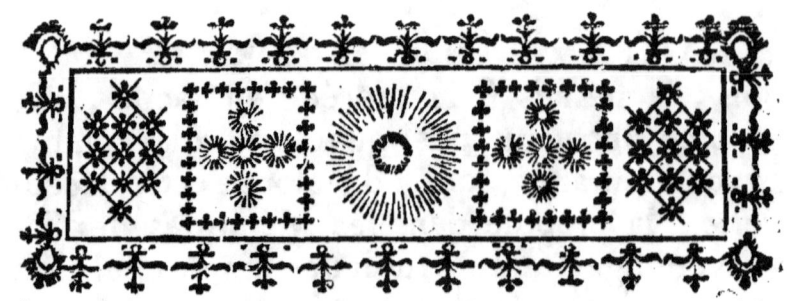

L'ART
DU VERNISSEUR.

TROISIEME PARTIE.

INTRODUCTION.

LA Chine & le Japon produifent des arbres
qui donnent une réfine lorfqu'on les entr'ouvre
par incifion. Cette réfine, appliquée avec de
certaines préparations fur le bois ou fur les
métaux, les conferve & les rend brillans.

La jaloufie de ces Peuples pour quelques-
unes de leurs richeffes intérieures, nous empêche de faire de cette réfine un objet de
commerce avec eux : il a fuffi à l'activité européenne d'en connoître l'ufage & l'effet, pour
chercher à tromper leur avarice, & à fe paffer
de leurs productions.

Quelques procédés, connus & dévoilés par
de favans Miffionnaires qui ont été en Chine
& au Japon, ont éclairé l'induftrie ; à force

M iv

de combiner des mélanges, on eſt parvenu à
ne leur rien envier : mais dans l'Art de faire
le vernis, comme dans tous les Arts, on a
beaucoup tâté, avant de trouver les réſultats
que l'on deſiroit.

On va préſenter dans cet Ouvrage les principes du Verniſſeur, en partant du point
actuellement connu. Il feroit peut-être utile
de faire voir comment on eſt parvenu à ce
point ; mais comme il faut que l'inſtruction
ſoit ſimple, on abandonnera tout l'hiſtorique
de la découverte du Vernis, de la maniere
dont les Chinois & les Japonois font les inci-
ſions aux arbres qui en portent la liqueur
eſſentielle, & de la façon de le préparer ;
on ne ſe livrera même à aucune deſcription
détaillée des expériences faites en Europe pour
imiter ce Vernis (1). Le tableau des erreurs
peut intéreſſer le Spéculateur, pour lui faire
voir comment l'eſprit humain s'étend & ſe re-
plie fur lui-même lorſqu'il cherche à découvrir,
mais il faut épargner aux Artiſtes le récit de
ces efforts : c'eſt par des notions ſûres, &
des faits certains qu'il faut inſtruire ces derniers.

La pratique du Vernis eſt en général ignorée & paroît être renfermée dans quelques

---

(1) Ceux qui ſont curieux de connoître ces détails
peuvent lire les Ouvrages qui en ont traité, tels que
l'Atlas du Pere Martini, publié en 1655 à Amſterdam.
Le *China illuſtrata* du Pere Kircher, en 1667. Les
Obſervations curieuſes fur l'Aſie : la Deſcription de la
Chine de du Halde : Mémoire fur le Vernis de la Chine,
par le Pere Incarville, tom. 3 des Mémoires des Savans
Etrangers.

atteliers ; les Savans n'en ont que des idées
peu approfondies : quelques Chymiftes s'en
occupent, & en abandonnent la fabrication
aux Artiftes, qui, n'étant point éclairés,
font chacuns à leur guife du Vernis qu'ils
croyent parfait & vendent comme tel. L'Encyclopédie, cet immenfe ouvrage fait pour
immortalifer notre fiecle, en développant à
la poftérité l'état de nos connoiffances & de
nos découvertes, par l'abrégé très-fuccint qu'il
donne, par les erreurs même qu'il préfente,
pourroit lui faire foupçonner qu'à peine avons-
nous des notions fur cette matiere. L'Académie
des Sciences qui a entrepris la defcription de
tous les Arts & Métiers, & qui a déjà fi
bien commencé à remplir fes engagemens,
n'a point encore réuni de matériaux fur cet
article (1). Le parfait Verniffeur devoit tout approfondir, il n'a pas même effleuré le fujet.
Le Dictionnaire des Arts, par le fieur Jaubert,
de l'Académie de Bordeaux, qui vient de
paroître cette année, en cinq volumes *in-8o.*
chez Didot, n'a préfenté que des erreurs,
puifqu'il n'a d'autre mérite que d'avoir copié
ce livre. Peut-être moi-même n'ai-je pas tout
dit ; mais au moins, à l'exception de quelques
procédés qu'il eft permis à un inventeur de fe
réferver, fur-tout lorfqu'il en fait un objet de
commerce ; j'inftruirai l'Amateur de tout ce que
m'a appris une expérience de trente années,
c'eft d'elle que je tiens mes principes, &

_____

(1) Voyez la Préface de cet Ouvrage.

comme le porte l'épigraphe, *Artem experientia fecit*.

Toute la ſcience du Verniſſeur conſiſte à faire & à employer le Vernis. Ce Traité aura donc deux parties : la premiere traitera de ſa compoſition, & la ſeconde de la maniere de l'employer. Dans l'une, qui contiendra ſix chapitres, on conſidérera le Vernis en général & ſes propriétés ; les liquides qui en font la baſe, les ſubſtances qui entrent dans ſa com-poſition, la maniere de préparer & mélanger les uns & les autres; la compoſition de différentes ſortes de Vernis & leur uſage : elle ſera ter-minée par un corps d'obſervations faites ſur le ſuccin & le copal, & par différentes queſtions propoſées aux Chymiſtes de l'Europe ſur ces deux ſubſtances, dont la ſolution tendroit à la perfection des Vernis.

La ſeconde partie aura deux chapitres ; le premier traitera de l'emploi du Vernis, & après avoir expliqué quelles ſont les prépa-rations néceſſaires à ſon application, on don-nera les procédés de l'emploi ſur toutes ſortes de ſujets nus, & notamment ſur les fonds noirs, imitant les laques de la Chine, & ſur les Peintures & Dorures.

Le ſecond chapitre montrera la maniere de polir, luſtrer, rafraîchir & détruire les couleurs & Vernis.

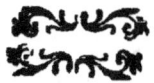

L'ART

DE FAIRE LE VERNIS.

PREMIERE PARTIE.

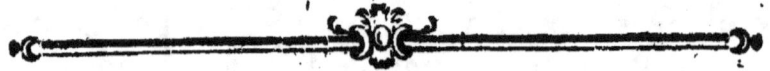

CHAPITRE PREMIER.

Du Vernis en général, & de ses propriétés.

Sans remonter à l'origine du mot *Vernis*, dont différens Auteurs nous ont donné l'étymologie, il suffit de remarquer que ce mot présente à l'esprit la même idée que celle des mots *éclat*, *lustre*, auquel se joint peut-être celle de durée ; ainsi on dit par métaphore, donner du Vernis à un discours, à une pensée, c'est leur donner une forme brillante, durable & solide.

Le résultat de nos idées sur le mot *Vernis*, est qu'il doit réunir l'éclat & la solidité ; ce sont précisément les deux qualités primitives qu'il faut que le Vernis, pris comme produit de l'Art , nous préfente pour être parfait; on conçoit que la durée dérive de la folidité & y eft implicitement comprife.

Toutes les liqueurs en général donnent un Vernis quelconque ; c'eft-à-dire , que répandues fur un métal , ou fur du bois , elles font paroître quelque chofe de luifant ; ainfi l'eau pure verfée fur une table fait reffortir & briller l'endroit qu'elle occupe ; mais l'eau venant à fécher , cet éclat n'eft .que momentané , conféquemment l'eau n'eft pas un Vernis.

Une colle forte, épaiffe, qui joint fortement deux morceaux , offre fans doute toute la folidité defirable , mais n'ayant point d'éclat, elle ne peut jamais être réputée Vernis

Le Vernis doit être clair, limpide, fluide avant fon emploi, & devenir folide lorfqu'il eft employé ; mal à propos le Dictionnaire de Trévoux le définit-il , une liqueur épaiffe & luifante.

De ces deux qualités primitives & effentielles, dérivent nombre d'autres qui établiffent fes propriétés. Il doit être brillant, réfléchir & réfracter les rayons de la lumiere comme un morceau de cryftal ; il eft comme fluide, ce que le verre eft comme folide, c'eft-à-dire, il eft fait pour faire reffortir les objets , rappeller le ton des couleurs , les conferver , & le tems ne doit ni le pâlir , ni l'obfcurcir.

Il faut qu'il foit de nature ficative ; que devenu fec, il refte dur & inaltérable ; qu'il ne fouffre ni de l'humidité , ni de la chaleur ; qu'il ne puiffe être entamé par aucun autre diffolvant ; qu'il foit tellement inhérent au bois, au métal, à la pierre, qu'on ne puiffe l'écailler, à moins que ce ne foit à force d'inftrumens de fer, ou par l'action du feu; conféquemment l'ongle ne doit point y mordre; il ne doit ni gerfer, ni fe frifer, ni être farineux.

Cette defcription qui établit en même-tems, & les qualités & les propriétés du Vernis proprement dit, ne convient certainement pas à tous les compofés auxquels on a donné ce nom. L'extenfion du mot, & l'abus qu'on en fait pour l'appliquer à différentes matieres, ne nous engageront point à traiter de toutes ces compofitions : bornés dans notre plan, nous ne traiterons le Vernis qu'autant qu'il fert de dernier enduit, qu'il ne fouffre aucun mélange, ni qu'on répande après coup fur lui aucune autre liqueur ni matiere quelconque; & enfin, comme n'étant deftiné qu'à donner l'éclat & la folidité au fujet qu'il couvre : ainfi nous éviterons de parler des Vernis de Graveurs, qui font des matieres qu'on difpofe fur les métaux pour recevoir l'impreffion de l'eau-forte, & le mordant de la pointe; des Vernis à couleurs, qui ne font que des préparations de liqueurs pour détremper les couleurs, du Vernis d'Imprimeur, &c.

Quelle découverte plus agréable, plus utile que le Vernis ! l'Ecriture & l'Imprimerie nous tranfmettent les idées des hommes, par elles la voix du génie retentira jufqu'à la poftérité la plus reculée; par elles nous recueillons les travaux du Poëte, de l'Orateur, &c. Mais le génie n'a-t-il donc pas d'autres organes ? La toile refpire, les couleurs s'animent, un chef-d'œuvre

eſt formé par un induſtrieux pinceau : hâtons-
nous de le dérober à la faulx des ſiecles , &
de le tranſmettre aux âges les plus éloignés.
Nos Neveux s'empreſſeront de recueillir de
nos mains cet intéreſſant Tableau d'hiſtoire ,
ce portrait chéri du meilleur des Princes que
le Vernis leur aura conſervé. . . . . La fragile
texture des bois ſe détruit par l'uſage , ſes
pores entr'ouverts reçoivent & communiquent
de toutes parts les malignes impreſſions d'un
air deſtruꞔeur ; la peinture même qui les décore , ſemble animer le ver rongeur dans ſa
dévaſtation , en lui ſervant d'appas : le Vernis
reſſerre ſes pores , prolonge ſon exiſtence ,
repouſſe & chaſſe les redoutables influences
d'un air corrompu , l'inſeꞔe eſt écarté , celui
qui s'y trouve ſurpris , y périt ſans reſſource...
La Nature , dans les matieres qui font le Vernis (1) , conſerve les inſeꞔes , les mouches :

_____

(1) On trouve ſouvent dans des morceaux de karabé , & ſur-tout de copal , des mouches , des arai-
gnées , des fourmis , des inſeꞔes parfaitement conſervés.
Les Mémoires de l'Académie des Sciences , tom. 2 ,
pag. 88 , font mention d'un morceau d'Ambre dans
lequel il y avoit une groſſe mouche enfermée. On
ignore comment la Nature les enveloppe dans cette
matiere extrêmement dure & tranſparente , mais elle
le fait ; & l'Art qui connoît le poſſible n'eſt quelquefois pas loin du fait. Ce phénomene admirable paroît
avoir été connu du tems de Martial , l'on s'étonnoit
alors d'y voir renfermé des inſeꞔes , ſans qu'on pût
expliquer comment cela s'étoit fait.

Dum phaetontea formica vagatur in umbrâ ,
  Implicuit tenuem ſuccina gutta feram ;
Sic modo quæ fuerat vitâ contempta manente ,
  Funeribus , faꞔa eſt nunc pretioſa , ſuis.

que dis-je ? l'induſtrie l'a déjà rendu le dépo-
ſitaire fidele des générations (1) ; encore un
pas, & l'homme pourra lui-même au-delà
du trépas conſerver ſa fragile exiſtence : nous
n'aurons point à regretter d'ignorer l'art heureux des embaumemens des Anciens ; encore
un pas, & le Vernis réunira la ductilité du
métal, la tranſparence des cryſtaux, la ſolidité
des foſſiles ; & une fois devenu fixe & ſolide,
nous préſentera les avantages multipliés de
tous les minéraux réunis (2).

L'Art de faire le Vernis conſiſte à diſſoudre
une ou pluſieurs réſines dans un fluide, ou à
incorporer un fluide dans des réſines fondues
à feu nu, de maniere qu'elles ne puiſſent pas
reprendre leur conſiſtance. Il faut que le fluide
qui a ſervi ou à la diſſolution ou à l'incorporation, s'évapore auſſi-tôt ſon application, &
laiſſe cette réſine ſeule avec ſa tranſparence.
Cette ſolution préliminaire eſt donc néceſſaire:

(1) M. de Réaumur a trouvé le moyen de conſerver des œufs en les enduiſant de Vernis ; & prétend
qu'après un laps aſſez conſidérable de tems, on peut
les faire couver comme s'ils venoient d'être pondus.

« (2) Si l'on pouvoit diſſoudre l'Ambre ſans dimi-
» nuer ſa tranſparence, ou en former une maſſe conſi-
» dérable, en uniſſant par le moyen de la fuſion pluſieurs
» morceaux enſemble, ce procédé tendroit non-ſeule-
» ment à perfectionner l'art des embaumemens, mais
» parviendroit à rendre l'Ambre une matiere d'uſage
» dans pluſieurs circonſtances, au lieu de bois, de
» marbre, de glace, d'argent, d'or, ou d'autres
» métaux ; car alors on pourroit aiſément en faire
» différentes eſpéces de Vaiſſeaux & d'inſtrumens. En-
» cyclopédie au mot VERNIS. Voir le premier volume
» des Miſcellanea Berolinenſia.

1°. Pour liquéfier artificiellement la résine :
2°. Pour en réunir les parties sous un tout homogene & lié ; ainsi il faut que le liquide qu'on employe ou pour dissoudre la résine, ou pour son incorporation, puisse avoir ou assez d'action pour la dissolution, ou assez de consistance pour se maintenir quand il s'est incorporé ; en outre, il faut qu'il s'évapore ou se séche aussi-tôt qu'il est appliqué, qu'en abandonnant la résine à elle-même, il la laisse dans un tout homogene, dont les parties soient réunies de façon qu'elles ne s'écaillent ni ne gersent, ce qui en annonceroit la discontinuité.

Tous les liquides ne sont pas propres à ces opérations ; il a fallu chercher long-tems quels étoient ceux qui pouvoient donner ces effets, les combiner avec toutes sortes de résines, pour saisir & imiter le plus près possible ce que la Nature a donné si libéralement aux Chinois & aux Japonois. Leurs climats produisent des arbres qui donnent des résines si belles, si superbes, que, malgré tous les efforts de l'Art, nous n'avons pas encore tout-à-fait atteint leur degré de beauté ; mais nous y touchons. Préparons à l'industrie qui crée, & au tems qui perfectionne, les moyens de les surpasser. Puisse l'homme habile à qui cette heureuse découverte est réservée, se ressouvenir du précurseur de sa gloire !

CHAPITRE

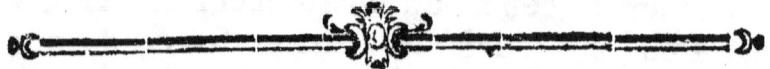

CHAPITRE II.

Des Liquides qui font la bafe du Vernis.

LE Vernis ne peut fouffrir aucune humidité aqueufe, tout ce qui entre dans fa compofition doit être parfaitement déflegmé; le moindre flegme l'altere, le détruit, le corrompt : ainfi plus on voudra parvenir à la perfection du Vernis, plus il eft effentiel que les matieres qu'on y employe foient dégagées de toutes parties humides.

D'après ce principe certain, il paroît contradictoire de propofer des liquides pour bafe du Vernis, mais ceux qu'on y employe n'y font précifément néceffaires, que pour maintenir les fubftances folides dans un état conftant de fluidité lorfqu'elles ont éprouvé la liquéfaction : en conféquence il faut tellement déflegmer ces liquides, qu'ils n'aient plus d'autres propriétés que d'être fluides. Cependant il faut éviter de les trop atténuer, parce qu'alors ils n'auroient plus affez de confiftance pour lier les folides.

Ainfi l'eau-de-vie, l'eau bouillante, l'ail, le fel, le fucre, les huiles, l'alun, & autres matieres dont les parties font aqueufes & humides, ne peuvent jamais faire un bon Vernis. De même l'efprit-de-vin tartarifé, l'huile éthérée ne pourroient pas lui donner affez de corps.

N

Il n'y a que trois fortes de Vernis, qui tous trois tirent leurs dénominations du liquide qui en fait la bafe ; favoir, les Vernis clairs ou à l'efprit-de-vin, les Vernis gras ou à l'huile & les Vernis à l'effence de térébenthine.

Tous les Vernis doivent être rangés dans ces trois claffes, parce qu'il n'y a que ces trois liquides qui puiffent fe déflegmer parfaitement, & fouffrir l'infufion ou l'incorporation des matieres dont nous allons parler ; plus ils feront parfaits, meilleurs ils feront pour notre objet.

L'efprit-de-vin bien rectifié, l'huile de lin dégraiffée, & l'effence ou huile de térébenthine, font les liquides néceffaires au Vernis : ce n'eft pas qu'on ne puiffe en faire avec de l'eau-de-vie, & toutes fortes d'huiles, ainfi que le Parfait Verniffeur l'indique. Mais ces Vernis ne vaudront jamais rien, ne donneront que de pauvres réfultats, feront toujours ou farineux, ou fujets à gerfer, & ne pourront jamais fécher parfaitement. Ainfi quand je dirai que telle fubftance n'eft pas propre au Vernis, il faudra toujours fous - entendre au Vernis parfait. Les recettes que j'indique font les meilleures poffibles.

L'efprit-de-vin eft la bafe de tous les Vernis clairs, on fait qu'il eft le réfultat de la diftillation de l'eau-de-vie. Il faut pour le Vernis qu'il foit parfaitement déflegmé, c'eft-à-dire, dégagé de toutes fes parties aqueufes. Lorfqu'il eft bien rectifié, il eft le liquide néceffaire aux Vernis clairs ; il les rend brillans, légers, limpides ; s'il ne leur donne pas la folidité, c'eft qu'il ne peut communiquer ce qu'il n'a pas. Sa facile évaporation, lorfqu'il eft expofé à l'air, rend fouvent le Vernis fujet à gerfer; mais on y remédie en y incorporant quelque matiere qui donne le liant aux fubftances qu'il doit laiffer en s'évaporant, qui d'ailleurs étant tenaces de leur nature, empêchent fa trop grande évaporation. C'eft auffi cette évaporation facile qui l'empêche de pouvoir s'unir avec les bitumes & de certaines réfines, qu'il faut foumettre à une violente action du feu pour les liquéfier; car avant qu'elles foient en cet état, il s'évapore & difparoît: de même on ne peut pas l'incorporer lorfqu'on a torréfié ces matieres à feu nu, parce qu'alors il s'enflamme & s'échappe; auffi a-t-on été obligé de chercher d'autres liquides pour donner à ces corps durs la fluidité, & on a renoncé abfolument à faire des Vernis à l'efprit-de-vin avec ces matieres.

Il faut que l'efprit-de-vin foit bien rectifié, alkoolifé même fi l'on veut. Quelques Artiftes, dans la vue de perfectionner l'Art, ont tenté d'employer l'efprit-de-vin tartarifé, qui n'eft autre chofe que l'efprit-de-vin qu'on diftille avec du fel de tartre; mais on a éprouvé qu'il n'avoit plus alors affez de corps, parce que fa maniere de diffoudre eft différente, & donne un état prefque favonneux à ce qu'il a diffout. Un procédé bien fimple indique fi l'efprit-de-vin dont on veut fe fervir pour faire des Vernis, peut être employé.

Mettez une pincée de poudre à tirer dans une cuiller d'argent, & verfez deffus l'efprit-de-vin; on y met enfuite le feu avec une

allumette : fi le feu allume la poudre, l'efprit-de-vin eft bon ; mais fi la poudre refte
dans la cuiller fans s'enflammer, alors c'eft
la preuve que l'efprit-de-vin porte encore du
flegme & des parties aqueufes : il faut donc
le diftiller encore pour le déflegmer entiérement.

Ce procédé eft à-peu-près fuffifant pour connoître le degré de rectification de l'efprit-de-
vin ; mais on en fera beaucoup plus fûr fi on
prend une éprouvette jaugée, tenant une quantité certaine d'un efprit-de-vin reconnu parfait ;
fi celui qu'on examine n'eft pas auffi léger,
il n'eft pas affez rectifié.

L'*huile* eft le liquide néceffaire aux vernis
gras ; nous renvoyons à ce que nous avons dit
fur cette fubftance dans l'Art du Peintre, pag.
54. La meilleure qu'on puiffe employer pour
l'Art que nous décrivons eft l'huile de lin ; quand
elle manque, on peut la fuppléer par celles
de noix ou d'œillet, mais elles lui font bien
inférieures en qualité.

L'huile naturelle ne feroit pas bonne aux
vernis, fi on ne la travailloit pas, c'eft-à-dire,
fi l'on ne donnoit pas à fes parties une nouvelle maniere d'être combinées, qui par-là
deviennent ficatives, & rendent le vernis
prompt à fécher. C'eft cette recombinaifon de
parties que l'on opere en faifant l'*huile graffe*
ou *ficative*, qui a fait, comme nous l'avons
annoncé page 91, la matiere d'un Mémoire
lu à l'affemblée de l'Académie des Sciences,
par M. de Machy, célebre Apothicaire de Paris, & habile Chymifte : il a bien voulu nous
permettre d'en donner ici le précis.

Les huiles font en général des fluides onctueux, qui graiffent les corps qu'ils touchent,
& qui s'enflamment au feu. On en diftingue
de deux efpeces, les huiles effentielles, tirées
par la diftillation, & les huiles graffes ou
exprimées. En examinant la nature des huiles
exprimées, dit ce Savant, on voit d'abord
qu'elles different des huiles effentielles par la
préfence d'une fubftance muqueufe, qui s'en
fépare à la longue fous la forme d'un fluide
épais, vifqueux, coulant comme du blanc
d'œuf, & qui pétille à la flamme au lieu de
s'y allumer. On voit enfuite que cette fubftance, commune à toutes les huiles exprimées, eft plus abondante dans les huiles tirées
des fruits, comme l'olive, & dans celles qui
font tirées fans feu; on voit qu'elle eft plus
chargée de flegme dans celles-là que dans les
huiles tirées par le feu; & que parmi ces dernieres, celles qui ont le plus perdu de cette
humidité, en confervant toutefois beaucoup
de fubftance muqueufe, telles que l'huile de
lin, celles de noix & d'œillet font les plus
propres à être ficatives, tandis que celles qui
ont confervé le plus d'humidité, font les plus
propres à la *faponification*, c'eft-à-dire, à être
converti en favon. Dans cette derniere opération, tout prouve que les alkalis fixes, en fe
combinant avec ce mucilage, deviennent la
caufe de l'union favonneufe du total; au contraire, dans l'opération qui rend les huiles ficatives, l'union des chaux de plomb & autres
ingrédiens, en achevant d'abforber & diffiper
le peu d'humidité de ce mucilage, le rend
mifcible avec le refte de l'huile, d'où il fuit

N iij

que ces fubftances, la mucilagineufe & l'huileufe, qui toutes deux font les parties confti-
tuantes & naturelles des fubftances exprimées,
ne fe féparant plus, comme elles le font naturellement lorfqu'on les expofe à l'évaporation,
conftituent l'huile ficative, & laiffent en
féchant un enduit luifant, & fufceptible d'être
poli. L'Auteur du Mémoire que nous analyfons
appuye cette idée de plufieurs expériences ;
entr'autres, de la comparaifon qu'il fait entre
la même huile, l'une dans l'état naturel, &
l'autre rendue ficative, qu'il expofe enfemble
à l'évaporation ; de l'examen qu'il fait du
dépôt qu'on trouve dans la préparation de
l'huile ficative; de la préfence du plomb, qu'il
démontre dans cette même huile ; enfin, de la
comparaifon méthodique de ces huiles ficatives
avec les emplâtres, qui n'en différent que par
la plus grande quantité de chaux de plomb,
qu'on y a introduit & combiné ; & il conclut
que les huiles ficatives font une efpece de Vernis réfultant de la rediffolution complette de
la matiere muqueufe des huiles exprimées & de
la partie huileufe proprement dite, à l'aide
d'une petite quantité de chaux de plomb.

Nous avons indiqué, page 91, la maniere de
faire cette diffolution, ou de rendre l'*huile ficative*. Les Ouvriers, qui l'opérent fans favoir
ce qu'ils font, l'appellent *huile graffe* ; mais
cette énonciation eft louche. On ne compofe
pas d'huile graffe, mais on la décompofe, au
contraire, en lui enlevant fes parties humides,
& immifçant les parties muqueufes & huileu-
fes. C'eft donc un abus de mot, pour exprimer
une opération précifément contraire. Il faut

convenir cependant que l'huile que les Ouvriers ont adopté d'appeller huile graffe, eft celle qui eft ainfi préparée, dégraiffée, clarifiée, & qu'ils employent dans les couleurs & les vernis : nous-mêmes, emportés par le torrent & l'habitude, nous ne la nommons pas autrement.

Vingt-quatre heures après que l'huile graffe eft dégraiffée, il doit fe former une pellicule deffus, qui lui fert d'enduit : fi on ne trouve pas cette pellicule, c'eft la preuve qu'il y a encore de l'humidité, qu'elle n'eft pas affez deffechée, & qu'elle n'a pas acquis affez de corps.

L'huile graffe ou ficative préparée, eft le feul liquide qui conferve affez bien au karabé & au copal, leur tranfparence, & les maintienne en fluidité le tems néceffaire. M. de Réaumur, dans les Mémoires de l'Académie, fait mention d'une huile tellement dégraiffée, qu'il en faifoit des Vernis en bâtons. Il convient lui-même que ces fortes de Vernis ne pouvoient fervir qu'à quelques ufages particuliers : il n'eft pas néceffaire qu'elle foit préparée & portée à ce point de folidité, il fuffit fimplement de la bien difpofer, comme nous l'avons dit page 91.

Non-feulement il faut, pour la beauté du Vernis, que l'huile de lin foit bien dégraiffée, il faut encore la blanchir le plus qu'on peut, en l'expofant pendant un été au foleil, comme nous l'avons dit page 55, dans une cuvette de plomb : plus elle eft ancienne, meilleure elle eft, parce que dans les tems de repos elle dépofe toujours un peu & devient plus claire.

Nous le répétons ici , il faut absolument éviter de se servir de l'huile de navette ou d'aspic , & sur-tout de l'huile d'olive , qui ne peut jamais épaissir ni se dégraisser , qui est par conséquent impropre aux Vernis : comme l'huile d'aspic est celle qui est la plus recommandée par tous les Auteurs qui ont écrit sur le Vernis, nous allons nous y arrêter.

« Pomet dit que l'huile d'aspic est l'huile essentielle d'une lavande sauvage fort commune en Languedoc ; mais, ajoute l'Auteur du *Traité du Vernis*, page 23 , il est difficile de se persuader que si cela étoit , on pût l'avoir à si bon marché ; il y a plus d'apparence , comme plusieurs l'assurent , que c'est une huile éthérée de térébenthine , dans laquelle on a fait digérer des fleurs de lavande sauvage. Si cela est, dit toujours l'Auteur, on peut se servir indifféremment d'huile d'aspic ou d'huile de térébenthine dans toutes les opérations des Vernis; mais on verra dans l'Art du Distillateur d'eaux-fortes (1), comment il est possible que l'huile d'aspic , tirée de la lavande sauvage, sans aucune addition , soit un objet de commerce dont le prix est aussi modique.

» On trouve dans les *Mémoires de l'Académie des Sciences*, année 1715 , un Mémoire sur l'huile d'aspic, par M. Geoffroi, où il dit que l'huile d'aspic est une huile essentielle de lavande, & qu'elle ne réussit pas pour les Vernis, qu'il en a fait l'expérience avec de l'huile

_____

(1) Présenté à l'Académie des Sciences par M. de Machy, & actuellement sous presse.

pure, mais que celle dont on se sert ordinairement est falsifiée dans le pays ; qu'elle est
faite d'esprit-de-vin, dans lequel on met ordinairement trois quarts d'huile essentielle,
& que souvent celle qu'on débite n'est que de
l'huile essentielle de térébenthine, parfumée
avec trop peu de véritable huile d'aspic, &
que c'est le second moyen dont on se sert ordinairement pour vendre cette huile.

» J'ai voulu voir, dit ce Savant, si l'huile
de térébenthine bien rectifiée, employée seule
pour les Vernis, ne seroit pas aussi bonne que
l'huile d'aspic commune : à la vérité, lorsqu'elle
est bien rectifiée, elle séche aussi bien & mieux
que l'huile commune d'aspic, mais elle laisse
une odeur qui ne se dissipe jamais ; au lieu que
si on ajoute à l'huile de térébenthine l'huile
essentielle de lavande, l'odeur qui résulte du
mélange se dissipe entiérement sans laisser d'impression au Vernis.

» Si l'on veut avoir de bonne huile d'aspic,
il faut l'essayer : si elle est composée d'huile de
térébenthine, comme c'est l'ordinaire, il
faut la mettre dans une cucurbite avec beaucoup d'eau, & la rectifier au bain-marie ; il
distillera, avec un peu d'eau, une huile blanche, & aussi limpide que de l'eau. Lorsque
cette huile commence à jaunir, il faut cesser
la distillation ; l'huile rectifiée de cette maniere, s'unit à tous les Vernis, & s'évanouit dans
l'instant ».

Si l'huile d'aspic n'est qu'une huile éthérée
de térébenthine, dans laquelle on a fait infuser de la lavande, elle ne vaut rien pour les
Vernis ; car, nous l'avons déja dit, l'huile éthé-

rée de térébenthine eſt trop légere , & n'a pas
aſſez de conſiſtance. Si elle eſt décompoſée &
rendue à elle-même , elle devient alors fort
chere, & il. s'en faut de beaucoup qu'elle ſoit
auſſi bonne que l'huile de lin : ainſi je conſeille
de ne jamais s'en ſervir , parce qu'on court
riſque d'être trompé , & ſi on ne l'eſt pas,
on ne retire pas tout le ſervice qu'on peut
attendre des huiles ci-deſſus indiquées. Au
ſurplus, ſi on veut l'éprouver par un moyen
plus ſimple que celui indiqué par M. Geoffroi,
il faut imbiber un linge d'huile d'aſpic qu'on
veut éprouver , le faire chauffer près du feu ;
l'odeur de lavande étant diſſipée, il ſera facile
de diſtinguer celle de la térébenthine.

L'*eſſence* ou l'*huile* de térébenthine, que l'on
ſépare par la diſtillation , eſt la ſeule ſubſtance
ſpiritueuſe de la térébenthine qui ſoit bonne pour
les Vernis gras ; lorſqu'elle eſt incorporée avec
l'huile de lin, elle leur donne de la limpidité &
du brillant : il y a quelques Artiſtes qui, pour
la perfection de leur Art , ont voulu employer
de l'eſſence rectifiée , qu'on appelle *eſprit*, ou
huile éthérée de térébenthine , mais elle eſt
trop légére & n'a pas aſſez de corps.

On n'employe l'eſſence de térébenthine que
dans les Vernis gras : ſon uſage & ſa propriété
eſt de les rendre extenſibles & ſicatifs , &
elle empêche qu'ils n'empâtent le blaireau
lorſqu'on l'applique.

On a vu par la note de M. Geoffroi , ci-
deſſus, qu'il avoit tenté de faire des Vernis
avec l'huile ou l'eſſence de la térébenthine
ſeule. Il eſt certain qu'on en peut faire, qu'on
en fait même pour les tableaux ; mais ce Vernis

n'eft que brillant, il ne peut fouffrir ni le poli ni le luftre, ne pouvant pas fubir un certain degré de chaleur fans s'évaporer, il ne peut fondre des matieres dures : or, ne contenant point des matieres dures, il ne peut être folide, de-là il ne peut être d'un ufage commun & utile. M. Geoffroi ajoute qu'en mêlant l'huile d'afpic à l'effence, elle ne donne point d'odeur. Je ne crois pas ce procédé bien néceffaire, l'effence eft légere, s'évapore aifément, & ne peut laiffer aucune impreffion d'odeur au Vernis.

Nous avons indiqué, page 56 de l'Art du Peintre, quel procédé il falloit employer pour reconnoître fi l'effence dont on veut fe fervir eft bonne ; il faut y avoir recours, étant effentiel pour le Verniffeur qu'elle foit bien rectifiée, & qu'elle ne contienne pas de flegme. Il faut la choifir claire comme de l'eau, d'une odeur forte, pénétrante & défagréable : elle furnage l'efprit-de-vin, avec lequel elle ne fe mêle qu'en les fecouant bien enfemble.

Il ne faut incorporer l'effence dans les Vernis à l'huile, que quand la maffe eft devenue froide. Il y en a qui ne la mêlent qu'à l'inftant de l'emploi : fi on la jettoit dans le moment que les réfines fondues jettent leur vapeur, elle s'enflammeroit, ou au moins elle s'évaporeroit par la chaleur.

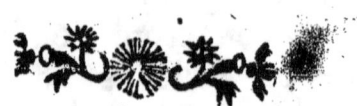

CHAPITRE III.

Des matieres qui entrent dans la compo-sition du Vernis.

LE s liquides , ainsi que nous l'avons déjà dit, ne sont utiles aux Vernis que pour les maintenir dans un état permanent de fluidité , & rendre d'une extension facile les substances qui entrent dans sa composition ; si ces matieres, lorsqu'elles sont liquéfiées par l'action du feu, pouvoient , étant réfroidies , persévérer dans cet état , & ne reprenoient par leur solidité, il seroit inutile d'y ajouter aucuns liquides , ce qui prouve qu'ils ne sont pas essentiels , mais seulement nécessaires , & qu'on se passe-roit aisément de ces intermedes de liquéfaction si l'industrie avoit trouvé le secret de liquéfier les solides , de façon qu'ils ne puissent se ré-coaguler qu'à la volonté de l'Artiste.

On employe pour les Vernis des gommes , des résines & des bitumes. Sous ces trois classes sont rangés tous les solides essentiels à leurs compositions. Mais tous les objets compris dans ces trois classes n'y sont pas également pro-pres ; & même pour faire le bon Vernis, on ne se sert jamais de gommes , mais seulement de résines & de bitumes.

Ces trois classes tiennent ensemble ; car il y a des gommes pures, des gommes résines , des réfines pures , des réfines bitumineufes, des bitumes.

Si la matiere dont on veut fe fervir , fe diffout en entier dans l'eau , c'eſt une gomme proprement dite , évidemment impropre pour la compofition du Vernis , qui ne fe fait qu'avec des folides fur lefquels l'eau ne doit point avoir d'action.

Si elle fe diffout en entier dans l'efprit-de-vin , c'eſt une réfine : fi partie fe diffout dans l'eau , & l'autre dans l'efprit-de-vin , c'eſt une gomme réfine, ou matiere compofée des deux.

Il y a des réfines & des bitumes qui ne fe fondent point dans l'efprit-de-vin , mais dans l'huile , & enfin il y en a qui font indiffolubles dans l'efprit-de-vin & dans l'huile.

M. de Buffon , dans le Chapitre premier de la comparaifon des animaux aux végétaux , après avoir rapporté les différentes relations qui paroiffent rapprocher ces deux regnes , ajoute : « Cet examen nous conduit à reconnoître évidemment qu'il n'y a aucune différence abfolument effentielle & générale entre les animaux & les végétaux , mais que la nature defcend par degrés & par nuances imperceptibles d'un animal qui nous paroît le plus parfait, à celui qui l'eſt moins, & de celui-ci au végétal ; le polybe d'eau douce fera, fi l'on veut, le dernier des animaux , & la première des plantes ».

Si ce Savant a trouvé dans ces deux regnes qui paroiffent fi éloignés des reffemblances & des convenances, s'il a apperçu le point imperceptible qui les réunit , il eſt à préfumer que chaque claffe préfente auffi dans tous fes genres une gradation & une chaîne infenfible, qui lie toutes les efpeces du regne ; c'eft ce qu'il eft aifé de voir dans les trois claffes de gomme, de réfine, de bitume, dont les genres paroiffent abfolument ifolés, & néanmoins fe tiennent par des individus mitoyens qui embraffent les extrémités, & n'établiffent qu'une chaîne à laquelle tiennent également la gomme & le bitume.

Arrêtons-nous aux fubftances propres aux Vernis, & à établir leurs propriétés : ceux qui feront curieux de les connoître dans un plus grand détail, peuvent avoir recours, ou au Dictionnaire des Drogues de Lémery, ou au Dictionnaire d'Hiftoire Naturelle de M. Valmont de Bomare.

La *gomme*, felon M. Geoffroi dans fa Matiere médicale, eft un fuc végétal concret, qui fe diffout facilement dans l'eau, qui n'eft nullement inflammable, mais qui pétille & fait du bruit dans le feu. On l'a mieux défini, un mucilage épaiffi, compofé d'une petite portion d'acide unie avec la terre & l'eau. Telles font les gommes qui coulent des bifurcations de plufieurs de nos arbres, comme le prunier, le cerifier, l'abricotier, l'olivier ; la gomme de l'accacia-vera, dite gomme arabique, & les gommes acajou, alouchi, monbain, & adragant, &c.

Les gommes réfines font des fubftances qui participent à la fois aux propriétés de la gomme, & à celles de la réfine, c'eft-à-dire, dont partie eft diffoluble dans l'efprit-de-vin, & partie dans l'eau : telles font les gommes gutte,

ammoniaque, l'affa-fétida, le bdellium, l'eu-
phorbe, le galbanum, la myrrhe, l'oppopo-
nax, la fagapenum, la farcocole, la canca-
me, la caragne.

Toutes ces matieres étant des gommes,
&, d'après M. Geoffroi, les gommes ayant
des parties aqueufes & falines, elles ne peuvent jamais faire la matiere d'un bon Vernis.
Voyez le principe établi ci-deffus au Chapitre
fecond.

La *réfine* eft effentiellement une fubftance
inflammable, qui ne fe diffout pas dans l'eau,
mais dans l'efprit-de-vin & dans les huiles. On
en diftingue de deux efpeces ; l'une qui eft
liquide, & en même tems gluante, tenace,
oléagineufe, tels que les baumes naturels : l'autre eft féche, ordinairement friable, & s'a-
mollit par la chaleur : tels font le benjoin, le
camphre, le ftorax, l'oliban, le fandaraque,
le maftic, le fangdragon, le labdanum, &c.

Il y a plufieurs autres réfines que l'on a rangées dans la claffe des gommes, qui néanmoins doivent appartenir à celle-ci. Telles font
la gomme élémi, laque, de gayac, animée,
olampi, tacamahaque & chibou.

Ces matieres ne font pas toutes également
bonnes pour le Vernis. Il en eft même dont on
ne fe fert jamais, tels que le ftorax, l'oliban, le
labdanum, la caragne, les gommes de cédre,
de gayac, olampi, la tacamahaque, animée
& chibou. Les autres ont la préférence pour
notre Art, & cependant il eft encore un choix
à faire : en les indiquant, on établira feulement quelles font leurs propriétés relatives aux
Vernis, & quel en doit être le choix &
l'ufage.

La *réfine éléni* jaunâtre, ou d'un blanc qui tire un peu fur le verd, eft une réfine pure qui découle d'une efpece d'olivier fauvage, qu'on nous apporte du Mexique en pain de deux ou trois livres, & enveloppés dans des feuilles de canne d'Inde : on doit la choifir féche en dehors, mollaffe en dedans, de couleur blanche tirant fur le verd. Elle fond dans l'efprit-de-vin, cependant on s'en fert rarement pour les Vernis clairs, elle les rend plus lians, plus propres à fouffrir le poli, & leur donne du corps. On falfifie quelquefois cette réfine avec du galipot & de la réfine appellée *piccea*.

La *réfine gutte* eft un fuc concret réfinogomeux, compact, fec, d'une couleur de faffran jaunâtre, provenant d'un arbre appellé *Carcapulli*. Elle donne aux Vernis du corps, du brillant & une couleur jaune citron ; elle fert communément pour faire du Vernis à l'or, s'employe & fe fond dans l'efprit-de-vin. Pour qu'elle foit bonne, il faut, quand on la caffe, qu'elle foit liffe, unie, & qu'elle ne foit pas fpongieufe.

Le *benjoin* eft une réfine dont il y a deux fortes, l'une en larmes & l'autre en maffe ; le premier eft préférable, & on pourroit s'en fervir pour les Vernis ; mais comme il eft fort rare, & par conféquent fort cher, on n'en fait point ufage : d'ailleurs, il ne donneroit au Vernis qu'une couleur rouffâtre & de l'odeur.

Le *camphre* eft une réfine légere, blanche & fort volatile, d'autres difent une huile effentielle concrete, qui ne fert dans le Vernis à l'efprit-de-vin que pour le rendre liant & l'empêcher de gerfer, mais il faut en mettre peu.

Le

Le *fandaraque* (1) eft une réfine qu'on nous apporte en larmes claires, luifantes, diaphanes, nettes, de couleur blanche tirant fur le citrin ; elle découle des incifions qu'on fait au génevrier. Toutes les efpeces de génevrier ne donnent pas une réfine également belle : celle qu'on employe pour le Vernis vient des grands génevriers qui s'élevent en Italie, en Efpagne & en Afrique : elle s'employe également dans les Vernis à l'efprit-de-vin & dans les Vernis gras ; elle eft la bafe de tous les Vernis à l'efprit-de-vin, excepté néanmoins de ceux qui fe font à la gomme laque : elle ne peut fupporter l'eau-de-vie, ne fe fond point dans l'effence, que très-difficilement dans l'huile, mais feulement à feu nu ou dans l'efprit-de-vin.

Le *maftic* eft une réfine pure qui découle en été fans incifion ou par incifion du tronc des groffes branches du lentifque, qu'on nous apporte en grains, ou en larmes, groffes à-peu-

_____

(1) Le fandaraque eft la bafe de la plûpart des Vernis à l'efprit-de-vin : il faut pour cela le trier, c'eft-à-dire, ôter les matieres étrangeres qui peuvent s'y trouver, ôter même les morceaux qui ne font pas tranfparens ; enfuite laver ceux de choix avec une leffive bien claire, compofée d'une livre de potaffe jettée dans quatre pintes d'eau dépofée ou filtrée, & répéter cette leffive plufieurs fois dans différentes eaux ; quand il eft fec, on peut le retirer, & on le lave alors à l'efprit-de-vin. On le prépare ainfi pour les Vernis clairs & pour les Vernis gras.

La dofe dans les Vernis clairs eft d'une livre fur une pinte, une plus grande quantité le feroit blanchir. Quand on en met moins pour épargner, on le fupplée par des gommes pour donner le même corps au Vernis.

O

près comme des grains d'orge, de couleur blanche tirant sur le citrin, luisantes, plus transparentes que le sandaraque : on le distingue dans les boutiques en mâle & femelle ; le mâle en larmes est le meilleur, il s'employe également dans tous les Vernis ; sa propriété est de les rendre lians, moins secs ; en effet ils souffrent mieux le poli, lorsqu'on y a incorporé du mastic.

Le *sangdragon* est une résine séche, friable, d'une couleur rouge comme du sang, tirée par incision d'un arbre appellé *draco-arbor*. Il y en a de quatre especes. Le meilleur est celui qui est pur, naturel & en masse, tel qu'il découle de l'arbre. On y apperçoit des parties terreuses, des pailles & des matieres hétérogenes. Celui qui est en aveline est fondu & composé, & s'apprête ordinairement à Marseille. Le sangdragon n'est bon que pour donner de la teinture, & un beau coloris ; il s'employe dans les Vernis à l'esprit-de-vin, dans les Vernis gras & dans ceux à l'essence, & fond également dans ces trois menstrues.

La *laque* est une espece de résine dure, d'un rouge brun, qu'on prétend venir d'un dépôt que font certaines fourmis volantes sur les branches d'arbres, en y formant des ruches. Elle vient en Europe de trois façons ; en branches, telle que les fourmis la déposent sur les arbres, c'est la meilleure. La plate, dont on se sert plus communément pour le Vernis, est celle qui a été séparée des bâtons, fondue, passée & jettée sur un marbre où elle se réfroidit en larmes ou plaques ; & celle en grain, qui reste après qu'on en a séparé la partie colorante pour faire la teinture, qu'on reconnoît en ce qu'elle est d'une couleur plus pâle & plus transparente.

La laque est très-excellente pour vernir les fonds noirs, ou bruns : elle donne de la dureté & du coloris au Vernis, mais si on en employoit une trop grande quantité, portant avec elle une couleur rouge, elle lui communiqueroit sa couleur, qui voileroit & terniroit les teintes sur lesquelles on l'appliqueroit ; elle s'employe plus communément dans l'esprit-de-vin que dans l'huile.

La *térébenthine* est un fluide visqueux, gluant, résineux, clair & transparent, qu'on tire par incision, ou qui découle naturellement du mélèse, du térébinthe, du pin, sapin, &c. & improprement de tous les arbres coniferes. On en vend de quatre especes ; savoir, celles de Chio, de Venise, de Suisse & de Bordeaux. La premiere sert pour les médicamens ; celles de Venise & de Chio sont meilleures pour les Vernis, mais comme elles sont fort cheres, on se sert plus communément de celles des Pyrenées, ou des landes de Bordeaux.

La térébenthine est composée de deux parties qui toutes deux servent à la composition du Vernis ; nous avons vu ce qu'étoit sa substance spiritueuse, en définissant l'essence ; nous allons considérer ce qu'elle est lorsqu'elle sort sans incision, ou par incision des arbres, ou lorsqu'elle est dégagée de sa substance spiritueuse.

Lorsqu'elle sort par incision, & qu'elle s'y desseche, on l'appelle *galipot* ; on nomme *térébenthine* le fluide qui sort en premier de

O ij

l'incision : ce qui s'épaiſſit s'appelle *barras*. Lorſqu'on met l'arbre qui donne cette ſubſtance par un bout ſur le feu, comme font les payſans des landes, il en découle par l'autre extrémité: 1°. Une matiere blanchâtre, un peu viſqueuſe, que l'on connoît ſous le nom de *poix réſine blanche* : 2°. Une huile noire qui entre dans la compoſition du goudron : 3°. Enfin ce qu'on qualifie de *poix noire*, ou *poix de Bourgogne*.

Si l'on diſtille la térébenthine à l'aide de l'eau bouillante dans des vaiſſeaux fermés, la portion la plus fluide qui s'éleve dans le récipient, eſt ce qu'on appelle *eſſence de térébenthine*. Ce qui reſte, & prend aiſément une conſiſtance ſolide, donne la *térébenthine cuite*, qui, lorſqu'on la fait recuire & fondre, donne la *colophone* ou l'*arcançon*.

La térébenthine eſt une des matieres eſſentielles aux Vernis : elle entre dans la compoſition de preſque tous ceux faits à l'eſprit-de-vin, à l'huile & à l'eſſence : ſon principal mérite eſt de leur donner du brillant, du liant & de la limpidité. Les autres gommes que l'on y ajoute contribuent ſeulement à les faire ſécher, & à leur donner du corps : ainſi ils doivent leur beauté à la térébenthine, & ils tiennent leur conſiſtance des réſines. Quoique fluide, la térébenthine n'y laiſſe aucune humidité, l'action du feu fait évaporer le flegme qui s'y rencontre, & il n'y reſte que la réſine & l'eſſence, qui toutes deux priſes ſéparément, ſont également bonnes pour les Vernis, & qui réunies enſemble lui donnent les qualités requiſes pour faire l'excellent Vernis. Elle a cependant un défaut, qui eſt de le rendre un peu ambré, ce qui vient de ſa couleur jaunâtre.

Toutes les autres matieres qui dérivent des diverſes préparations de la térébenthine, telle que l'huile de poix, la poix-réſine, la groſſe térébenthine, la réſine, la colophone, l'arcançon, dont on vient de parler, peuvent ſervir à faire du Vernis; mais comme par ces différentes préparations la térébenthine ſe trouve toujours altérée, on ne les employe gueres que pour faire des Vernis communs, ou de gros Vernis, qu'on applique lorſqu'on veut mettre un enduit quelconque ſur des ſujets qui ne méritent pas les frais d'une dépenſe un peu conſidérable. On ſe diſpenſera ici d'indiquer la maniere de faire ces gros Vernis; après la deſcription de la façon des plus beaux, il ſera aiſé d'en compoſer de moins fins avec toutes ces matieres, & de les combiner entr'elles, comme on le jugera à propos.

On ne fait donc gueres, ou point de Vernis avec de la poix grecque ou de la colophone: il ſeroit à la vérité aſſez brillant, mais roux, auroit l'inconvénient de ne pas ſécher, & ſeroit couvert de pouſſiere avant que d'être parfaitement ſec.

Les *bitumes* ſont des matieres huileuſes & minéraliſées qu'on rencontre dans le ſein de la terre, & qui ſont tantôt liquides, tantôt ſolides; ils different des réſines en ce qu'ils ſont moins friables & indiſſolubles dans l'eſprit-de-vin. L'ambre jaune ou ſuccin, l'aſphalte ou bitume de Judée ſont les bitumes qui entrent le plus ordinairement dans la compoſition des Vernis. Quoique le copal ſoit regardé comme

la réfine d'un arbre, cependant fes rapports
avec le fuccin, dont il a toutes les propriétés
relatives à notre Art, nous ont déterminé à
le ranger dans cette claffe. En effet, il en a
la belle tranfparence, la dureté & l'indiffolu-
bilité dans l'efprit-de-vin. C'eft même cette
obfervation qui nous a déterminé à faire voir
la nuance imperceptible des réfines aux bitumes, & qui nous démontre que chaque claffe
tient à fa fuivante, par des fubftances qui
ont des qualités communes aux deux claffes.

Le *copal* eft une réfine dure, jaune, luifante, tranfparente, dont il y a deux efpeces;
l'une appellée copal oriental, qui vient des
Grandes-Indes & de la Nouvelle-Efpagne; la
feconde qui vient d'un arbre qui croît abondamment fur les montagnes des Ifles Antilles
& à Cayenne. Il la faut choifir en beaux morceaux, d'un jaune doré, bien tranfparent,
peu friable & léger.

Le copal eft la plus belle réfine qui ferve
au Vernis; fa légere teinte, & fa tranfparence
font regretter qu'il faille, pour le maintenir
dans un état de fluidité, des huiles qui l'obf-
curciffent toujours un peu. Si les procédés de
la Chymie pouvoient trouver quelque liqueur
qui en s'incorporant avec lui, lui conferv.t
fa blancheur & fon éclat, on auroit trouvé
le fecret fi defiré d'une matiere qui furpafferoit
de beaucoup le Vernis tant vanté de la Chine
& du Japon, & le nôtre alors l'emporteroit
fur celui des Chinois & fur la Nature elle-même.

Le *karabé* (1), autrement dit *fuccin*, ou

_____

(1) En latin *electrum* : en effet, c'eft à lui que l'on

ambre jaune, est une substance bitumineuse, dure comme la pierre, d'une couleur tantôt jaune, tantôt blanchâtre, tantôt citrine, belle, luisante, transparente, qu'on doit choisir en beaux morceaux durs, clairs, se liquéfiant au feu, & s'y enflammant. Il sert à faire les Vernis moins beaux sans doute que ceux au copal, mais bien plus durables ; la dureté de sa substance lui donne une solidité inaltérable.

Ces deux matieres sont indissolubles dans l'esprit-de-vin, à la chaleur du feu, & l'on ne connoît point de liquides qui puissent les faire fondre à froid ; on prétend néanmoins que quelques Chymistes sont venus à bout de les fondre dans l'esprit-de-vin à feu nu, & à froid dans différens liquides : comme ces procédés ne sont pas connus, qu'il ne paroît pas

doit la découverte de l'électricité ; de-là vient qu'on a nommé corps électriques tous les corps qui de même que le succin, ont la propriété d'en attirer de plus légers, ou de les repousser.

M. Neumann, dans une Leçon publique sur le succin, imprimée à Berlin en 1730, en Allemand, dit que les Hollandois font passer pour de l'ambre une résine végétale, nommée *gomme de look*, qui vient de l'Amérique. Ce savant fait observer que quand cette gomme est présentée seule, on peut aisément la reconnoître, à ce que 1°. elle est peu électrique ; 2°. à ce que son odeur n'est pas celle du succin ; 3°. que mise dans l'esprit-de-vin elle y perd beaucoup de sa substance ; 4°. qu'elle ne donne pas de sel volatil par la distillation. Mais quand elle se trouve mêlée avec du véritable ambre, & en morceaux de volume égal, il est très-difficile de la distinguer : aussi est-ce de cette matiere que les Hollandois ont coutume de l'exposer en vente.

O iv

d'ailleurs qu'on ait eu des diffolutions entieres
& aifées ; jufqu'à ce qu'on ait fur ces diffolutions des réfultats fatisfaifans , l'on doit
adopter pour principe la propofition fuivante.

Le copal & le karabé ne fe diffolvent point
dans l'efprit-de-vin ni dans aucune effence ,
même à l'aide du feu , ni à froid dans aucun
autre liquide ; mais on parvient à les fondre
à feu nu , ou en les faifant cuire avec des
huiles.

Un homme de condition qui s'adonne aux
Arts , ayant vu la premiere édition de mon
Livre , où j'ai pareillement configné cette
propofition comme principe , m'a fait l'honneur de m'écrire qu'il avoit fondu ces deux
fubftances à froid , & qu'il m'en montreroit ;
il m'a fait voir plufieurs flacons où fe trouvoient
des liquides qui m'ont paru par l'emploi faire
un bon Vernis, & par l'odeur être effectivement
un réfultat de diffolution de copal & de karabé ;
il m'affure qu'il les a fondus à froid, mais il n'a
pas voulu me dire comment il procédoit.

L'*afphalte* ou *bitume de Judée* , eft une fubftance folide , caffante , reffemblant à la poix ,
noire , fulphureufe , inflammable , exhalant
en brûlant une odeur fort défagréable. Il faut
le choifir d'un beau noir , luifant , compact ,
plus dur que la poix , n'ayant point d'odeur ,
que quand il eft approché du feu ; prenant
garde qu'il ne foit mélangé avec de la poix ,
ce qu'on reconnoîtra par l'odeur.

Celui qu'on vend dans le commerce eft prefque toujours le *caput mortuum* de la rectification
de l'huile de fuccin. Les Hollandois ont en
Hongrie des mines de fuccin dont ils fe fon

rendus propriétaires : ce fuccin n'étant point de défaite comme fuccin, ils le diftillent, en retirent à part le fel & l'efprit, qu'ils purifient ; quant à l'huile, ils en obtiennent l'huile d'ambre dont fe fervent les Maréchaux, & la matiere dont nous traitons ici, qu'ils nomment *bitume de Judée.*

L'afphalte fond dans l'huile & fert à faire des Vernis gras, noirs, & pour faire des mordans, étant onctueux. On en ufe moins depuis qu'on fait des mordans jaunes qui valent mieux pour bronzer, la bronze prenant toujours de la couleur du mordant. Il ne peut, étant noir de fa nature, fervir pour faire des Vernis à tableaux, ni pour des fonds colorés, conféquemment il ne doit jamais s'employer avec le copal, qui eft une réfine blanche & tranfparente.

CHAPITRE IV.

De la compofition des Vernis.

Nous avons annoncé trois fortes de Vernis, *Vernis clairs* ou à l'efprit-de-vin, *Vernis gras* ou à l'huile, & *Vernis à l'effence* : d'après cela il femble qu'il ne nous refte plus qu'à indiquer quelle eft la maniere de faire le meilleur de chacun de ces trois Vernis. Le meilleur, foit à l'efprit-de-vin ou à l'huile, étant donné, on ne devroit pas ce femble en préfenter d'autres ; & c'eft entrer dans des détails fu...

perflus, qui paroiffent multiplier fans raifon
les êtres, que d'en préfenter qui avec les mêmes
matieres font dofés différemment ; telle eft
dans toute fa force une objection faite fur ma
premiere édition, à laquelle je crois devoir
répondre ici.

Si l'emploi du Vernis étoit le même, c'eft-
à-dire, fi on ne l'appliquoit que fur les mêmes
fujets, & de la même maniere, fans contredit
il fuffiroit d'un feul Vernis, lequel ne devroit
jamais varier dans fes dofes ; mais l'emploi en
eft fi varié, les fujets qui le reçoivent font fi
différens entr'eux, foit par leur pofition qui
les rend plus ou moins fujets au frottement,
foit par leur expofition qui leur eft plus ou
moins avantageufe, foit même par les modes
particuliers à ces fujets, telle que la couleur, &c.
qu'il ne faut pas s'étonner de voir tant de fortes
de Vernis ; & quoiqu'il foit très-vrai de dire qu'il
n'y a qu'une feule claffe de Vernis clairs, & une de
Vernis gras, qui font ceux dont l'efprit-de-vin
ou l'huile font la bafe ; cependant on auroit
tort de croire que c'eft l'envie de les multiplier
qui en a fait imaginer les variétés, que c'eft un
charlatanifme de Marchand, on m'a lâché le
mot, qui m'a fait donner différentes recettes,
qui, les mêmes au fond, ne different que pour
la fomme des dofes, d'où naît leur différence,
ou de beauté, ou de folidité, ou de cohéfion,
différence dont on rendra compte en expli-
quant les motifs qui font varier ces dofes.

Cette variation en entraîne néceffairement
une dans les prix ; plus ou moins de peines,
de foins, de préparations, de favoir dans l'ouvrier établiffent cette différence. Il feroit in-

juſte de déterminer un prix par un autre, &
de vouloir réduire toutes les marchandiſes &
mains d'œuvres à un même tarif : cette injuſtice
ne ſe commet que par ceux qui n'ont que des
connoiſſances médiocres, & qui croient que
tout doit ſe meſurer ſuivant les limites d'un
ſavoir très-circonſcrit.

Nombre de perſonnes ſont encore dans l'opinion qu'il y a des Vernis qui réſiſtent à l'action
du feu, & qu'en en enduiſant des vaſes de
porcelaine, de métal, ils pourront les expoſer
aux flammes, ſans que le Vernis en ſoit altéré.
Cette prévention de l'incombuſtibilité du Vernis a ſa ſource dans une confiance peu réfléchie,
accordée à quelques Ouvriers qui ſe ſont vantés
d'en avoir le ſecret : prévention qui ne ſe feroit
jamais accréditée ſi on eût penſé qu'on ne peut
faire du Vernis ſans y employer des réſines ou
des bitumes, n'importe avec quelle liqueur ; or
comme jamais on ne peut ôter à ces ſubſtances
leur diſſolubilité, qui conſiſte toujours dans des
parties inflammables, il n'eſt plus poſſible de
les rendre indeſtructibles au feu.

Je ſais cependant que de tems à autre on
annonce dans les papiers publics des Vernis
incombuſtibles. Ceux de l'année paſſée 1772,
Gazette d'Agriculture, Nos. 77 & 78, voy.
la Gazette de France ; nous ont entretenu de

---

(1) M. le Docteur Glaſer vient d'inventer une eſpece
de Vernis qui rend le bois impénétrable à l'action du
feu. Son ſecret a été mis à l'épreuve la plus forte &
la plus authentique : trois maiſons conſtruites en bois
ont été entourées de matieres embraſées ; l'une a été
bientôt réduite en cendres, elle n'étoit pas verniſſée,

la découverte d'un Vernis, par le Docteur Glaser, qui rend le bois impénétrable à l'action du feu ; elles annoncent que ce secret a été mis à l'épreuve la plus forte & la plus authentique, par la Société œconomique électorale de Saxe, & par celle de Hambourg, qui l'ont fait constater le 16 Août dernier 1772. Je crois bien le fait, que de trois maisons en bois, dont deux étoient vernissées par le Docteur Glaser, une qui ne l'étoit pas a été incendiée, & que les deux autres ont été préservées de la flamme : je le crois, dis-je, mais je soutiens qu'elles n'étoient pas enduites d'un Vernis, c'est-à-dire, d'une substance composée de résines & de liquides déflegmés comme les nôtres ; à moins que le Docteur Glaser n'ait jugé à propos d'appeller Vernis une liqueur quelconque, en ce cas il faudroit s'entendre avant de contester : mais jusqu'à ce qu'on soit certain de la nature de cette liqueur, je me présume suffisamment fondé en raison physique pour ne pas croire à l'incombustibilité du Vernis. Je ne me départirai pas encore de cette opinion, quoiqu'il se soit établi dans mon quartier une manufacture de tôle vernissée, qu'on a prétendu pouvoir servir au feu. Résister quelque tems à l'action

---

les deux autres ont constamment résisté à la violence des flammes par la vertu du vernis dont elles avoient été enduites.

Il s'est adressé à la Société œconomique électorale de Saxe, & à celle de Hambourg, pour en constater le succès, le 16 Août. *Gazette d'agriculture*, N°. 77 & 78, 1772, de Suhl, dans le Pays de Henneberg en Saxe, le 28 Août.

de l'eau bouillante , ou à une chaleur de feu
suffisante pour cuire une omelette , n'est pas
satisfaire à la question , & ne donne pas le
droit d'annoncer des vases à l'épreuve du feu.

Les Mémoires de l'Académie des Sciences
de l'année 1759, font mention d'un Vernis
mastic, trouvé par le sieur Guillaume Martin,
Vernisseur à Rochefort, frere du fameux Martin
Vernisseur à Paris, qu'il nommoit Camourlot,
d'un nom tiré de l'Hébreu (1), qui avoit passé

_____

(1) Mémoire de l'Académie 1759. Vernis de Guillaume Martin , Vernisseur à Rochefort ; ce Vernis que
son auteur nomme Camourlot, nom tiré de l'Hébreu ,
a paru, d'après des épreuves juridiques faites pendant
sept ans, avoir des propriétés avantageuses.
Les propriétés du Camourlot sont, qu'employé dans
l'intérieur d'un navire , il ne s'attache ni aux marchandises , ni aux habits de ceux qui sont employés à la
manœuvre, qu'il dissipe & fait périr les vers & autres
insectes qui s'engendrent dans l'eau stagnante du fond
de cale : que sur l'extérieur du navire il chasse tous
vers , insectes & coquillages , ce que ne fait pas le
goudron ordinaire : qu'il garantit le bois de toute
action corrosive de l'eau de la mer : qu'il ne s'écaille
point au plus grand froid : qu'il ne se fond ni se bour-
souffle au plus grand chaud : qu'il obéit dans les tour-
mentes à la flexibilité des parties du vaisseau , sans se
casser ni se refendre : enfin qu'il s'étend plus que la
courroie ordinaire , ce qu'il reprend sur lui-même sans
qu'on soit obligé de mettre le feu & de racler les endroits qu'on juge devoir enduire de nouveau. D'un
autre côté, on s'en est servi à joindre des dalles de
pierre d'Arcueil , & des carreaux de terre cuite , &
quelques jours après on n'a pu les séparer sans rompre
les épreuves qui ont été faites sous les yeux de M.
Souflot, Contrôleur des bâtimens du Roi. On a pensé
en conséquence, qu'il seroit excellent pour les terrasses
& les carrelages, s'il n'est point altéré par l'intempérie &

222 L'ART DU VERNISSEUR.

pendant sept ans par les épreuves les plus
juridiques, & dont la description intéressante
fait regretter qu'on n'en ait pas acquis la recette, pour la rendre publique. Ma profonde
vénération pour tout ce qui porte le nom de
Martin, nos Maîtres dans l'Art du Vernis,
ne m'empêchera pas de dire que ce Vernis n'en
étoit sûrement pas un de la nature des nôtres,
son nom même de mastic le prouve.

L'Art de faire le Vernis, consiste, comme
nous l'avons dit, ou à dissoudre plusieurs résines dans un fluide, ou à incorporer un liquide
dans des résines ou bitumes fondus, de maniere
qu'ils ne puissent pas reprendre leur premier
état & consistance. Nous avons fait connoître
quels étoient les liquides & les substances qui
servoient à leur composition ; actuellement nous
allons indiquer comment on fait dissoudre les
résines dans des liquides, ou comment on incorpore des liquides dans des résines fondues.
Nous établirons d'abord des préceptes généraux
préliminaires à la cuisson des Vernis ; ensuite
nous donnerons ceux qui sont particuliers à

---

la chaleur des saisons, & comme il s'incorpore bien
avec le bois de menuiserie, comme on l'a expérimenté,
on pourra l'employer utilement aux boiseries des lieux
humides, & aux parquets des rez-de-chaussée. Le sieur
de Boisjumeaux, l'un des associés du sieur Martin,
prétend encore qu'on doit le regarder comme incombustible, des charbons allumés dont il avoit recouvert
plusieurs pieces de bois enduites de ce vernis s'étant
éteints & le feu ne s'étant point communiqué aux bois ;
mais on a remarqué à ce sujet, il y a quelques années,
qu'un chymiste avoit proposé un goudron incombustible,
dont en effet plusieurs douves ayant été recouvertes,
elles souffrirent la même épreuve sans que le feu y prît.

chaque sorte de Vernis. Cette maniere de démontrer par préceptes détachés, comme nous
l'avons fait dans les Arts précédens, nous
paroît plus simple & plus facile à être re-
tenue.

Le vrai secret de l'Artiste est d'être simple
dans ses procédés. Cette simplicité, que l'on
n'acquiert que par une très-longue expérience,
paroît à l'ignorant, l'ignorance de l'Art ; il ne
croit aux succès qu'autant que ses recettes &
ses manipulations sont bien chargées, & c'est
précisément ce qui le fait échouer, & il s'imagine qu'en accumulant ainsi les matieres il
saisira le point de perfection, tandis que c'est
en les élaguant qu'on y parvient. L'Art doit
être, s'il est possible, comme la Nature, il
doit faire beaucoup avec peu, & il le doit
faire sans complication, sans efforts. La vraie
science du bon Manipulateur est donc de distinguer quelles sont les matieres qui lui sont
essentielles, quelles sont celles qui peuvent
suppléer à un grand nombre d'autres. Son procédé en est plus sûr & moins coûteux. Les
matieres multipliées souvent se contrarient entr'elles ; plus souvent elles s'énervent & se minent réciproquement ; leurs effets sont détruits
par des contraires, ou émoussés par des sem-
blables, & bien loin d'atteindre à la perfection, l'Artiste ne remplit pas même son objet.
Ainsi dans la composition du Vernis, il ne
faut que deux ou trois substances au plus : il
ne dépend pas même de notre caprice de ne
prendre que telle ou telle matiere. Les meilleures nous étant connues, la façon de les
employer étant certaine, à quoi serviroit de

multiplier les recettes & les façons ? Il faut employer les meilleures & rejetter les autres.

Préceptes Généraux,

Pour la compofition des Vernis en général.

1°. Tous les Vernis doivent contenir des matieres folides & brillantes ; ces deux qualités , conftituent le beau & bon Vernis : ils doivent être très-ficatifs , conféquemment il faut que les liquides qu'on employe pour fondre les matieres, foient parfaitement déflegmés & ficatifs.

2°. Tous les bitumes & réfines propres à faire le Vernis , s'ils font trop chauffés fe brûlent , deviennent tendres & fujets à fe réduire en poufiere , & perdent leurs qualités , lorfqu'on les veut polir.

3°. Il faut monder , nettoyer , & caffer en petits morceaux , toutes les matieres qui fervent à faire les Vernis , mais non les réduire en poudre , pour les cuire , parce qu'en s'attachant au parois des vaiffeaux , elles fe brûlent plus aifément , & qu'il eft bien plus aifé de les faire fondre lorfqu'elles font en petites maffes.

4°. Il eft défendu par plufieurs Reglemens, de faire des Vernis dans l'intérieur des villes ; cette police eft prudente ; les matieres font fi combuftibles qu'elles pourroient caufer les plus grands incendies : d'ailleurs leur odeur eft fi pénétrante qu'elle fe porte très-au loin , & incommoderoit un voifinage ; auffi les Verniffeurs font-ils obligés de les faire hors les bar-
rieres

rieres & dans les campagnes. On eſt moins
ſcrupuleux pour les Vernis à l'eſprit-de-vin ;
cependant ils n'en ſont pas moins dangereux :
il eſt important de ne jamais perdre ſon opération de vue , & de prendre toutes ſes précautions en cas d'accident.

Il faut faire toutes ſes diſſolutions au jour ,
& écarter toute lumiere. Si l'on travailloit dans
un endroit obſcur , & qu'on voulût approcher
une bougie ou une chandelle allumée près des
matieres , la vapeur des réſines , de l'eſprit-
de-vin ou des huiles , peut prendre feu , &
cauſer un incendie. Il faut en cas d'accident,
avoir pluſieurs peaux de mouton ou de veau,
ou des toiles doubles toujours humides , pour
jetter ſur les vaiſſeaux qui contiennent les matieres & étouffer la flamme.

5°. On ſe ſert de l'action du feu pour mélanger les liquides & les ſubſtances dont la
réunion donne le Vernis : mais il n'eſt pas
poſſible de déterminer le tems néceſſaire pour
les cuire ; cela dépend de la force du feu ,
qu'on doit tâcher de ſoutenir également, ſans
le forcer ni l'affoiblir.

6°. Si on ſe brûle , pour empêcher les
cloches, prenez de l'eſprit-de-vin , imbibez-en
ſur le champ la brûlure , ou mettez-y une
compreſſe d'eſprit-de-vin , qu'il faudra bien
arroſer : à défaut d'eſprit-de-vin , enveloppez
la brûlure d'une emplâtre d'huile d'olive & de
litharge d'or pulvériſée , qu'on bat enſemble ,
& dont on fait une bouillie claire.

7°. Autrefois on faiſoit des Vernis de différentes couleurs : le Dictionnaire Economique
en cite beaucoup de recettes , mais on a re-

P

connu que les Vernis en font moins beaux ; les diverfes matieres qu'on y fait entrer, pour le colorer, l'alterent, & ne pouvant pas y fondre facilemént y laiffent toujours des *feces* qui ne font que le maigrir. Ainfi on a reconnu qu'il valoit beaucoup mieux donner telle teinte de couleur que l'on jugeoit à propos à fon fujet, & y appliquer enfuite le Vernis, qui, quand il eft bien fait, ne doit rien changer au ton des couleurs.

8°. Une regle générale à laquelle il ne faut jamais manquer, eft de tenir toujours très-propres & bien bouchés, les vafes qui con-tiennent les matieres néceffaires à la compofi-tion des Vernis, ainfi que ceux qui doivent conferver les ; car rien ne s'évente fi aifé-ment, & un Vernis éventé s'épaiffit, bru-nit & ternit les couleurs.

9°. Quand le Vernis eft fait, il faut avoir grand foin de le purifier, le plus qu'il eft poffible, de toute ordure & pouffiere, en le paffant par un tamis de foie ou linge fin ; & lorfqu'il eft bien purifié, ayez la précaution de couvrir le vafe qui le contient, de crainte qu'il ne tombe quelques grains de pouffiere dedans.

10°. C'eft le fujet qu'on veut vernir, qui doit déterminer lequel des trois Vernis on eft dans le cas d'employer. S'il doit être expofé à l'air extérieur, & aux injures du tems, il faut y appliquer des Vernis gras ; fi au contraire, il doit être renfermé, foigné & confervé dans l'intérieur des appartemens, alors on employe des Vernis à l'efprit-de-vin, qui tout auffi brillans, ne portent point d'odeur, féchent plus vîte & font auffi folides, dès qu'ils ne reçoivent pas l'impreffion continuelle de l'air & du foleil.

Quant au Vernis à l'effence, excepté celui dont on fe fert pour les tableaux, on lui a donné affez mal à propos le nom de Vernis. Celui qu'on appelle ainfi dans la pratique, eft un compofé de matieres affez communes qu'on fait fondre enfemble, & dont l'efprit-de-vin eft la bafe. On en a indiqué les recettes dans l'Art du Peintre.

11°. Le Vernis gras fupporte aifément l'ardeur du foleil, parce que le karabé ou le copal qui le conftituent, font trop durs pour en être altéré. Le fandaraque, au contraire, qui eft la bafe du Vernis à l'efprit-de-vin, fe diffolvant au foleil, fouvent ne réfifte pas à fon ardeur lorfqu'il eft employé au Vernis : c'eft ce qu'on voit plus fenfiblement dans les grandes chaleurs de l'été, où les Vernis à l'efprit-de-vin des appartemens fe tourmentent, & donnent quelquefois de l'odeur, quand ils ont été mal faits.

SECTION PREMIERE.

De la compofition des Vernis à l'efprit-de-vin.

PRÉCEPTES PARTICULIERS.

1°. Les Vernis à l'efprit-de-vin fe font tous au bain-marie. On fait que l'appareil du bain-marie confifte à mettre un vaiffeau dans un autre vafe plein d'eau, lequel en bouillant fur le feu, communique fa chaleur au vaiffeau qui contient les matieres & les fond. Le feul foin qu'on doit avoir lorfqu'on fait des Vernis clairs ou à l'efprit-de-vin, eft de veiller à ce que la chaleur foit toujours égale, & ait affez d'action pour procurer la diffolution des ma-tieres.

2°. Ne rempliffez qu'aux trois quarts le vaiffeau qui doit contenir l'efprit-de-vin & les gommes; l'autre quart eft réfervé pour laiffer au liquide la liberté de fe gonfler, de fubir quelques bouillons, & à recevoir la térében-thine; fans cela l'efprit-de-vin s'évaporeroit en bouillonnant.

3°. Mettez tout de fuite la quantité donnée de liquide & de matieres néceffaires pour faire votre Vernis, & lui donner du brillant & du folide. Le fandaraque donne la folidité au Vernis à l'efprit-de-vin, & ils reçoivent leur brillant de la térébenthine.

4°. Laiffez chauffer le vafe jufqu'à ce que vous apperceviez que le fandaraque eft fondu; ce que vous connoîtrez lorfque la fpatule n'é-prouvera plus de réfiftance en la remuant, & lorfqu'en la retirant elle vous préfentera un liquide chargé en liqueur.

5°. Incorporez-y alors la quantité donnée de térébenthine, que vous aurez pareillement fait fondre féparément au bain-marie, dans l'efprit-de-vin.

6°. Laiffez aux matieres réuhies, éprouver encore huit à dix bouillons pour les cuire enfemble : vous vous affurerez que l'incorpo-ration eft faite, lorfqu'avec la fpatule vous fentirez une réfiftance égale; c'eft la preuve que les matieres font dans une parfaite flui-dité.

7° Le Vernis fait, passez-le par un linge fin ou tamis, pour en ôter toutes les matieres étrangeres qui auroient pu s'y introduire, soit même les morceaux qui n'auroient pas éprouvé de liquéfaction parfaite. Gardez-vous bien de les remettre au feu pour les faire fondre avec ce qui l'est déjà, cela n'aboutiroit qu'à brunir les Vernis.

8°. Laissez reposer au moins vingt-quatre heures votre Vernis avant que de l'employer, parce qu'il dépose & se clarifie de lui-même.

9°. Plus le Vernis à l'esprit-de-vin est nouveau, meilleur il est; car étant gardé il graisse, jaunit & devient ambré; au contraire du Vernis à l'huile, qui s'embellit à être conservé, ainsi qu'on le verra ci-après.

10°. Si cependant on avoit conservé du Vernis un peu de tems, ou qu'on l'eût laissé débouché, il suffit alors d'y verser de l'esprit-de-vin nouveau, & de lui faire subir quelques cuissons; l'esprit-de-vin le rajeunit, le dégraisse & le rend facile à l'emploi; mais il ne devient jamais aussi beau que lorsqu'on l'employe aussi-tôt qu'il est fait. Prenez garde d'y remettre trop d'esprit-de-vin : il faut le ménager, & plutôt en verser à plusieurs reprises.

VERNIS A L'ESPRIT-DE-VIN,

Pour les Découpures, les Etuis, les Bois d'Eventails.

Mettez deux onces de mastic en larmes, & une demi-livre de sandaraque dans une pinte d'esprit-de-vin; quand les matieres seront bien diffoutes enfemble, incorporez-y quatre onces de térébenthine de Venife.

Ce Vernis, fait pour être appliqué fur des fonds tendres, doit être blanc & peu chargé de gommes.

Pour les Boiferies, Bois de chêne, Chaifes de cannes, Fers, Grilles & Rampes intérieurs.

Dans une pinte d'efprit-de-vin, mettez une demi-livre de fandaraque, deux onces de gomme laque plate, quatre onces d'arcançon ou colophone ; quand les gommes font bien fondues, on incorpore fix onces de térébenthine de Venife ; lorfqu'on veut vernir les meubles en rouge, on y met plus de gomme laque, moins de fandaraque, & on y ajoute du fangdragon.

Ce Vernis, qui doit être appliqué fur des fujets qui font dans le cas d'être fouvent touchés, doit être chargé de gommes, parce qu'il eft néceffaire de lui donner du corps ; l'arcançon qui fupplée ici le maftic, & qui eft moins coûteux, lui donne du brillant & du corps ; la gomme laque y ajoute de la dureté : on ne peut pas en mettre dans les Vernis blancs, parce qu'elle rougit. Ces drogues rendent le Vernis plus épais : deux couches tiennent lieu de quatre à cinq d'un autre.

Pour les Violons & autres Inftrumens de Mufique.

Mettez dans une pinte d'efprit-de-vin, quatre onces de fandaraque, deux onces de gomme laque en grains, deux onces de maftic en larmes, une once de gomme élémi ; on fait fondre ces gommes à petit feu, & quand elles ont subi quelques bouillons, on y incorpore deux onces de térébenthine.

Un instrument fait pour être souvent manié, exige un Vernis dur ; en conséquence on y met une légere dose de gomme laque en grains, car une plus grande quantité le rendroit farineux. On y met moins de térébenthine ; elle se chauffe dans les mains ; la gomme élémi la fait durcir, & supplée à la térébenthine dont la dose est moindre.

Pour les lambris d'Appartemens.

On peut employer le Vernis des découpures, mais il jette de l'odeur, ce qui est un très-grand inconvénient, sur-tout lorsqu'on est pressé de jouir.

L'Auteur en compose un qu'il débite avec le plus grand succès, & dont il ne doit la découverte qu'à sa grande expérience, & qu'à ses manipulations multipliées ; à l'avantage d'offrir le plus beau brillant, d'être de la plus grande solidité, il ajoute celui de ne donner aucune odeur ; bien plus, il emporte même celle des couleurs à l'huile, & n'en laisse absolument aucune, ensorte qu'on peut coucher dans un appartement ainsi verni, vingt-quatre heures après son application.

Pour employer le Vermillon sur les trains d'équipages.

Dans une pinte d'esprit-de-vin, mettez six

P iv

onces de fandaraque, trois onces de gomme laque plate, quatre onces d'arcançon ou colophone : les gommes fondues, incorporez-y fix onces de térébenthine Pife ; quand on veut s'en fervir, on détrempe dedans du vermillon à fur & à mefure.

Ce Vernis doit être moins cher que les autres, fon ufage l'annonce : on met moins de fandaraque, parce qu'il blanchit à l'air ; on y fupplée par la gomme laque. La térébenthine Pife eft auffi moins chere ; la gomme laque & l'arcançon donnent du corps & glacent mieux.

Vernis à l'or.

Pilez féparément quatre onces de gomme laque en branches, autant de gomme gutte, autant de fangdragon, autant de rocou, & une once de faffran ; jettez chacune de ces drogues féparément dans une pinte d'efprit-de-vin, que vous tiendrez dans un bocal ou vaiffeau, expofé pendant quinze jours au foleil, ou à la chaleur d'une étuve en les remuant fouvent pour exciter leur diffolution. Les teintures feront plus belles fi elles font faites fans feu. Si vous n'avez pas de foleil, tenez-les un peu éloignées du feu pour leur donner une chaleur égale ; quand elles feront fondues, mêlez-les toutes enfemble : plus ou moins de chacune de ces diffolutions donnent les différens tons de l'or, fuivant la combinaifon qu'on en fait : fi l'on veut vernir de l'argent pour imiter l'or, on le charge de plus de teinture.

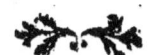

SECTION SECONDE.

De la compofition des Vernis gras ou à l'huile.

Préceptes particuliers.

1°. Le copal & le karabé font les deux fubftances principales qui s'employent dans les Vernis gras ; chacune de ces deux matieres réunit la folidité & la tranfparence qui conftituent les propriétés primitives des Vernis.

2°. On n'employe-point le copal & l'ambre enfemble ; le copal étant plus blanc eft réfervé pour vernir les fonds clairs ; le karabé étant plus dur, fert pour les Vernis gras à l'or, ou à faire des Vernis qu'on employe fur des couleurs fombres.

3°. L'ambre & le copal peuvent fe diffoudre, comme on l'a dit ci-deffus, dans les huiles ; mais nous croyons qu'il vaut mieux les diffoudre feuls, à fec & à feu nu ; par ce procédé ils font moins fujets à fe brûler, & font toujours plus blancs & plus clairs. Quand on les fait fondre dans l'huile, cette liqueur les brunit, parce qu'étant difficiles à s'y diffoudre, il faut un feu plus violent.

4°. L'huile qu'on employe ou pour fondre ou pour incorporer dans les réfines fondues, doit être parfaitement dégraiffée, & la plus blanche qu'il eft poffible. Voyez p. 91 & 196. Le Vernis ne peut fouffrir aucune huile dans fon alliage, fi elle n'eft bien ficative, autrement il ne fécheroit jamais.

5°. Pour diffoudre l'ambre & le copal, il

faut les faire cuire feuls & à fec; & lorfqu'ils
font bien fondus, ce qu'on reconnoît à la fluidité, il faut y ajouter la dofe d'huile graffe
préparée.

6°. Ne mettez jamais plufieurs matieres enfemble pour les faire diffoudre, parce que les
plus tendres étant les premieres liquéfiées, brû-
leroient avant que les plus dures euffent acquis
le même état.

7°. Il fuffit pour faire fondre les matieres
d'avoir un pot de terre verniffé, qu'on puiffe
couvrir de fon couvercle; il ne faut pas le remplir, parce que devant y introduire l'huile &
l'effence, il faut que ces deux liquides puiffent
y tenir, & même y gonfler un peu fans le
répandre.

8°. Placez vôtre pot de terre verniffé, où
font les matieres, tout fimplement, à feu nu
fur des charbons ardens qui ne flambent point,
de peur qu'ils n'embrafent les matieres.

9°. Veillez à la fufion. Evitez de trop chauffer les fubftances, elles noirciroient, per-
droient par là leur principale qualité : trop brûlées, elles ne peuvent plus fervir.

10°. On reconnoît que les matieres font
dans un état de fluidité capable de recevoir
l'huile, lorfqu'elles cedent aifément à une
fpatule de fer, & qu'elles en découlent goutte
à goutte.

11°. Lorfqu'on veut incorporer l'huile dans
les réfines fondues, il faut qu'elle foit très-
chaude, prête à bouillir, mais elle doit être
bien dégraiffée & clarifiée : ce n'eft qu'à l'inftant de l'opération qu'il faut la faire chauffer.
Si on l'employoit fioide, elle faifiroit moins

les matieres & les durciroit en les réfroidiſ-
ſant, au lieu que leur chaleur reſpective étant
égale, les rend plus compatibles.

12º. Ne verſez l'huile préparée que lorſque
les matieres ſont en pleine fluidité, capable
de les recevoir, ce qui n'arrive qu'après quelques bouillons. Pour bien introduire l'huile,
verſez-la peu-à-peu, en remuant toujours avec
la ſpatule, laiſſez enſuite prendre au mélange
quelques bouillons ſur le feu.

13º. Quand l'huile paroît bien cuite avec
la matiere, retirez le pot du feu, & quand
le tout eſt en un état chaud ſeulement, ver-
ſez-y, en remuant bien, de l'eſſence de
térébenthine, qui doit être en plus grande quantité que l'huile. Si lorſqu'on verſe l'eſſence
l'huile étoit trop chaude, l'eſſence prendroit
feu, & brûleroit le Vernis.

14º. Les bons Manipulateurs n'attendent pas
même quelque fois, lorſqu'ils veulent faire
du très-beau Vernis au copal ou au karabé,
que toutes les matieres ſoient fondues. Quand
la majeure partie bouillonne, paroît s'élever,
puis s'affaiſſer, alors ils y incorporent les huiles,
qui ſe prennent avec les matieres fondues ſeulement, & ne diſſolvent pas celles qui ne le ſont
pas encore; par ce moyen le copal & le karabé n'ayant point éprouvé une trop longue chaleur, n'en ſont que beaucoup plus clairs, &
beaucoup plus beaux. Si, quand l'huile eſt incorporée, on vouloit faire fondre les matieres
qui ne le ſont pas, alors, comme je l'ai déjà
dit, on bruniroit le Vernis.

15º. Le Vernis fait, il faut avoir ſoin de le
paſſer par un linge, pour en ôter toutes les

matieres étrangeres qui peuvent s'y rencontrer. Si on y trouvoit quelques morceaux qui ne fuffent pas fondus, il faut fe garder de les remettre au feu avec les matieres fondues, ce qui n'aboutiroit encore qu'à brunir le Vernis.

16°. Remettez ces morceaux d'ambre ou de copal, qui ne font pas fondus dans le pot de terre, & recommencez à les liquéfier, puis incorporez l'huile à l'effence; mais foyez fûr que ce fecond Vernis ne fera pas fi blanc que le premier, par la raifon que les matieres ont été impregnées d'huile, & qu'alors elles deviennent brunes par la cuiffon.

Si on ne veut pas faire fervir fur le champ ces morceaux de copal ou d'ambre, & qu'on ait le tems de le laiffer fécher au foleil, & de les dégager de leurs huiles, on pourra les employer par la fuite comme s'ils n'euffent jamais fervi.

17°. Laiffez repofer les Vernis au moins deux fois vingt-quatre heures pour les faire clarifier : plus ils repofent & plus ils font clairs, & ils ne clarifient pas fi vîte que les Vernis à l'efprit-de-vin.

18°. Le Vernis gras, bien gardé, devient plus beau, mais il s'épaiffit; alors il faut, quand on veut s'en fervir, y incorporer un peu d'effence & lui faire fubir quelques bouillons au bain-marie, cela l'éclaircit.

19°. Quand on veut faire de beaux Vernis blancs à l'huile, il faut à chaque fois avoir de nouveaux vafes; car l'action du feu les fait communément gerfer, l'huile & l'effence s'emparent des endroits gerfés & les pénetrent. Lorfqu'on y veut faire réfoudre des réfines, alors ces deux liquides, dont le vase est imbibé, enflent, brûlent & se mêlent aux résines; elles les noircissent. Ceux qui n'auroient pas employé cette précaution, seroient bien étonnés de n'avoir pas le même effet, & ne sauroient à quoi attribuer cet accident.

20°. Dans les beaux jours de l'été, le Vernis gras doit sécher dans les vingt-quatre heures; dans l'hiver, on met ordinairement le sujet vernissé dans des étuves, ou dans des appartemens où il y a grand feu, & il se séche selon le plus ou moins de chaleur.

21°. L'huile, comme on l'a observé, n'est incorporée dans les substances que pour conserver les matieres en fluidité, & les empêcher de se récoaguler; mais comme l'huile est épaisse, l'essence la rend plus coulante, plus facile à étendre & à sécher.

22°. Il est absolument nécessaire d'y mettre de l'essence de térébenthine, sans cela le Vernis ne sécheroit jamais bien; la dose est ordinairement le double de celle de l'huile. On met moins d'essence dans l'été, parce que l'huile se séchant plus rapidement par la chaleur du soleil, se dégraisse plus vîte, & les ouvrages séchent à fond; au lieu que dans l'hiver, où l'on n'a pas une chaleur aussi forte, & qui souvent n'est qu'artificielle, on met moins d'huile pour rendre le Vernis plus sicatif; mais alors on y incorpore plus d'essence, qui s'évapore plus aisément.

23°. Moins il y a d'huile, plus le Vernis est dur & sicatif; lorsqu'on y en ajoute, il perd de son corps, mais aussi il devient bien plus facile à étendre.

24°. La trop grande quantité d'huile dans

les Vernis l'empêche de fécher , & ils gerfent quand il n'y en a pas affez. La quantité précife n'en peut pas être déterminée ; la dofe ordinaire eft fur une livre de copal ou de karabé, d'incorporer depuis un quarteron jufqu'à une demi-livre d'huile.

VERNIS GRAS ou A L'HUILE.

Vernis blanc au Copal.

Sur une livre choifie de copal fondu, jettez qnatre , fix ou huit onces d'huile de lin cuite & dégraiffée ; quand l'incorporation eft faite, retirez votre pot du feu, en remuant toujours après que la chaleur eft appaifée , jettez-y une livre d'effence de térébenthine de Venife. Si vous voulez qu'il fe perfectionne , paffez - le par un linge , & le gardez : plus il eft confervé , plus il prend de qualité en fe clarifiant. C'eft ainfi que le fameux Martin faifoit fes beaux Vernis blancs , qui lui ont fait tant de réputation.

Vernis au Karabé, ou à l'Ambre.

Le procédé de la manipulation & la quantité des matieres font les mêmes pour le Vernis à l'ambre, ainfi il faut les fuivre. On s'en fervoit plus communément autrefois , parce qu'on l'employoit fur des fonds bruns ; mais comme on a adopté les fonds clairs, le Vernis au copal eft plus en ufage, étant plus blanc que le Vernis au karabé , qui eft toujours un peu ambré ; on réferve ce dernier pour des fonds bruns ou noirs.

Ce font ces deux Vernis qu'on employe pour imiter les Vernis de la Chine, comme nous le verrons dans la feconde partie de cet Art ; mais il faut qu'ils foient fupérieurement faits.

Vernis Noir pour les Voitures & Ferrures.

On fait auffi du Vernis noir pour les voitures & ferrures, avec du bitume de Judée, de l'arcançon & du karabé, qu'on fait fondre féparément, & qu'on mêle quand ils font fondus; enfuite on y incorpore de l'huile graffe, & quand les matieres font encore chaudes, on y ajoute de l'effence.

Vernis gras pour les Trains d'équipages.

Sur une livre de fandaraque fondue, incorporez une demi-livre d'huile de lin cuite, enfuite ajoutez-y de l'effence pour l'éclaircir ; lorfque les trains font peints en couleur à l'huile, ce Vernis conferve les couleurs de façon qu'on peut les laver fans les endommager.

Vernis gras à l'Or.

Faites fondre féparément huit onces d'ambre, & deux onces de gomme laque ; lorfqu'elles feront mêlées, incorporez-y une demi-livre d'huile de lin, cuite & préparée, & enfuite une livre environ d'effence, que vous aurez eu foin de colorer auparavant en y faifant fondre, comme nous l'avons dit pag. 232, de la gomme gutte, du faffran, du fangdragon, & un peu de rocou. C'eft par la mixtion de ces quatre matieres, & en les variant, qu'on réuffit à prendre le ton de l'or qu'on cherche.

VERNIS A L'ESSENCE.

On a donné improprement le nom de Vernis à celui qu'on appelle dans le commerce

Vernis à l'essence ; nous en avons déjà dit la raison page 202. On le compose avec des matieres tendres ; l'essence en est la base. Il n'y a que celui à tableaux qui soit en usage ; les autres, dont nous avons donné les recettes dans l'Art du Peintre, page 57, ne font propres qu'à détremper les couleurs : les préceptes, pour en composer, font les mêmes que ceux dictés ci-dessus pour les Vernis gras.

Vernis pour les Tableaux.

Il ne faut de Vernis aux tableaux que pour rappeller les couleurs, les conserver, & non pas les colorer ou leur donner un brillant qui empêcheroit de distinguer les sujets ; il faut aussi éviter qu'ils soient ternes, mais ils doivent être blancs, légers & doux. A l'esprit-de-vin, ils font gerser les couleurs ; à l'huile, ils les empâtent ; étant trop colorés & trop mats, ils voilent les draperies, empêchent qu'on ne puisse les nettoyer, puisqu'on enleve en même tems les couleurs : ces inconvéniens ont fait rejetter tous les Vernis à l'esprit-de-vin, & les Vernis gras pour les tableaux.

Pour en faire un bon, qui nourrisse parfaitement la toile, maintienne les couleurs dans leur état, & qu'on puisse enlever sans dégrader les sujets, composez-le avec du mastic & de la térébenthine, que vous ferez fondre ensemble dans de l'essence ; repassez-le, & le laissez clarifier. Vous pouvez l'employer sur les tableaux : il faut le savoir bien faire ; j'en débite un assez recherché.

CHAPITRE

CHAPITRE V.

Corps d'obfervations & expofé des connoif-
fances acquifes jufqu'à ce jour fur le
Succin & le Copal.

Sur le Succin.

Avant que de propofer nos réflexions fur la nature de ces deux fubftances, & fur les moyens de perfectionner le Vernis, nous allons rapporter un extrait des différentes Differta-tions données par divers Savans fur leur ori-gine & leurs propriétés. Ce tableau des expé-riences & des opinions infpirera fans doute l'idée à quelques curieux & amateurs de reve-nir fur les expériences, de les tenter, & peut-être pourra occafionner quelques découvertes : en réuniffant ainfi fous un feul coup d'œil tout ce qui a été fait de mieux fur cette matiere, nous épargnons au Lecteur la peine de faire des recherches, & la difgrace d'y perdre beau-coup de tems.

I. On croit communément que l'ambre jaune qui fe trouve dans la mer de Dantzick, eft une gomme que certains arbres fitués fur le bord de cette mer ont pro-duite, & y ont laiffé tomber. Mais on a écrit d'Aix à M. Tournefort, qu'il fe trouve de l'ambre jaune dans les fentes des rochers de Provence les plus dépouillés & les plus ftériles ; ce qui feroit croire que c'eft une gomme minérale, & non pas végétale, & que l'ambre de la mer de Dantzick n'y eft pas tombé de quelques arbres, mais y a été entraîné par le torrens. *Mémoires de l'Académie des Sciences, hift.* 1700. *pag.* 10.

Q

M. Galland, de l'Académie des Inscriptions, a confirmé à l'Académie des Sciences ce qui avoit été dis sur l'ambre jaune dans l'histoire de 1700. Il en a trouvé à Marseille au bas de la mer, dans un endroit où il n'y avoit point d'arbres, & où la mer n'étoit bordée que par des rochers escarpés que les flots battoient dans les gros tems. L'ambre jaune devoit s'être détaché de ces rochers d'où il étoit tombé dans la mer. *Mémoires de l'Académie des Sciences,* 1703. *pag.* 17.

En 1705, M. le Marquis de Bonnac, Envoyé extraordinaire de France auprès du Roi de Suéde, à l'instigation du Cardinal Primat de Pologne, consulta cette même Académie sur la nature du succin : voici la réponse de l'Académie.

« Supposé que le succin soit toujours produit par la terre, du moins quant à sa premiere formation, il reste à savoir s'il est minéral ou végétal.

On n'a jamais entendu dire que dans la Prusse il y ait aucuns arbres qui distillent le succin en forme de résine, ni aucune matiere approchante ; cependant, il paroît plus naturel que les fourmis & les mouches qu'on y voit quelquefois, & qui marquent certainement qu'il a été liquide, ayent été enveloppées par une résine qui aura coulé d'un arbre, que par un minéral qui se sera formé dans la terre. Il faut pour sauver cette difficulté, supposer que le succin ait coulé de quelques rochers, comme une huile de pétrole, ou du moins que celui où l'on trouve de ces petits animaux, ait été quelque tems liquide sur la surface de la terre.

Soit qu'on croie le succin végétal ou minéral, personne n'a jamais dit qu'il l'ait vu liquide ou seulement mollasse ; cependant il a dû l'être, & même exposé à la vue dans les tems où il a enveloppé les animaux qu'on y trouve.

L'analyse de ce mixte qui a été faite par des Chymistes de l'Académie, ne détermine pas précisément de quel genre il est. On y a toujours trouvé une très-petite quantité de liqueur aqueuse qui avoit l'odeur du succin frotté ; beaucoup de sel volatil acide, & beaucoup d'huile en partie blanche comme de l'eau, en partie rousse, & en partie fort noire, selon les degrés qu'on avoit donnés à la distillation ; il reste une terre morte, légère, fpongieufe, noire & luifante, qui ayant été calcinée au feu nu, s'en va prefqu'en fumée, & dont on n'a pu tirer de fel fixe.

La feule différence des analyfes des différens fuccins eft que les tranfparens, ou les plus blancs, ne donnent pas autant d'huile, de fel volatil, & de terre morte que ceux qui étoient plus fales ou plus noirs. Ceux-ci n'ont jamais donné de fel fixe, quoiqu'ils donnaffent plus de terre morte.

L'huile de fuccin a une odeur bitumineufe; ce qui fembleroit marquer que le fuccin eft un bitume; mais il y a certaines réfines dont l'huile diftillée a la même odeur; il y en a auffi, comme le benjoin, qui donnent en même-tems un fel volatil acide, & une huile qui a une odeur bitumineufe.

Il eft aifé de voir combien l'Académie auroit de connoiffances à defirer pour ofer faire une détermination précife fur-tout ce qui regarde le fuccin; il feroit bon de favoir:

1°. Si dans le voifinage des endroits d'où fe tire le fuccin, il n'y a pas quelqu'eau falée ou vitriolique.

2°. S'il y a quelques marques pour reconnoître dans la terre les endroits où il y a du fuccin.

3°. S'il fe trouve ordinairement enveloppé ou mêlé de quelque terre ou fubftance particuliere.

4°. Si le fuccin foffile ne differe en rien de celui qui fe trouve fur la mer.

5°. Si on en tire de la terre du blanc auffi bien que du jaune, & fi ce n'eft pas la chaleur du foleil qui change le jaune en blanc.

6°. Si dans les mêmes endroits d'où fe tire le jaune, on y en trouve auffi du noir.

7°. S'il eft bien certain, comme le difent Philippe Jacques Hartmann dans fon hiftoire du fuccin de Pruffe, & Bartholin fur celui de Danemarck, qu'il fe trouve une efpèce de terre foliée & femblable à ces écorces d'arbres, & qu'il y foit accompagné d'une efpèce de bois foffile, où l'on ne diftingue cependant ni moëlles, ni fibres, ni nœuds, ni bâtons.

Tous ces faits bien avérés donneroient de grandes lumieres fur le fuccin. Si M. le Cardinal Primat vouloit bien employer quelqu'habile homme à ces recherches,

Q ij

ce feroit à fon Eminence que l'Académie auroit l'obligation de fes connoiffances les plus fûres fur cette matiere.

Il feroit bon d'examiner fi les fuccins terreftres ont tout le caractère, & la perfection du fuccin qui fe trouve au bord de la mer ; car il ne feroit pas impoffible que la mer achevât par fon fel de travailler cette matiere , & lui donnât un dernier degré de coction.

II. Pag. 522 de la même année : l'on voit que l'ambre jaune diftillé par la cornue de grais, a rendu du flegme , de l'efprit, de l'huile jaune, du fel volatil & une huile noire & épaiffe, qu'on peut rectifier toute l'huile qui en eft fortie en la diftillant plufieurs fois avec de l'eau jufqu'à ce qu'elle foit devenue claire & belle : cette huile eft graffe, & ne fe mêle pas aifément avec l'efprit-de-vin.

III. Pag. 54 de l'hift. vol. de 1669. On voit pareillement que le fel volatil de fuccin eft acide ; car bien loin de faire effervefcence avec les acides, il le fait avec l'huile de tartre le plus fort de tous les alkalis.

IV. a La *Collection Académique* tom. 2, pag. 68, noûs dit que l'ambre eft une efpèce de poix ou de bitume foffile , puifqu'on en a trouvé non-feulement fur les côtes de Pruffe, mais encore à quelques milles de la mer, dans des terres fortes comme dans des féches. L'on voit dans le même volume que M. Jean Scheffer penfe que l'ambre eft une efpèce de poix foffile dont les veines font au fond de la mer, qu'il fe durcit avec le tems, & que le mouvement de la mer le jette fur le rivage ; il ajoute qu'on en trouve en Suéde, en Pruffe, fur les côtes de l'Ifle de Biorkoo.

b. On voit encore dans le même volume, pag. 338, que M. Herby penfe que l'ambre eft un fluide bitumineux durci par l'action du feu.

c. Tom. 4 de la *Collection Académique*, pag. 115, obfervations de Daniel Ludovic. On trouve près des portes de Virtemberg plufieurs morceaux de fuccin ; plufieurs Auteurs célèbres prétendent que le fuccin appartient au regne végétal , que c'eft une réfine qui découle des arbres ; en effet, on voit près de l'endroit où l'on a trouvé le fuccin, des chênes & plufieurs arbres réfineux, ce qui paroît favorifer ce fentiment : ce n'eft pas cependant celui de l'obfervateur, il regarde le fuccin

comme ine .ubftance bitumineufe qui tient le milieu entre le charbon de terre & le pétrole; car dans le voifinage de Virtemberg on tire encore aujourd'hui, comme
du tems d'Agricole, du bitume fous une forme concrete
du charbon de terre, & du jayet qui reffemble beaucoup à du fuccin qui n'auroit été brûlé que légerement;
d'ailleurs, l'huile du fuccin, tant pour l'odeur que pour
la confiftance, approche beaucoup plus de l'huile de
pétrole rectifiée, que de la térébenthine ou de quelqu'autre réfine tirée des végétaux.

d. Pag. 207 du même volume : obfervations de Thomas Bartholin. On a vu des morceaux de fuccin flexible, & qu'on pouvoit manier comme de l'acier : le fait
fuivant tiré d'une thefe foutenue à Konisberg en 1660,
acheve de démontrer que le fuccin a d'abord été une
fubftance liquide. Des curieux ayant trouvé un morceau de fuccin encore mol & glutineux, le jetterent dans
la mer après avoir mis dedans un petit billet où ils mar-
querent la date du jour & de l'année qu'ils l'avoient
trouvé, afin de conftater à la poftérité, s'il arrivoit à la
longue quelque changement par rapport à la confiftance
de ce fuccin : cent ans après, on a retrouvé ce même
morceau fur le bord de la mer; mais ce fuccin étoit devenu très-dur & très-folide. Il n'y a donc aucun doute
que cette matiere ne doive fon origine à un fuc liquide
& réfineux qui coule de certains arbres, lequel forme
petit à petit une maffe concrete & folide, foit par la fuc-
ceffion du tems, foit même par l'effet du fel marin : au
refte, il y a beaucoup de gens qui foupçonnent avec affez de probabilité que quelque matiere graffe & bitumineufe, contribue à lui faire acquérir cette folidité.

e. Pag. 296 même volume : obfervation fur la formation du fuccin, par Jean-Daniel Major, qui rapporte
ainfi le fentiment de Tacite, dans fon livre des mœurs
des Germains. Le fuccin eft un fuc qui fort des arbres;
puifqu'on voit fouvent dans cette matiere différens corps
qu'on ne trouve qu'à la fuperficie de la terre, & même
des infectes volans qui s'y font embarraffés quand elle
étoit liquide ; cet Auteur croyoit que puifqu'on trouvoit
en Orient des forêts entieres qui produifent l'encens &
les baumes, il devoit y avoir en Occident des ifles & des
continens près de la mer remplis d'arbres qui donnent

Q iij

le fuccin. Les rayons du foleil, ajoute-t-il, l'expriment des arbres : il coule enfuite pendant qu'il eft encore liquide dans la mer qui eft près de ces arbres, & les grandes tempêtes le jettent fur le rivage oppofé. Le fuccin mis au feu brûle aifément, & donne une flamme épaiffe & odoriférante, & la chaleur ramollit en peu de tems cette matiere comme de la poix & de la réfine. Ce que dit ici Tacite, ajoute Daniel Major, de la nature du fuccin, eft indubitable, & doit nous faire ajouter foi à ce qu'il nous dit de fon hiftoire.

V. *a*. Tom. 6, pag. 427. On trouve deux obfervations de Thomas Bartholin que nous allons rapporter fans néanmoins y avoir grande confiance.

M. Scholer a obfervé qu'une goutte d'eau qui fe trouve dans un morceau de fuccin qu'il conferve, diminue de groffeur lorfqu'on fait fécher le fuccin, & qu'elle augmente de volume lorfqu'on fait macérer dans l'eau le même fuccin ; ce qui démontre que le fuccin eft poreux, & que les particules de l'air & de l'eau peuvent pénétrer fa fubftance. Le même M. Scholer a remarqué que le fuccin tenu dans l'eau pendant plufieurs mois, fe dilate & fe gonfle comme une éponge. Il montre un ver à tête rouge qui a été tiré d'un autre morceau de fuccin, & qui eft mort auffi-tôt qu'il a été tiré de fa niche, laquelle a confervé une odeur de lavande.

b. Seconde obfervation. J'avois tiré une teinture du fuccin en le réduifant en poudre fubtile, verfant deffus de l'efprit-de-vin rectifié, & expofant le tout au foleil. Je laiffai cette teinture dans mon cabinet pendant un an & plus : au bout de ce tems, je me fuis apperçu qu'elle avoit dépofé une huile claire, limpide, féparée par gouttes extrêmement rondes, plus épaiffe que l'huile commune du fuccin, d'une confiftance affez femblable à celle de la térébenthine liquide, & qui n'avoit pas le moindre empyreume : ayant tiré de la teinture quelques-unes de ces gouttes d'huile, je reconnus qu'elles prenoient toutes les formes qu'on vouloit leur donner, comme la cire molle. Lorfqu'on les jettoit dans l'efprit-de-vin, elles prenoient une forme globuleufe comme font toutes les huiles, & paroiffoient comme autant de bulles limpides & tranfparentes. Je croirois volontiers que toute la fubftance du fuccin pourroit fe convertir en une huile semblable, sur-tout si on avoit la précaution d'animer par le sel de tartre l'esprit-de-vin qu'on employeroit dans cette opération.

VI. Pag. 369. Tom. 6 de la *Collection Académique*. Les Naturalistes ne doutent pas qu'on ne puisse faire perdre au succin sa forme concrete, en le réduisant à son ancien état par la dissolution; & lui rendre ensuite sa dureté. Le procédé pour y réussir est encore un secret: l'analyse de ce corps pourra jetter quelques jours sur sa formation.

1°. Nous avons pris du succin mis en poudre assez grossiere, & nous l'avons jetté dans de la cire bouillante, il s'est mêlé avec la cire, mais ne s'est pas ramolli; car en goûtant ce mélange, la langue retrouvoit les grains de succin avec leur dureté.

2°. Nous avons eu aussi peu de succès en substituant à la cire la résine de sapin comme plus analogue au succin.

3°. L'huile de nard, celles de térébenthine & de pétrole, ont dissous un peu mieux le succin; mais en mâchant le mélange, on s'apperçoit encore de quelque chose de sablonneux.

VII. 4°. *a* Nous fûmes plus heureux en versant l'huile distillée de lavande sur le succin, car en échauffant doucement le vaisseau de verre où étoit le mélange, nous vîmes le succin s'amollir, & faire avec cette huile un fluide épais comme de la lie, & d'une consistance uniforme. Toutes les autres huiles essentielles & l'esprit de vin bien déflegmé, produisent la même dissolution qui est un excellent remede.

b. 5°. Il entre aisément en fusion s'il est exposé à l'action d'une flamme vive, mais il perd son brillant, & ne reprend sa consistance ordinaire qu'aux dépens de sa solidité, car il devient cassant comme de la résine.

c. 6°. Après l'avoir dissous par les huiles éthérées, si l'on veut lui rendre sa solidité, il ne faut que faire évaporer l'huile qui le tient en dissolution.

d. 7°. Le succin en poudre mis dans un creuset bien fermé & bien luté qu'on exposa à un feu doux, se ramassa en une masse sphérique comme une pelotte, & fort friable: l'on poussa le feu avec violence, le succin entra en fusion, & s'attacha au parois du vaisseau: en durcissant, une odeur de succin brûlée se répandit, & le chaleur feule fit tout, car le fuccin ne s'enflamma point.

e. 8°: L'efprit de fel verfé fur l'huile de fuccin, ne la coagule pas comme l'affurent plufieurs Auteurs , mais l'huile furnage; & il eft impoffible de l'obliger à fe mêler avec cet acide.

9°. Le fuccin peut encore être liquéfié par fon ébulli-tion avec l'huile de lin : cette préparation eft très-connue de ceux qui uniffent le fuccin à la laque pour enduire certains ouvrages de boiferies.

VIII. Pag. 318 du même volume : obfervation de Ga-briel Clauder, tirée des Ephémérides d'Allemagne. Je me fers d'un procédé très-facile & très-court dans l'exé-cution pour embaumer & conferver les corps, pourvu qu'ils n'ayent ni poils, ni plumes; mais que leur peau foit unie. Je prépare de même les poiffons avec leurs écailles, & je les enduis enfuite d'un Vernis dont fe fer-vent les Peintres, que je compofe avec une partie de térébenthine pure, & trois parties d'huile de pin, ou d'huile de térébenthine. On peut fe fervir en place de ce Vernis, des gommes de maftic, ou d'ambre diffoutes dans l'huile de pin, de térébenthine ou de genievre. Le Vernis blanc donne un œil plus beau aux morceaux que l'on veut conferver.

Pag. 420. Un Ouvrier en laque me donna comme un grand fecret une méthode pour diffoudre le fuccin, qui eft de faire brûler & réduire en cendres du fang & une peau de lievre dans un vaiffeau neuf. La vertu de ces cendres ne dépend que du fel alkali. L'efprit-de-vin bien déflegmé produit le même effet.

On trouve dans ce volume pag. 316, le procédé de Jean Daniel Geyer, pour faire un Vernis propre à con-ferver les infectes, inféré dans fes mélanges curieux pu-bliés en 1689. « On prend une livre d'efprit-de-vin , &
» un peu d'ambre clair qu'on fait fondre au bain marie
» pendant quarante huit heures, puis on ajoute un peu de
» à maftic, autant de fandaraque & de térébenthine, on
» fait encore diffoudre le tout pendant vingt-quatre heu-
» res au bain marie, puis on prend l'infecte, on ôte les
» entrailles, ayant bien foin de le laver pendant quelques
» jours avec de l'efprit-de-vin , dans lequel on a mis du
» fucre candi; on l'enduit enfuite à plufieurs reprifes avec
» ce Vernis, jufqu'à ce qu'il devienne luifant , on con-

» fervera de cette façon l'infecte fort long-tems fans
» qu'il fe corrompe.

M. Bourdelin, dans un excellent Mémoire fur le fuccin, qui fe trouve inféré dans les Mémoires de l'Académie des Sciences, année 1742, pag. 143, qui nous étoit
échappé lors de la premiere édition, dit qu'on fait en
général que le fuccin eft compofé d'une grande quantité
d'huile minérale, & d'une beaucoup moindre quantité de
flegme ou d'eau, de fel & de terre : la portion graffe,
ou l'huile qui fait la plus grande partie de ce bitume,
eft regardée par quelques Auteurs comme une véritable
huile de pétrole, &c. Le but de ce Mémoire cité, eft
d'examiner le fel du fuccin.

IX. M. Lémery, dans fon *Cours de Chymie,* nous dit :
Quoique j'appelle ici le karabé un bitume, il y a quelqu'apparence qu'il a pris fon origine des gommes de
peuplier, & de plufieurs autres arbres qui ayant été
pouffés par les vents dans la mer Baltique, ont été mêlés
& perfectionnés en fuccin comme nous le voyons. Car,
outre que les gommes qui découlent des peupliers aux
environs de la mer Baltique, reffemblent en plufieurs
chofes au fuccin, on nous apporte des ifles Antilles une
gomme de peuplier nommée copal, laquelle, quoiqu'elle
n'ait reçu aucune autre élaboration que d'avoir été en-
traînée par des torrens d'eau dans des rivieres d'où on
la retire, eft fi femblable au karabé, qu'on pourroit s'y
tromper facilement : auffi appelle-t-on cette gomme copal, faux karabé.

Son commentateur M. Baron, releve cet article par
une note : il eft bien démontré au contraire que cette
opinion furannée eft purement fabuleufe, & que le fuccin eft un vrai bitume : 1°. Parce que, fuivant les obfervations des meilleurs Naturaliftes, le fuccin fe tire ordinairement des entrailles de la terre, où il eft enfeveli
dans un lit de fable qui eft toujours accompagné & recouvert de vitriol, & de bois foffile. 2°. Parce que la
gomme de peuplier, & la réfine copal qu'on appelle
improprement gomme, ne reffemble que très-imparfai-
tement au fuccin, & feulement quant au port extérieur :
car les principes qu'on en retire par l'analyfe différent
beaucoup de ceux du fuccin; & notamment en ce que
le copal ne fournit point dans fon analyfe un fel volatil

acide, ce qui eſt particulier au ſuccin : l'odeur qu'exhale
la fumée du copal eſt auſſi bien différente de celle que
répand le ſuccin en brûlant. Le même Baron, note ſuivante, dit que le ſuccin eſt preſqu'inſoluble dans toute
autre liqueur que dans les huiles.

X. a. La teinture du Karabé, ajoute Lémery, eſt une
diſſolution de quelques parties de ſuccin faites dans
l'eſprit-de-vin.

Réduiſez en poudre impalpable cinq ou ſix onces
d'ambre jaune, & les mettez dans un matras : verſez deſſus de l'eſprit-de-vin juſqu'à la hauteur de quatre doigts,
bouchez ce matras d'un autre pour faire un vaiſſeau de
rencontre; & ayant exactement luté la jointure avec la
veſſie mouillée, poſez-le en digeſtion ſur le ſable chaud, &
l'y laiſſez pendant trois ou quatre jours, ou juſqu'à ce
que l'eſprit-de-vin ſe ſoit bien chargé de la couleur du
ſuccin. Il faut mettre le ſuccin en poudre, afin que le
menſtrue le pénetre plus facilement : cette teinture n'eſt
que la partie réſineuſe ou graſſe du karabé, dont l'eſprit
de vin s'eſt empreint:une liqueur qui ne ſeroit point ſpiritueuſe diſſoudroit peut-être le ſuccin; mais ce qu'elle
auroit diſſous ſeroit plus impur : c'eſt pourquoi l'on
doit toujours employer un diſſolvantqui ſoit de la même
nature que la ſubſtance qu'on veut diſſoudre.

b. La Note de Monſieur Baron ajoute : il y a ſi peu de
doute à cela qu'une liqueur purement alkaline telle que
l'huile de tartre par défaillance, diſſout beaucoup mieux
le ſuccin, que ne le fait l'eſprit-de-vin le mieux rectifié,
qui n'opere cette diſſolution qu'avec peine & fort impar-
faitement, que lorſqu'on veut avoir une bonne teinture
du ſuccin, il faut y employer un alkali fixe, afin que
l'eſprit-de-vin trouve plus de facilité à pénétrer cette
ſubſtance bitumineuſe qui eſt la ſeule partie dont il ſe
puiſſe charger. Parmi un grand nombre de procédés dé-
crits par les Auteurs de Chymie, pour préparer la teinture du ſuccin par l'intermede de l'alkali fixe, il n'en eſt
point de préférable à celui du célèbre Hoffmann: il conſiſte à mêler exactement enſemble parties égales de ſuccin & de ſel de tartre réduits chacun en poudre ſubtile :
on met ce mélange dans un matras, & après avoir verſé
par deſſus de l'eſprit-de-vin juſqu'à la hauteur de quatre
doigts, & avoir laiſſé le tout en digeſtion pendant quelque tems : on en fait la diſtillation au bain de ſable, pour

en tirer une liqueur spiritueuse, imprégnée de l'huile subtile & aromatique du succin : cette liqueur acquiert la plus grande perfection par le procédé suivant : on réduit en poudre très-fine une nouvelle portion de succin transparent ; & après l'avoir étendu sur une table de marbre poli, on y verse goutte à goutte de l'huile de tartre par défaillance, pour faire prendre au mélange une consistance pultacée que l'on lui enleve après par l'exsication.

Je vais me borner à expliquer comment l'alkali fixe contribue à faciliter la dissolution du succin par l'esprit de vin. Pour cela, il suffit d'observer que le succin est composé, comme on en sera convaincu par son analyse, d'un acide minéral combiné avec une huile de pétrole; que l'esprit-de-vin n'a que très-peu de prise sur cette espece d'huile, par rapport à l'abondance & à la nature de l'acide qui lui est uni, & que de-là vient la difficulté qu'on éprouve à dissoudre le succin par l'esprit-de-vin. Or, l'alkali a la double propriété de s'unir aux huiles & aux acides, & de former avec les premieres un composé savonneux, & avec les secondes un composé salin d'une nature moyenne ou neutre; par conséquent cette espece de menstrue est en état d'attaquer tout à la fois les deux principes de succin, & d'opérer la dissolution de cette résine minérale, & même de la décomposer en quelque façon, en rompant l'union de l'acide avec l'huile essentielle. On conçoit donc par là que le succin ayant été bien pénétré par l'alkali fixe, l'huile de pétrole qui entre dans la composition de ce minéral résineux, se trouve après cela dépouillée de l'acide qui mettoit obstacle à sa dissolution par l'esprit-de-vin, & en conséquence celui-ci trouve beaucoup plus de facilité à extraire l'huile essentielle du succin & à s'en charger : d'où il suit évidemment que la dissolution du succin par l'esprit-de-vin est mal-à-propos appellée dissolution, puisqu'elle n'est, à proprement parler, qu'une simple extraction de la portion huileuse de ce minéral.

Voir ensuite dans le même traité de M. Lémery, l'article de la *distillation* du succin.

XI. M. Lémery, dans son *Cours de Chymie*, pag. 586, dit, le succin est aussi employé pour le Vernis, & qu'on le fait fondre au feu. Là-dessus son Commentateur Baron ajoute en note : voilà une proposition trop vague & trop générale, le succin n'est pas employé indifféremment dans toutes fortes de Vernis, mais feulement dans une efpece de Vernis gras, qu'on appelle Vernis à l'ambre ; mais il ne fuffit pas pour cela de faire fondre fimplement le fuccin au feu, comme dit notre Auteur. Quelqu'un, qui d'après une pareille inftruction, voudroit faire du Vernis à l'ambre, feroit fort embarraffé comment s'y prendre pour réuffir. Tout le fecret des Ouvriers, car ils font fort myftérieux là-deffus, confifte, au rapport d'Hoffmann, à ajouter de l'huile cuite dans l'opération, avant de faire fondre le fuccin réduit en poudre ; & lorf-qu'il eft bien fondu, on diffout le tout dans l'efprit de térébenthine. D'autres procedent autrement, ils mettent fur le feu dans un vaiffeau convenable, tel qu'une mar-mite de fer, garnie d'un couvercle qui la ferme exac-tement, une demi-once de térébenthine : lorfqu'elle eft bien liquide, ils y ajoutent fix onces d'huile de lin cuite, & prefque bouillante.

XII. *a.* L'Encyclopédie fort fuccinte fur nos trois Arts, au mot *Vernis*, nous donne trois manieres de diffoudre l'ambre : l'expérience nous apprend que l'ambre contient une partie vifqueufe, aqueufe ou mucilagineufe, en con-féquence, il exige ordinairement qu'on le faffe évaporer à un très-grand degré de chaleur, avant que de pouvoir le diffoudre aifément dans l'huile avec laquelle il forme enfuite une fubftance d'une nature compofée de celle d'une huile, d'une gomme ou d'une réfine : l'huile éthé-rée de térébenthine ne la diffoudroit même pas, à moins qu'elle ne fût épaiffie, & qu'on ne l'eût rendue propre à ce deffein par le moyen d'une huile féche.

L'huile même dégraiffée ne peut point diffoudre l'am-bre, ni l'huile éthérée de térébenthine à laquelle on in-corporeroit une huile féche : voilà ce que l'expérience démontre. Ces deux menftrues ne peuvent s'amalgamer avec l'ambre que lorfque celui-ci eft en fufion, mais jamais ne peuvent fervir de diffolvans.

b. Il paroît évident, d'après ces obfervations, que l'ambre n'eft pas feulement réfineux, mais mucilagi-neux ; ainfi lorfqu'on voudra tenter de fondre enfemble de petits morceaux d'ambre pour en former une feule maffe ; on fera bien de confidérer cette fubftance comme une fubftance mucilagineufe, & par conféquent propre à fe diffoudre.

1°. Dans une huile épaissie par une évaporation préalable de ses parties aqueuses, ou par la destruction de la portion la plus mucilagineuse.

2°. En la faisant bouillir dans une lessive de sel de tartre ou de chaux vive, ou dans quelque substance plus âcre & plus alkaline encore.

3°. Le digesteur paroît très-propre à dissoudre cette substance résineuse & mucilagineuse, par le moyen d'une huile par expression qu'on ajoute à l'ambre qu'on réduit en poudre subtile, ou empêche ensuite l'un & l'autre de brûler par l'interposition de l'eau. Nous recommandons sur-tout dans cette opération, une digestion lente & modérée plutôt qu'un très-grand degré de chaleur. L'expérience que nous venons de donner nous indique donc trois différentes méthodes pour dissoudre l'ambre sans détruire considérablement sa texture, ou du moins nous met en état de pouvoir lui rendre sa premiere forme, & d'en refaire une espece d'ambre par une opération très-utile. Shaw. Essai Chymical.

XIII. Le *Parfait Vernisseur* nous indique différens procédés que nous allons examiner. Pag. 122. Un habile Chymiste m'ayant assuré que le fond de l'ambre se dissout facilement & se fond comme la cire après qu'on en a séparé l'huile par la distillation, cela m'a fait naître l'idée d'employer le procédé suivant, qui procure la dissolution de l'ambre sans l'intermede de l'huile de lin, & la séparation du fond de l'ambre d'avec son huile.

Son premier procédé consiste à faire torréfier à feu nu l'ambre ; & lorsqu'il est en état de fusion, de le verser dans un seau plein d'eau qui le reçoit & tombe au fond, laissant sur la surface de l'eau les parties huileuses qui y surnagent, que l'on ôte ensuite avec une grande cuiller, & en versant par inclinaison : on ne réserve que l'ambre qui est au fond sous la forme d'une matiere glaireuse : pour l'avoir à part, on fait évaporer l'eau jusqu'à ce que l'ambre reste seul, qu'on retire ensuite pour le mettre dans des bouteilles bouchées. Lorsqu'on veut se servir de l'ambre ainsi préparé, on en mêle avec les couleurs noires, brunes, rouges : on étend pour cela l'ambre coloré avec un pinceau le plus légérement qu'il est possible : s'il n'étoit pas assez coulant pour pouvoir l'appli-

quer uniment, on y ajouteroit de l'efprit de térébenthine pour le mettre au point nécessaire.

XIV. Pag. 128. Pratique pour dissoudre l'ambre avec
de la liqueur de cailloux. Après avoir indiqué la maniere
de la faire, l'Auteur ajoute : prenez de l'ambre la quantité qu'il vous plaira, mettez-le dans un matras, ou autre vaisseau de verre propre à aller au feu : versez dessus
de la liqueur dont on vient de donner la composition
jusqu'à ce que l'ambre soit bien humecté, & même que
cette liqueur surnage un peu : faites ensuite digérer le
tout sur un feu de sable dans ledit matras ou bouteille
ouverte pendant quelques heures, & autant de tems
qu'il faut pour que cette liqueur s'exhale. Lorsqu'elle
est évaporée, on retire le vaisseau du feu pour la laisser
un peu refroidir : on verse alors sur l'ambre de l'esprit-
de-vin rectifié autant qu'il en faut pour le bien humecter, & même un peu surnager : on remet le vaisseau sur
un feu de sable, & on l'y laisse en digestion à une chaleur modérée jusqu'à ce que l'ambre soit dissous, de façon qu'il ne reste que fort peu de marc.

Si l'ambre n'est pas parfaitement dissous, il faut re-
verser par dessus du nouvel esprit-de-vin, & le mettre
de nouveau en digestion, jusqu'à ce que l'ambre se ré-
solve en essence qu'on peut réduire en telle consistance
que l'on veut, en faisant évaporer l'esprit-de-vin en plus
ou moins grande quantité.

Cette composition, ainsi que les précédentes, est également propre à dissoudre la copale qui est indissoluble
dans l'esprit-de-vin : on pourroit aussi s'en servir pour
dissoudre la gomme laque plate, & les autres résines &
bitumes qu'on voudroit faire entrer dans la composition
de différens Vernis. On pourroit, pour cet effet, conserver ces matieres ainsi disposées, séparément & d'une
consistance liquide dans des vaisseaux de verre, pour mêler ensuite ces différentes dissolutions dans des proportions convenables pour composer sur le champ diverses
sortes de Vernis.

XV. Composition de l'esprit-de-vin urineux, propre
à dissoudre toutes sortes de résines, bitumes, & autres
corps huileux.

Prenez une livre de sel ammoniac, demi-livre de sel

de tartre, & une livre d'efprit-de-vin bien rectifié : dil-
tillez le tout enfemble, & il paffera une liqueur dans le
récipient propre à la diffolution dont il s'agit. Il eft aifé
de voir que dans cette opération le fel de tartre s'empare
de l'acide du fel ammoniac, & forme avec lui un fel
neutre qui refte dans l'alambic, tandis que l'efprit urineux dégagé de l'acide, paffe avec l'efprit-de-vin dans le
récipient.

XVI. 130. Autre liqueur urineufe pour le même objet. On prend parties égales de fel ammoniac & de chaux
vive, & on les broye continuellement fur un marbre :
pendant cette opération la matiere exhale une odeur très-
pénétrante & très-fétide, mais point malfaifante : on humecte de tems en tems ce mélange en le broyant, & on
en fait une efpece de pâte, qui, étant expofée à un air
humide, fe réfout pour la plus grande partie en une
liqueur urineufe tout-à-fait limpide ; on peut fe fervir
de cette liqueur comme de celle de cailloux, en y ajoutant de l'efprit-de-vin.

XVII. Plufieurs Ouvriers, ajoute le Parfait Verniffeur, & particuliérement les Vernifleurs en carroffes,
font fondre doucement l'ambre dans un creufet, jufqu'à
ce qu'il devienne noir, enfuite le réduifent en une poudre qui a l'œil brun, & font bouillir cette poudre dans
de l'huile de lin ou dans un mélange d'huile de lin & d'huile
de térébenthine ; ils choififfent communément l'huile cuite
pour cet effet ; mais il paroît plus à propos de préférer
l'huile naturelle & non cuite, afin que l'ébullition néceffaire pour acquérir la cuiffon convenable, puiffe être employée dans le même tems pour la faire agir fur l'ambre.

XVIII. On trouve dans un ouvrage de M. Stockar
imprimé à Leyde en 1760, fous le titre de *Specimen inau-*
gurale de fuccino, plufieurs expériences fur cette matiere. Il a trouvé qu'en continuant pendant douze heures une chaleur vive, & en confinant la vapeur autant
que des vaiffeaux de terre peuvent la fupporter, que
l'ambre étoit diffous parfaitement dans les huiles tirées
par expreffion & dans la térébenthine.

Stockar fait une autre obfervation ; c'eft que le fuccin
qu'il analyfe fe trouve fur les montagnes, près de
Neufort en Suiffe, dans le chevelu des racines ou fou-
ches enfouies, dont on a abattu les tiges depuis long-tems.

XIX. Hoffmann, Obferv. Phyfico-Chymiques, dit :
Je ne puis me difpenfer de rapporter une expérience
curieufe que je fis il y a quelques années avec l'ambre.
Je mis quelque peu d'ambre pulvérifé dans un vaiffeau
de verre, & je verfai deux fois autant d'huile d'amande
douce : je plaçai enfuite le vaiffeau dans un autre, fait
exactement comme la machine digeftive de Papius qui
étoit au tiers plein d'eau ; & après l'avoir exactement
bouché, je l'expofai pendant plus d'une heure à un feu
modéré : je retirai le vaiffeau lorfqu'il fut refroidi, & je
trouvai l'ambre diffous en une matiere gelatineufe, tranfparente, fur laquelle nageoit une petite quantité d'huile
fluide. Il paroît, ajoute Hoffmann, par cette expérience,
que les huiles tirées par expreffion ont beaucoup de vertu pour diffoudre l'ambre, fur-tout lorfque l'élafticité
de l'air eft augmentée, & les corpufcules de l'huile pouffés avec violence dans les petits pores de l'ambre par la
la machine de Papius.

XX. Henkel, dans fa Piritologie, pag. 136, dit que le
fuccin eft un corps qui tire immédiatement fon origine
& fes principes des fucs gras de la terre, comme tous
les minéraux qui fe trouvent dans fon fein ; il prétend
que par l'analyfe chymique il fe diffout en partie dans l'efprit-de-vin, fur-tout lorfqu'il eft huileux & qu'il donne un
fel volatil qui ne fait point d'effervefcence avec les acides, quoiqu'il en faffe avec l'huile de tartre.

Page 497, du même Ouvrage, on trouve une differtation fur le fuccin foffile de Saxe, où il déclare, pour
rendre encore plus fenfible l'affinité qu'il y a entre le
fuccin & l'acide de vitriol, que c'eft ce même acide qu'on
doit employer pour favorifer cette diffolution, & que le
refte ne dépend que d'une certaine manipulation.

XXI. Dictionnaire de Médecine in-fol. au mot ambre. Il eft bon de favoir, premierement, que l'ambre fe
diffout totalement lorfqu'on le fait bouillir avec une leffive forte que l'on prépare avec le fel cauftique du régule
d'antimoine, qui fe fait en faifant fondre dans un creufet à feu violent deux parties de nitre, avec une de régule d'antimoine. Ce fel étant mêlé avec une quantité
égale d'ambre, fe diffout prefqu'entiérement, lorfqu'on
les fait bouillir enfemble dans une quantité fuffifante
d'eau ; il y a même cela de particulier que la leffive qui
avoit

avoit auparavant une faveur cauftique, perd une grande
partie de fon acrimonie, & devient plus tempérée. Ce
qui vient peut-être de ce que le fel lexiviel eft neutra-
lifé par l'acide de l'ambre, qui étant réduit en liqueur
par ce moyen, devient un remede excellent.

XXII. Le Lecteur ne fera peut-être pas fâché de favoir la maniere dont on diffout l'ambre pour en compofer un Vernis, dont les Ouvriers font un grand fecret.
Dict. de Méd.

On fait fondre une livre d'ambre pulvérifé fur un feu
de charbon, dans un vaiffeau de terre qui n'eft pas verniffé, & on le verfe pendant qu'il eft fluide dans un plat
de fer; on le pulvérife une feconde fois, & on le diffout
enfuite tout-à-fait dans un vaiffeau de terre pareil au
précédent, après y avoir ajouté de l'huile de lin préparée, & cuite avec de la litharge & de l'efprit de térébenthine.

Il paroît clairement par ce procédé que l'ambre contient beaucoup d'humidité aqueufe & mucilagineufe,
dont on doit le féparer en le faifant fondre, pour que
l'huile de lin & l'efprit de térébenthine puiffent pénétrer
aifément dans le corps réfineux qui refte : l'huile diftillée, quelque fubtile qu'elle foit, n'eft point propre à
diffoudre l'ambre, à moins qu'on ne la tempere avec
une huile tirée par expreffion, ce qui prouve évidemment que la fubftance de l'ambre contient avec fes parties réfineufes quelque chofe de mucilagineux.

XXIII. M. Rouelle, dans fon *Cours de Chymie*, dont
on a bien voulu me confier un manufcrit, dit à l'article
fuccin :

On met le fuccin dans une petite marmite de fer, dont
le couvercle ferme exactement, on l'y fond à grand feu :
quand il eft bien fondu, on y introduit l'huile de lin auffi
bouillante : on les remue bien enfemble, on mêle avec le
Vernis, l'huile ou l'effence de térébenthine, autrement
il feroit trop épais.

Les huiles effentielles, ni celles par expreffion ne diffolvent point le fuccin. M. Rouelle dit avoir vainement
effayé de le diffoudre dans ces matieres par une digef-
tion de 16 mois : il a auffi tenté, en faifant bouillir les
huiles, toujours inutilement; il faut, ajoute-t-il, pour
faire le Vernis, 1º. que l'huile foit rendue ficative avec

R

de la mine de plomb ; 2º. que le fuccin foit fondu, & l'huile bouillante : il faut pour fondre le fuccin un degré de chaleur, fupérieur à celui qui fait bouillir l'huile ; fi l'huile n'étoit pas bouillante, le fuccin fondu fe grumeleroit. Si le fuccin étoit fondu en poudre très-fine, l'huile furnageroit fur le fuccin fondu, au lieu que les grumeaux pefans s'y enfoncent, & fe fondent à leur tour. On met d'abord la térébenthine, puis le fuccin grumele, on le couvre exactement, de peur que la matiere ne s'enflamme par le contact de l'air. Pour s'en fervir au pinceau, on l'étend dans l'huile effentielle de térébenthine.

XXIV. M. Macquer, que j'ai l'honneur d'avoir pour Cenfeur, dans fes *Elémens de Chymie*, pag. 204, dit qu'on diffout dans les huiles & à l'aide du feu, les bitumes, ou réfines fur lefquels l'efprit-de-vin n'a point d'action, & qu'on en forme une autre efpece de Vernis que l'eau ne peut altérer. Ces Vernis font ordinairement colorés, & beaucoup plus longs à fécher : ils portent le nom de Vernis gras. Dans fon Dictionnaire de Chymie, au mot *Bitume*, M. Macquer renvoie à l'article Vernis & Succin, qu'on ne trouve pas dans ce volume. Le fuffrage de cet habile homme auroit marqué fans doute, & fixé les opinions.

Voir une Differtation fur l'ambre, Journal Œconomique, Février 1760.

Sur le Copal.

XXV. Il y a dans le tome IXe. de la Collection Académique, contenant les Mémoires de l'Académie de Berlin, un Article, ayant pour titre : *Recherches hiftoriques & chymiques fur le Copal*, par M. Lehmann : nous y renvoyons le Lecteur, nous nous contenterons feulement d'indiquer les réfultats des expériences, pour déterminer dans quelle claffe on peut ranger le Copal.

L'Auteur penfe que le Copal eft un bitume : en effet, dit-il, le Copal par fa figure extérieure, par fa forme indéterminée, par les infectes qui s'y trouvent renfermés, auffi bien que par fes différentes couleurs, reffemble très-fort au Succin, & par conféquent à un bitume il devient fort électrique, & garde son électricité pendant un espace de tems assez considérable, il ne la perd même pas quand on le brûle à la chandelle.

2°. Il donne sur le feu en brûlant une flamme claire, de fortes vapeurs, une fumée épaisse, & une odeur particuliere comme les autres bitumes, tels que l'ambre, &c.

3°. Après avoir été consumé, il laisse, comme le font en partie les bitumes, un beau résidu léger & noir, qui a beaucoup de ressemblance avec l'asphalte brûlé.

4°. Il ne se laisse dissoudre aisément ni dans l'esprit-de-vin, ni dans aucun autre menstrue, à l'exception de l'huile de térébenthine, & ces menstrues n'en viennent à bout qu'après une forte digestion & ébullition. Si c'étoit une gomme, il faudroit au moins que l'eau distillée pût en dissoudre quelque chose : si c'étoit une résine, elle devroit se dissoudre aisément, au moins dans l'alcohol : si c'étoit une gomme résine, les deux menstrues devroient en attirer au moins ce qui leur convient. Puis donc que les choses ne se passent pas de cette maniere, c'est une nouvelle preuve que c'est un corps d'un tout autre ordre, & qu'on ne peut le regarder que comme un bitume.

Le Copal, en le distillant, donne son peu de flegme, sa double huile en grande quantité, & sa terre de poix comme les autres bitumes.

6°. Son flegme se comporte comme le flegme qu'on tire de la distillation de l'ambre *per se* seulement; il n'est pas mêlé avec un sel volatil acide.

7°. L'huile qu'on en tire par la distillation a la même couleur, la même odeur bitumineuse, & le même poids spécifique que l'huile de Succin.

8°. On obtient par sa rectification la même sorte d'huile que fournissent les huiles bitumineuses rectifiées, & elle a la même vertu de dissoudre les corps, & les mêmes propriétés que les autres huiles éthérées bitumineuses.

9°. Cette huile se mêle plus difficilement avec l'esprit-de-vin, que les huiles éthérées du régne végétal.

XXVI. 10°. Le Copal avec l'huile de térébenthine, donne un Vernis qui est pour la plus grande partie femblable au Vernis d'ambre. Voyant donc que l'huile de térébenthine attaquoit fi bien le Copal , j'en pris un loth, ou demi-once, dit le Differtateur, auquel je joignis deux onces ou quatre loths d'huile de térében-thine : je fis bouillir le tout convenablement au bain-marie , & cela entra en folution d'une maniere affez complette pour donner un beau Vernis clair, d'un jaune couleur d'or, qui ayant été délayé avec de nouvelle huile de térébenthine, & paffé convenablement à tra-vers un drap net, donnoit un luftre encore plus beau que celui que j'avois préparé avec l'efprit-de-vin.

XXVII. Des expériences réitérées m'ont appris dans la fuite que quelques autres huiles éthérées font auffi propres à diffoudre le Copal, & j'ai procuré de fem-blables folutions avec l'huile de fabine, & avec celle de menthe : au contraire, les huiles exprimées, comme celles de lin, d'olive, d'amandes, en bouillant avec le Copal, n'en diffolvent rien, il demeure au fond fous la forme d'une maffe recuite.

Les menftrues alkalins ne font pas capables de le dif-foudre : car ayant employé l'huile de tartre par défail-lance la plus pure, auffi bien que l'efprit de fel am-moniac, préparé avec le fel alkali fixe, la chaux vive & la cérufe, je ne remarquai point qu'il en réfultât au-cun changement. L'efprit-de-vin le plus rectifié, & le meilleur efprit-de-vin tartarifé n'ont pas été plus effi-caces.

XXVIII. D'après M. Margraf, j'ai pris une dragme de Copal réduite en pouffiere déliée , fur laquelle je verfai un loth d'efprit-de-vin tartarifé, & je fis bouillir le tout dans un alambic de verre de médiocre grandeur: comme par ce moyen l'efprit-de-vin s'envoloit en grande partie, j'en verfois peu à peu de nouveau, de façon que j'en employai cinq onces à cet ufage; au moyen de quoi tout le Copal fut diffous à la réferve d'une petite quan-tité de matiere blanche & gluante, qui fe laiffoit éten-dre, & travailler comme une réfine, fans pourtant s'at-tacher fortement aux doigts.

XXIX. Je pris enfuite les maffes gluantes, j'y verfai deffus une demi-once d'une huile de térébenthine pure: je fis bouillir le tout au feu de fable, & j'obtins par ce moyen un beau Vernis à laque, qui féchoit bien, &

donnoit un fort beau lustre, fort propre à relever les couleurs vives.

XXX. Lorsque j'eus l'honneur de communiquer cette expérience à M. Eller, il me dit que la solution du Copal s'effectuoit encore mieux dans du bon esprit-de-vin camphré : je pris donc deux onces de l'esprit-de-vin le mieux rectifié, dans lequel je fis dissoudre autant de camphre qu'il étoit possible : je versai ensuite cet esprit sur du Copal réduit en poussiere déliée, & je mis le tout bien bouché à une douce digestion, secouant en même-tems souvent ce mélange ; & de cette maniere je parvins à la solution du Copal, à une très-petite quantité près. Cette solution donne pareillement une espece de Vernis, fort délié, mais clair.

L'Auteur rapporte ensuite différentes expériences qu'il a faites par la voie seche sur le Copal & sur son huile ; d'où il conclut que l'Ambre & le Copal dans leur origine sont des résines fluides, qui, dans la suite du tems, se coagulent au moyen d'un acide du regne minéral, de sorte que le tout se réduit à la quantité plus ou moins grande, dans laquelle cet acide afflue, ou dans la maniere dont il attaque telle espece des parties constitutives, & s'unit plus ou moins avec elles.

Son *caput mortuum* est pareil à celui de l'ambre ; il se laisse travailler comme lui, seulement il est beaucoup plus mou, ce qui vient de la plus grande quantité de parties huileuses : car tandis que l'ambre donne à peine trois quarts d'huile, on en tire du copal jusqu'à sept huitiemes.

XXXI. C'est avec de l'huile à laquelle j'avois fait prendre beaucoup de consistance, que j'avois trouvé le moyen de joindre à du copal dissous dans l'esprit-de-vin, que je faisois des bâtons de Vernis, qui, quoique gras, se durcissoient sur le champ, il étoit déja sec, au point de pouvoir être manié avant que d'être étendu sur les pieces où on le vouloit, & il devenoit dur presqu'aussi-tôt qu'il y avoit été appliqué. La maniere dont on l'appliquoit ne peut être d'usage que pour vernisser des ouvrages de métal. *Mémoires de l'Académie des Sciences*, année 1746, pag. 494. Par M. de Réaumur.

XXXII. Le *Dict. de Médecine*, au mot *Copal*, prétend qu'on le fait dissoudre dans l'huile d'aspic ; & M.

Macquer a eu la bonté de me confier une petite bouteille dans laquelle il y avoit du Copal fondu dans
l'huile d'anis.

RÉFLEXIONS.

J'AI réuni fous un même point de vue le
plus grand nombre d'obfervations qu'il m'a
été poffible de raffembler fur les deux principales matieres qui entrent dans la compofition
du Vernis gras. Je me contente de les citer
fans critique ni remarques ; puifque, comme
je l'ai annoncé, je ne fuis pas Chymifte, &
que je n'ai aucune notion de cet Art fublime,
il ne me conviendroit pas de jetter des doutes
fur des procédés & des réfultats que prétendent avoir obtenu d'habiles Chymiftes ; & ,
quoique je préfume bien que tous ne font pas
exacts, ayant tenté par moi-même quelques
expériences, cependant je fuis trop peu initié
dans les myfteres de leurs opérations, pour
affurer pofitivement que tel ou tel Auteur digne
de foi, s'eft trompé. Dans les diftillations &
les analyfes, tout dépend d'une grande habitude à manipuler ; en outre , il faut des connoiffances recherchées pour faifir à propos le
fait de l'expérience ; n'ayant ni la pratiqu' ni
la théorie, je me contente de préfenter mes
réflexions. Les Savans y auront tels égards
qu'ils jugeront à propos ; mais auparavant que
de raifonner fur les faits , analyfons les autorités ci-deffus citées.

J'ai rangé le fuccin dans la claffe des bitumes. Il paroît que depuis Tacite jufqu'au com-

mencement de notre siecle , on croyoit que
c'étoit une résine qui exsudoit de certains arbres ; on l'a rangé successivement dans les végétaux , les minéraux , les fossiles. On ignore
encore si c'est une résine ou un minéral ; c'est
ce qui nous a déterminé, d'après les observations ci-dessus , à le mettre au nombre des résines bituminisées, faisant l'anneau de la chaîne
qui lie le végétal au minéral; on n'a pas éclairci
si celui qui se trouve sur le bord de la mer est
le même que celui qu'on rencontre dans le
sein de la terre ; on pourroit voir par les observations les plus récentes , qu'il tire sa substance des sucs gras de la terre , qu'il n'ex-
sude d'aucun arbre ; enfin, que c'est un bitume
fossile. Voir les Observations 1 , 4, 4e, 4c ,
5 , 9 , 20 , ci-dessus citées.

Les Savans paroissent s'accorder à dire qu'il
contient beaucoup de sel volatil acide. Observ.
4, 2 , 3 , 9 , 10a, 20.

Qu'il est poreux , mucilagineux ; qu'il contient du flegme & des parties aqueuses. Observ.
2, 5 , 12b , 22. Ce fait de son état mucilagineux ne nous paroît pas démontré.

Qu'il contient de la terre morte 1. ; qu'il
donne de la teinture 5. 6. ; qu'il contient beaucoup d'huile 12. 13. ; que son sel est acide ,
puisqu'il fait effervescence avec les alkalis 3. ;
que toute la substance du succin peut se convertir en huile, si on a la précaution d'animer
l'esprit-de-vin par le sel de tartre 5. 6. ; peut-
être auroit-on mieux dit , qu'il se résout sous
une forme concentrée, qui lui donne l'apparence d'une huile ; que l'esprit de sel ne coagule pas avec les huiles. Observ. 7e.

Qu'il est dissoluble dans l'huile de nard, de pétrole 6. dans l'huile distillée de lavande 7. avec le sel de tartre dans l'esprit-de-vin 5. 6. 10*b*, avec l'huile de lin 7. 11. 18*d*. (j'en ai fondu) avec la cendre du sang & d'une peau de lievre, qui donnent un sel alkali, ainsi qu'avec l'esprit-de-vin bien déflegmé 8., avec le sel de tartre, mêlé à l'huile de tartre par défaillance, & l'huile de tartre par défaillance seule 10*b. c. d.*, avec le sel de tartre seul 12 *b.* avec de la chaux vive 12. *b.*, avec de la liqueur de cailloux 14., avec de l'esprit-de-vin urineux 15. 16., dans des huiles tirées par expression & dans la térébenthine 11. 17. 18. 24., ce qui est démenti par l'Observ. 23. dans l'huile d'amande douce, à l'aide de la machine de Papin 19., dans l'esprit-de-vin, par l'intermede de l'acide du vitriol 20., avec une lessive forte que l'on prépare avec le sel caustique du régule d'antimoine 21.

J'ai pareillement rangé le copal dans la classe des bitumes ; l'article 25 démontre pourquoi nous l'avons rangé dans cette classe. Le Dissertateur le croit dissoluble dans l'huile de térébenthine 26. Dans quelques huiles éthérées, telles que celles de sabine & de menthe ; qu'il ne l'est point dans les huiles exprimées, ni dans les menstrues alkalins, tels que l'huile de tartre par défaillance ; & le sel de tartre ; que l'esprit-de-vin rectifié & l'esprit-de-vin tartarisé n'ont aucun effet 27. ; que cependant ce dernier parvient à l'amollir, & que l'huile de térébenthine bouillie parvient à en dissoudre les masses gluantes 29. dissoluble dans l'esprit-de-vin camphré. M. de Réaumur prétend l'avoir

fait dans l'huile d'afpic & l'efprit-de-vin 31.
32. Il l'eft certainement dans l'huile de lin ;
j'en ai fait la diffolution, & M. Macquer m'a
fait voir une bouteille où il y en avoit de fondu
dans l'huile d'anis.

Il paroît que le copal a beaucoup d'analogie
avec le fuccin ; qu'il a comme lui fon *caput
mortuum* ; qu'il eft moins dur par fa plus grande
quantité d'huile ; qu'il eft un vrai bitume comme
l'autre, quoique les diffolutions s'en operent
par des voies différentes.

Voilà les faits. Voici mes raifonnemens.

On ne doit point oublier que je ne confidere
le fuccin & le copal que fous le point de vue
de leurs propriétés pour le Vernis. Il paroît,
en général, que les Chymiftes les ont plus ana-
lyfés en Phyficiens ou dans la vue d'en employer
les produits dans les médicamens.

On doit, pour la perfection de l'Art du
Vernifleur, défirer, ou que les Vernis à l'efprit-de-vin acquierent plus de folidité, ou que
les Vernis gras deviennent plus brillans. Les
premiers font peu durables, le fandaraque eft
trop mou, la térébenthine n'eft que brillante,
l'efprit-de-vin léger. Les feconds font moins
beaux ; l'altération qu'occafionne au copal &
au karabé, l'action violente du feu gâte leur
tranfparence ; & l'huile qu'on y introduit,
quelque nette & blanche qu'elle foit, les ternit
toujours. L'efprit-de-vin s'incorpore avec les
matieres en même tems qu'elles fe fondent ;
il les maintient enfuite dans un état de fluidité,
& paroît les rendre à elle-même par fon évaporation ; d'où il réfulte que la qualité des matieres qui entrent dans la compofition des Ver-

nis clairs, n'eſt nullement altérée par le mélange de l'eſprit-de-vin, au lieu que dans les
Vernis gras, il faut, pour ainſi dire, violen-
ter les ſubſtances, les forcer à recevoir l'huile;
elles ne ſe rendent qu'à une chaleur violente;
elles ſe refuſeroient à la diſſolution, ſi en les
faiſant bouillir avec l'huile, on n'employoit
une action de feu bien plus violente que celle
qui ſuffit à l'huile, ce qui l'altere & la brûle:
il y a donc moins d'homogénité; cette con-
trainte qu'elles éprouvent doit donc leur faire
perdre de leurs qualités: auſſi ſans cette huile
qui retient, pour ainſi dire, les parties qui s'é-
chappent, ou plutôt qui cherche à les remplacer, ces ſubſtances ne pourroient jamais recou-
vrer leur beauté, leur force & leur tranſparence, encore en perdent-elles beaucoup que
cette ſubſtitution ne leur reſtitue jamais.

Il eſt démontré, par une pratique conſtante,
qu'il n'y a que trois liqueurs qui puiſſent entrer dans la compoſition des Vernis; ſavoir,
l'eſprit-de-vin, l'huile de lin préparée & l'eſſence de térébenthine, comme on l'a établi dans
le commencement de cette partie. Il paroît
démontré dans la pratique, j'entends la pratique des Manipulateurs comme moi, que l'eſprit-de-vin & l'eſſence, ne peuvent diſſoudre
ni le copal ni le ſuccin, & que l'huile ne les
fond que difficilement, en ſacrifiant ſa beauté
& ſa blancheur. Cependant les obſervations
ci-deſſus ſemblent nous dire poſitivement le
contraire: elles font l'énumération de pluſieurs
liquides propres aux Vernis, & préſentent
différens menſtrues pour fondre ces deux matieres, ſoit qu'on employe les menſtrues ſeuls,

foit qu'on les faffe aider par quelques intermedes. Avant que d'adopter aveuglément ces
diverfes opinions , il feroit effentiel de s'affurer :

1°. Si les différens liquides qu'on employe
pour faire le Vernis , ont toutes les propriétés
néceffaires , ou plutôt s'ils n'en ont pas qui
leur foient contraires ? Ainfi il faudroit foumettre à un fcrupuleux examen, les efprits-de-
vin tartarifés , camphrés , fur-tout ceux qu'on
animeroit par les alkalins, de même que les
huiles de nard, de pétrole, les huiles par expreffion , les huiles éthérées, telles que celles de
fabine, de menthe, d'afpic , &c.

2°. Si, en leur fuppofant toutes les qualités
requifes , elles peuvent procurer les diffolutions des matieres ? en admettant encore cette
diffolution ? Si ces liqueurs maintiendroient ces
matieres dans un état de fluidité , capable de
recevoir ou l'huile de lin ou l'effence de térébenthine, ou telle autre liqueur néceffaire pour
pouvoir les employer ?

3°. Si les menftrues qu'on emploie feuls font
fuffifans pour diffoudre nos bitumes ? S'ils le
font , il faudroit encore favoir fi la diffolution
arrivée par ces menftrues n'altéreroit pas leurs
qualités ? c'eft-à-dire , la tranfparence & la
folidité , qui font les deux plus effentielles au
Vernis; ainfi il ne s'enfuit pas de ce qu'on peut
peut-être diffoudre le fuccin dans l'huile de
nard , de pétrole, d'afpic , & le copal dans
les huiles de fabine, de menthe, ou dans l'efprit-de-vin tartarifé ou camphré ; il ne s'enfuit
pas , dis-je , qu'on pourroit employer cette
diffolution comme Vernis, elle peut y être ou

inutile ou nuisible ; & de ce qu'on peut diffoudre ces deux fubftances dans l'huile de lin dégraiffée ou autre huile , on n'en doit pas con-
clure que le procédé eft fuffifant, puifque ,
comme on l'a démontré , l'huile les ternit, &
fe brûle fouvent elle-même.

4°. Si les intermedes qu'on employe , foit
dans les huiles , foit dans l'efprit-de-vin ; tels
que les fels de tartre , l'acide du vitriol, les fco-
ries du régule d'antimoine, l'huile de tartre par
défaillance , diffolvent aifément ces deux fubftances ? en le fuppofant , fi ces intermedes ne
lui donneroient pas du flegme ou de l'humidité ? ce qui eft contraire à l'effence du Vernis , fuivant nos principes , & le rendroit fujet
à gerfer : ou bien , fi la diffolution qu'ils peuvent procurer feroit affez bien faite , pour que
les matieres ou les liqueurs n'en fuffent point
altérées ?

5°. En pouffant plus loin le raifonnement ,
il faudroit s'affurer fi , en admettant que les
intermedes facilitent les diffolutions & qu'ils
foient contraires à l'état de Vernis , on ne
pourroit pas les faire évaporer ; & alors fi l'évaporation , en rendant les matieres à elles-mêmes , les laifferoit dans un état de fluidité capable de recevoir ou l'efprit-de-vin ou l'huile,
& de ne pas fe recoaguler auffi-tôt l'abfence
des intermedes.

Ainfi l'on voit qu'en admettant pour vrais
& conftans tous les procédés qu'on annonce
diffoudre le copal & le karabé , il pourroit fe
faire que la queftion propofée , s'il y a des
menftrues qui diffolvent ces deux fubftances ,
fût encore à réfoudre , fur-tout pour faire des

Vernis, & que le principe pofé dans le cours de mon ouvrage, qu'ils ne font bien folubles que par la torréfaction, demeurât pour conftant & dans toute fa valeur.

A ces raifonnemens je joins mes Obferva-tions.

La partie conftituante principale du fuccin & du copal paroît être l'huile; il paroît même que c'eft elle qui leur donne la tranfparence, du moins je le préfume; le copal eft beaucoup plus tranfparent; & d'après l'Obfervation 30. ci-deffus, il donne beaucoup plus d'huile que le fuccin; mais auffi le fuccin contenant plus d'acide, paroît devóir à ce principe la dureté qui le caractérife & le diftingue du copal.

Il eft certain que l'un & l'autre dans leur origine ont dû être liquides 40*b.* les infectes qu'on y trouve enfermés le prouvent; qu'enfuite ils fe font durcis. Le fecret de l'Art feroit donc de faire comme la nature, c'eft-à-dire, de leur faire perdre à l'un & à l'autre leur forme con-crete, de les maintenir pendant le tems né-ceffaire dans leur premier état de molleffe, & enfuite leur rendre leur folidité.

La torréfaction les diffout à la vérité, mais en faifant évaporer le flegme, le fel, l'huile; elle diffipe les premiers principes, il faut faire bouillonner la matiere; l'effervefcence paffée les fubftances reprennent bien leur confiftance; mais elles font moins tranfparentes, moins fo-lides, les morceaux en font friables & caffans comme la réfine. Ainfi la torréfaction ne peut nous fuffire qu'à défaut d'autres moyens, pour les diffoudre, & ne remplit pas l'objet que cherche & defire l'Artifte.

C'est par la réunion de leurs principes que le copal & le karabé sont brillans & solides; c'est donc en tâchant de les conserver qu'on parviendroit à imiter la nature; ou si les procédés exigeoient absolument qu'on en sacrifiât, il faudroit tâcher de les remplacer par d'autres homogenes.

Je crois que c'est singuliérement l'huile de ces deux substances qu'il faudroit précisément ménager; c'est à elle qu'on doit sûrement la beauté des Vernis gras; cela est si vrai, que lorsque les bons Manipulateurs veulent avoir de beaux Vernis, ils n'attendent jamais la dissolution totale des matieres; ils arrêtent, pour ainsi dire, au premier bouillon, l'évaporation de l'huile, y incorporent sur le champ une autre huile préparée; cette restitution d'une huile étrangere, qui n'est pas homogene à la vérité, mais au moins analogue, prouve bien que l'huile de ces substances est la partie la plus essentielle & la plus utile au Vernis: c'est donc une erreur de prétendre que pour faire fondre aisément ces deux substances comme de la cire, & les réduire sans peine en Vernis, Observat. 13, il faut les destituer de toute leur huile; l'on n'auroit alors qu'une matiere friable, sans couleur, sans force, ni qualité.

Je pense bien néanmoins que l'huile seule n'est pas suffisante, & que si l'on n'employoit que de l'huile, telle qu'on se la procure par la distillation, l'on ne pourroit jamais en faire un Vernis, ou du moins qu'il n'auroit pas assez de consistance, faute d'avoir des matieres dures.

Ainsi il faudroit que la Chymie pût découvrir, par ses recherches, quelque menstrue parfaitement déflegmé, actif, violent même ; qui divisât promptement le copal & le karabé ; qui en fondant avec vîtesse ces deux substances, les liquéfiât sur le champ, ou du moins empêchât l'évaporation de ses principes essentiels pendant la torréfaction ; & les maintînt ensuite dans le même état de fluidité jusqu'à emploi fait de la matiere, ou qu'il n'eût la liberté de s'évaporer qu'après l'application. Voilà le terme de mon Art & le vœu de l'Artiste.

Les Académies de l'Europe s'empresseront sans doute à concourir à l'avancement d'un Art si utile, en proposant à l'émulation de résoudre les questions suivantes.

Quelle est l'origine & la nature du succin & du copal ? doivent-ils être rangés tous les deux dans la classe des bitumes ? peut-on faire disparoître leur forme concrete, les réduire dans leur premier état de molleffe, & leur rendre ensuite leur solidité ? Si on le peut, le peut-on de la même maniere pour ces deux substances? Quelle est précisément dans ces deux substances, la partie constituante qui convient le mieux au Vernis ? dans quels menstrues propres aux Vernis peuvent-ils se dissoudre ? si les menstrues font insuffisans par eux-mêmes ? quels intermedes pourroit-on employer pour faciliter la fusion ? & au cas que ces intermedes fussent contraires au Vernis, quel seroit le moyen de les faire évaporer, & de conserver néanmoins les substances dans un état suffisant de fluidité ? avec quel liquide pourroit-on les em-

ployer pour les rendre dures , extensibles &
promptes à sécher (1) ?

Ces questions éclaircies donneroient , sans
doute , des connoissances bien intéressantes
pour les Arts ; elles suffiroient pour satisfaire
les Vernisseurs, & nos Vernis seroient de beaucoup supérieurs à ceux de la Chine & du Japon. Parvenus au point de rendre l'ambre & le
copal flexibles, maniables, de pouvoir en composer des masses, l'Art des embaumemens des
Anciens seroit surpassé ; bientôt on verroit ces
deux matieres devenir de l'usage le plus commun, tant pour les besoins de l'homme que
pour les circonstances où il cherche à jouir du
superflu.

_____

(1) Sur ces réflexions présentées dans ma premiere
édition, il m'a été proposé par une société de Chymistes
d'Allemagne de m'en donner la solution , si je voulois
en acquérir le secret ; elle offroit de me donner un Vernis supérieur à tous ceux qui sont connus , de me
vendre un succin factice , superbe, aussi beau que le
véritable succin, avec lequel je pourrois faire de très-
beaux Vernis, & dont on pourroit faire des masses ; en
outre, elle consentoit de m'indiquer la maniere de fondre
le Copal & le Karabé à froid. (Ce n'est pas là un grand
mystere, on a vu page 216, qu'un homme de condition
m'a assuré avoir trouvé ce secret, je puis avancer que
je ne suis pas loin d'y réussir, j'attens là-dessus le résultat de quelques expériences que je rendrai peut-être
publiques, lorsque je pourrai le faire sur des faits cons-
tans, assurés, réitérés.) Comme je n'achete point de
secrets qu'on peut vendre à tout le monde, j'ai proposé
de communiquer dans cette édition tous les mémoires
qu'on voudroit me donner à ce sujet, & d'en faire
honneur aux inventeurs ; on l'a refusé.

L'ART

L'ART

D'EMPLOYER LE VERNIS.

SECONDE PARTIE.

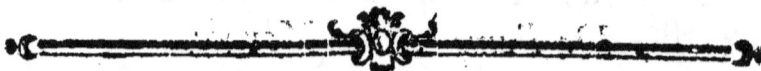

INTRODUCTION.

L'ART de faire le Vernis n'intéresse essen-
tiellement que ceux qui en font un objet de
commerce; il exige tant de soins, des atten-
tions si suivies pour les incorporations, une
vigilance si précise pour maintenir, forcer ou
diriger le feu, qu'il n'y a qu'une très-longue
habitude qui puisse donner le vrai tact de la
composition, & faire garantir l'Artiste des accidens occasionnés quelquefois par un coup de
feu violent. Il n'est donc pas à présumer que
les Amateurs, ou ceux qui peuvent en avoir
besoin accidentellement, s'occupent de cette
composition; il leur est beaucoup plus utile de
connoître de quelle maniere on l'employe.

L'Art de l'emploi du Vernis consiste à l'ap-

S

pliquer, le polir, le luftrer, le rafraîchir, le réparer, quelquefois même à le détruire, ou pour en appliquer un nouveau, ou pour le faire difparoître tout-à-fait. On va traiter dans deux chapitres, de ces objets ; le premier indiquera la façon de l'employer fur toutes fortes de fujets ; & le fecond, la maniere de le polir, rafraîchir & de le détruire.

CHAPITRE PREMIER.

De l'emploi des Vernis.

LE Vernis s'applique fur toutes fortes de fujets, ou nus, ou peints, ou dorés ; il s'emploie auffi pour imiter les Vernis de la Chine & du Japon, ou pour les raccommoder. Dans l'un & l'autre cas, il exige des précautions fi délicates, qu'il ne faut le confier qu'à des mains fûres, & guidées par une attention bien fuivie. Celui qui croit avoir tout prévu, eft fouvent étonné de voir fon ouvrage manquer ; le Vernis fe ternir, gerfer, devenir farineux ; il a beau en chercher la raifon, rarement il la trouve : en vain tente-t-il de réparer un défaut, de marier un enfemble ; le plus court, le plus fûr, eft de tout détruire pour tout recommencer : nous allons indiquer les précautions les plus effentielles, en les réduifant en préceptes, ainfi que nous avons fait pour les autres parties de cet Ouvrage.

PRÉCEPTES GÉNÉRAUX,

Pour l'application des Vernis.

1°. Le laboratoire doit être extrêmement net, & autant qu'il se peut à l'abri de toute poussière. On peut voir dans le Mémoire du P. d'Incarville, jusqu'à quel scrupule les Chinois portent là-dessus leur attention.

2°. Le Vernis, comme nous l'avons recommandé, doit être conservé & enfermé dans des vases frais; il faut donc éviter de le mettre dans un vase qui soit mouillé; choisissez au contraire un pot de terre vernissé, bien sec, qui n'ait aucune humidité, ni qui y soit exposé; n'y versez que la quantité qui vous est nécessaire pour la durée de votre opération, & que la principale bouteille reste bien bouchée.

3°. Pour prendre le Vernis avec la brosse, ne faites que l'effleurer, & en retirant la main, tournez deux ou trois fois la brosse pour couper le filet qu'il laisse après lui.

4°. Tenez extrêmement propres les pieces que vous voulez vernir, qu'il n'y ait ni crasse, ni humidité, ni poussière; par cette même raison, ayez les mains séches, nettes & propres, pour ne rien souiller.

5°. Employez les Vernis à froid; cependant si l'on s'en servoit dans l'hiver, dans les fortes gelées, il faudroit tenir l'étuve ou le laboratoire assez chaud, pour que le froid ne le saisisse, & ne le fasse sécher par plaques. Si c'est pendant l'été, exposez le sujet vernissé au soleil : si la chaleur en étoit trop forte, & qu'il y eût lieu de craindre que le fujet, par exemple comme du bois, n'en fût tourmenté, ce qui pourroit le faire éclater ; il fuffira alors de l'expofer à l'air chaud, en prenant garde que la pouffiere n'y morde, ce qu'on peut éviter en le mafquant d'un vitrage. Si c'eft en hiver, placez le fujet ver-niffé dans une étuve, ou dans une chambre fermée, où il y aura des fourneaux de charbons allu-més ; prenez garde que la chaleur ne foit trop active.

6°. Le Vernis à l'efprit-de-vin aime une cha-leur douce & modérée ; auffi-tôt qu'il la fent, il s'étend & fe polit de lui-même ; on voit les ondes & les côtes fe diffiper, & difparoître les glacis de la broffe : il redoute le froid, il frif-fonne, blanchit, forme des grumeaux qui lui ôtent fon liffé & fon poli, s'il en eft faifi : la trop grande chaleur ne lui eft pas moins contraire, car elle le fait bouillonner, on le voit fe pelo-ter & devenir inégal fur la furface de l'ouvrage.

Le Vernis gras demande une chaleur plus forte, & fubit aifément celle d'un four très-échauffé. Comme on ne peut pas mettre dans des fours de certains ouvrages trop grands, tels qu'une voiture, ou une partie trop confidérable de boiferie ; alors on préfente à l'ouvrage un ré-chaud de Doreur, que l'on promene pour chauf-fer le Vernis : en été on l'expofe à la plus grande ardeur du foleil.

7°. Verniffez à grands traits, promptement & rapidement l'allée & le retour, & pas da-vantage ; évitez de repaffer, le Vernis rouleroit ; n'épaiffiffez pas vos couches, elles formeroient des côtes ; & ne croifez jamais les coups de pin-ceaux, c'eft contrarier vos couches.

8°. Il faut étendre le Vernis le plus également & le plus uniment qu'il est possible ; la couche ne doit avoir au plus que l'épaisseur d'une feuille de papier : trop épais, il se ride en séchant ; quand même il ne se rideroit pas, il a plus de peine à sécher : trop mince, il est sujet à être facilement enlevé.

9°. Ne mettez jamais une seconde couche que la premiere ne soit absolument séche ; ce qui se reconnoît lorsqu'en posant légérement le dos de la main, il n'y fait aucune impression, ou que l'ongle n'y peut pas mordre.

10°. Si votre Vernis appliqué devient terne, inégal, s'il ne promet pas un bon effet, le plus court, le plus sûr est de l'enlever, comme on le dira ci-après, & de tout recommencer ; les plus habiles le gâtent quelquefois davantage en s'obstinant à le vouloir raccommoder.

11°. Quelque polie que soit la base sur laquelle on applique le Vernis, telles bien unies que soient les couches, il s'y trouve quelquefois des petites inégalités que l'on n'effaceroit pas en y mettant de nouvelles couches ; c'est ce qui fait que l'on polit les Vernis. Le poli enleve jusqu'aux petites éminences qu'occasionne la poussiere qui s'y jette, quelque soin qu'on prenne : aussi lorsqu'on veut faire de très-beaux ouvrages, a-t-on le soin de polir à chaque couche. On verra dans le second chapitre la maniere de polir le Vernis.

12°. On applique les Vernis avec des pinceaux de poils de blaireau, lesquels, faits en forme de patte d'oye, s'appellent *blaireaux à vernir*, ou avec des pinceaux de soie de porcs très-fine : ils servent l'un & l'autre pour les fortes parties d'ouvrage ; quand elles font petites , on ne fe fert que de petits pinceaux enchaffés dans des plumes.

13°. Si le Vernis, quand on veut l'employer, eft trop épais & ne s'étend pas mieux , il faut l'éclaircir ; s'il eft à l'efprit-de-vin , en y mettant un peu d'efprit-de-vin bien rectifié, & s'il eft à l'huile, en y introduifant de l'effence.

14°. Ne laiffez pas fécher vos pinceaux fans les avoir effuyé avec un petit linge propre & fin, pour vous en fervir une autre fois ; s'il arrivoit que le Vernis s'y fût féché, s'ils ont fervi à des Vernis à l'efprit-de-vin , trempez-les quelque tems dans l'efprit-de-vin avant de les effuyer , & dans l'effence fi les Vernis éroient à l'huile.

SECTION PREMIERE.

De l'application du Vernis fur différens fujets.

On applique les Vernis fur différens fujets, pour leur donner de la folidité & de l'éclat. Quand nous difons que le Vernis donne de la folidité à un fujet , nous ne prétendons pas foutenir qu'il leur ajoute plus de confiftance ; un bois verniffé, par exemple , n'en reçoit pas plus de fermeté, mais au moins le Vernis le maintient en écartant toutes les intempéries de l'air qui le minent , & le ver rongeur qui le dévore ; ainfi ç'eft plus en éloignant ce qui eft nuifible qu'en y ajoutant de la vigueur , que le Vernis conferve les fujets qu'il couvre ; il leur donne de l'éclat, car le brillant & le poli qu'il y ajoute , offre à l'œil & au tact , des furfaces vives , tranfparentes, douces & unies : ces deux avantages que l'application des Vernis procure, feront toujours ranger cet Art au nombre des plus utiles, comme la facile exécution de ses procédés le feront toujours regarder comme un des plus agréables à l'industrie.

Lorsqu'on veut vernir un sujet, soit nu, soit peint, soit doré, on applique plusieurs couches du Vernis qu'on a choisi, ou simplement sans préparation, ou, lorsqu'on craint qu'il ne s'emboive dans le sujet, on met auparavant un encollage à froid.

Nous l'avons déjà dit, c'est le sujet & son exposition, qui déterminent quelle sorte de Vernis on doit employer ; s'il doit rester dans l'intérieur, on choisit communément un Vernis à l'esprit-de-vin ; si c'est pour des dehors, comme celui-ci ne résisteroit pas aux injures du tems, on préfere un Vernis gras. L'Art de l'application du Vernis se développe assez par les préceptes que nous venons de donner ; si on juge à propos d'encoller les sujets avant que de vernir, il faut relire l'article sur les encollages, p. 51 & 82. Nous allons indiquer quelques parties qu'on est plus dans l'usage de vernir, ce que nous en dirons suffira pour tous les sujets quelconques.

Boiseries.

On ne vernit gueres les bois d'ébénisterie, on se contente de les frotter avec de la cire ; mais lorsqu'on a de belles boiseries de bois de chêne ou d'Hollande, bien choisies, sur lesquelles sont sculptés d'élégans desseins, comme on en voit sur des panneaux, dans de superbes appartemens, ou fur des corps de bibliothéque, de peur de gâter la beauté du deſſin & la préciſion de ſa ſculpture, on ne les met point en couleur; mais comme le ton de la couleur de bois ne flatte pas toujours, on donne à l'encollage qu'on met avant le Vernis, une teinte comme celle du bois, & enſuite on y met une ou pluſieurs couches de Vernis. Pour cette opération : 1°. Pulvériſez bien & infuſez dans l'eau, ſuivant le ton de la couleur que vous cherchez, de l'ochre de rue ou de l'ochre jaune, de la terre d'ombre & du blanc de céruſe; ne mettez de cette teinte, dans une doſe quelconque de colle de parchemin, que ce qui eſt néceſſaire pour lui donner une teinte; remuez bien le tout enſemble : 2°. Paſſez le tout au travers d'un tamis : 3°. Donnez-en deux couches bien étendues à froid : 4°. Quand elles ſont ſéches, appliquez-y deux couches du Vernis à l'eſprit-de-vin, indiqué page 130. Il dépend de l'habileté du Peintre, s'il apperçoit quelque défaut dans la menuiſerie, de le réparer en le maſquant dans l'encollage par de petites couleurs, ou en y mettant ſon Vernis.

Si l'on décore des lieux publics, comme un chœur de cathédrale, au lieu d'un Vernis à l'eſprit-de-vin, il faut préférer d'y mettre un beau Vernis blanc au copal.

Violons & Inſtrumens.

Les uns appliquent ſimplement pluſieurs couches du Vernis, indiqué page 230, qui eſt rouge de ſa nature, à cauſe de la laque; d'autres le teignent un peu : il faut l'employer auprès du feu.

Bois d'éventails.

Quand le bois d'éventail est peint à la gomme & bien sec, on y met tout simplement deux couches du Vernis à l'esprit-de-vin, indiqué page 229.

Découpures.

Ce même Vernis à l'esprit-de-vin, indiqué page 229, peut servir à vernir les découpures. On ne le polit ordinairement pas; mais si on vouloit le faire, il faudroit en mettre plusieurs couches. Pour mettre des découpures, on peint le fond à l'huile ou en détrempe, & on applique sa découpure avec de la gomme.

Boîtes de Toilettes & Etuis.

1°. Donnez quatre à cinq couches de blanc d'Espagne broyé à l'eau, & détrempé à la colle de parchemin : 2°. Quand elles sont séches, poncez-les avec une pierre-ponce pour en ôter les grains, & adoucissez avec de la toile neuve, & de l'eau, comme nous l'avons dit plus au long, p. 81, 103 & 153. 3°. Donnez deux couches de la teinte choisie, broyée à l'eau & détrempée à la colle de parchemin : 4°. Passez une ou deux couches d'encollage d'une eau de gomme, pour empêcher que le Vernis ne gâte & ne ternisse les couleurs des découpures, & ne s'y introduise. 5°. Quand la gomme est séche, mettez trois à quatre couches du Vernis indiqué page 229 ; quand on veut le polir, on

en met huit à dix , que l'on polit avec de la
ferge & du blanc d'Espagne , ou du tripoli.

Boîtes de Carton.

Quand la boîte est faite au tour : 1°. Donnez
avec un blaireau, vingt à vingt-quatre couches
du Vernis à l'apprêt indiqué dans la table : vous
aurez foin de faire fécher chaque couche dans
une étuve , la plus chaude que faire fe pourra.
2°. A chaque quatrieme couche , paffez la
boîte au tour pour adoucir les couches , les
redreffer & ôter les grains. 3°. Les couches
féches & finies , grattez - les & les adouciffez
avec une lame de couteau ; la couleur alors
y mord mieux que fi elles étoient poncées.
4°. Broyez très - fin vos couleurs à l'huile de
lin d'Hollande , & les détrempez avec de l'effence. 5°. Etendez cinq à fix couches bien minces, avec des pinceaux de petit gris. 6°. Donnez
enfuite dix à douze couches d'un beau Vernis
blanc au copal , indiqué page 238 : Il faut les
polir comme on le dira ci-après.

Il y a des perfonnes qui s'amufent quelquefois à réunir nombre de cachets de lettres , &
qui s'en fervent pour faire un Vernis , qu'ils
mettent de même fur des boîtes de cartons :
voici comme elles font. Elles prennent une
once & demie de cette cire à cachet , & la
laiffent fondre dans un demi - feptier d'efprit-
de-vin au bain-marie , en remuant bien ; fi la
couleur n'étoit pas affez épaiffe , il faudroit y
mettre plus de cachet , & elles en mettent trois
ou plufieurs couches fur leurs boîtes ; & davantage fi elles veulent polir.

Papiers.

On defire quelquefois pour conferver les beaux papiers de la Chine ou autres, y mettre un Vernis ; quand le papier eft collé fur la toile : 1°. Battez & tamifez bien, pour qu'il n'y ait point de grumeaux, de la colle de parchemin légere. 2°. Donnez-en deux couches froides, bien légeres, & bien unies fur le papier, en prenant gardé d'en gâter les couleurs. 3°. Les couches féches ; mettez un rechaud de feu pour tenir l'endroit chaud, & appliquez deux couches du Vernis à l'efprit-de-vin, page 229.

Métaux.

Pour vernir une cafetiere, un vafe de cuivre ou de fer-blanc, poliffez d'abord le vafe avec une pierre-ponce, prêlez & poliffez avec du tripoli ; on a vu ces procédés page 104. Etendez cinq à fix couches de Vernis gras au copal fi le fond eft blanc, & au karabé s'il eft fombre, ayant foin de ne pas ternir le vafe par l'attouchement des mains, d'attendre que chaque couche foit bien féche avant que d'en pofer une nouvelle, & de préfenter le vafe à une chaleur forte, au moment que vous pofez le Vernis, ou fi vous le pouvez, à la chaleur du foleil : le foleil & le grand air contribuent beaucoup à donner de la dureté au Vernis.

Fers & Balcons extérieurs.

1°. Donnez une premiere couche de noir de

284 L'Art du Vernisseur.

fumée, mélée avec un peu de terre d'ombre, broyez l'un & l'autre à l'huile grasse, & détrempez-les ensemble à l'essence ; lorsque la couleur est séche, mêlez du noir de fumée dans le Vernis gras, indiqué page 239. 2°. Etendez-en une ou deux couches sur le fer. 3°. On donne une couche de Vernis pur par-dessus, pour lui donner son brillant : quand ce sont des rampes qui ne sont pas exposées au dehors, on les vernit à l'esprit-de-vin, dans lequel on détrempe du noir de fumée.

SECTION SECONDE.

Maniere d'imiter & de raccommoder les ouvrages de Vernis de la Chine & du Japon, avec les procédés qu'il faut employer pour la prépara-tion des Ors, celle des pâtes & des mordans, pour peindre les Arabesques, &c.

Qui ne connoît & n'admire les ouvrages en laque des Chinois & des Japonois ! Ces Peuples, peut-être les seuls de la Terre sur lesquels l'industrie européenne n'a pas l'avantage d'une supériorité universelle, dessinent & peignent des vases, des bijoux, des meubles, avec une intelligence, un goût, une patience qui étonnent nos contrées. La Nature, il est vrai, en leur présentant les matieres nécessaires à leurs travaux, favorise leur infatigable ardeur, mais il faut leur rendre la justice qu'ils ont su les porter à un point de perfection désespérant pour nous ; qu'occupés seulement de cette perfection, ils y donnent tous leurs soins, leur tems ; que bien loin d'être comme nous

avides de jouir, ils n'estiment leurs possessions
que par leurs beautés, leur fini, & qu'ils en re-
culent aisément la jouissance pourvu qu'elle ne
leur laisse rien à desirer : cependant, quoique
nos régions ne produisent pas comme les leurs
les matieres premieres, qui sont les Vernis &
les bois, néanmoins on a vu sortir des mains
des Artistes François & Anglois, des ouvrages
capables de balancer les suffrages, & de faire
naître le doute & l'incertitude sur leur origine,
si la prévention ne s'opiniâtroit pas à n'adopter
que ce qui, venant des contrées fort éloignées,
est très-rare & très-coûteux (1). Que de sommes
immenses sortent chaque année de l'Europe,
pour aller s'engloutir dans les vastes régions
de l'Asie ! Que d'Européens, affrontant mille
dangers dans des voyages périlleux, confient
leurs jours au plus terrible des élémens, pour
ne rapporter à leurs Concitoyens que quelques
bois vernissés, que le plus simple usage & le
moindre accident détruisent, & qui ne peuvent
se conserver qu'en prenant le parti de ne s'en

(1) L'activité pour le commerce, dont l'Europe se
glorifie tant, doit paroître bien ridicule aux trois autres
parties du monde : nous épuisons tout l'or de l'Amérique, comme si nous voulions acheter toute la terre, &
c'est pour aller en Afrique marchander quelques Negres,
aux extrémités de l'Asie acheter des bois, de la porcelaine. Plusieurs milliers d'hommes périssent tous les
jours pour une exportation aussi mince, qui nous dé-
peuple & nous appauvrit, tandis qu'elle enrichit tous
les autres peuples auxquels nous portons les choses les
plus utiles, pour lesquelles ils ne daigneroient pas faire
le moindre pas, qu'ils échangent contre leur superflu,
& des choses du pur luxe.

jamais ſervir! Ces Peuples d'ailleurs travaillent
& finiſſent actuellement moins leurs ouvrages,
depuis qu'étonnés de notre folle curioſité,
ſuffiſans à peine à ſatisfaire nos inſatiables deſirs,
ils ſont obligés de négliger la perfection pour
multiplier la quantité. Auſſi diſtingue-t-on dans
le commerce les anciens laques (1) d'avec les
nouveaux. Il ſera peut-être impoſſible de rien
faire d'auſſi beau que les premiers qui ſont
venus en Europe ; mais certainement nous avons
des ouvrages faits en France & en Angleterre,
qui ſurpaſſent ceux qu'on a vu arriver depuis le
commencement de ce ſiecle : on ſe rappelle que
le fameux Martin a trompé à cet égard plus
d'une fois les plus habiles Connoiſſeurs ; ſes
chefs - d'œuvre ſont encore recherchés aujour-
d'hui avec le même empreſſement que les anciens laques.

Il y a des laques de la Chine & des laques
du Japon ; les premiers ne ſont que des arabeſques couchés à plat, qu'on couvre d'or : la
beauté du Vernis & la fineſſe des ouvrages,
les font remarquer. Les autres leur ſont bien
ſupérieurs ; outre que le Vernis ne cede en
rien à celui de la Chine, ils ont ſur les ouvrages de ce pays-là, la beauté des arabeſques,
qui ſont tout en relief, dont les ors ſont variés
à l'infini ; les mordans dont ils ſe ſervent pour
appliquer leurs métaux , qui réſiſtent aux plus
rudes épreuves : avantage que n'ont pas ceux de

_____

(1) L'ancien laque de la Chine eſt tout en relief,
orné de quantités de figures & d'animaux. Le nouveau
contient peu de l'un & de l'autre ; ce ſont des plantes, des
fleurs : le Vernis n'en eſt pas ſi beau.

la Chine ; mais les uns & les autres ont perdu de
leur talent, & on fait grande différence dans
leurs laques actuels avec ceux appellés anciens

Quoi qu'il en soit, pour démontrer aux
Amateurs qu'on imite ces laques, nous le prions
de vouloir bien lire l'excellent Mémoire du P.
d'Incarville, Missionnaire en Chine, inséré
dans le tome I I I des Mémoires des Savans
étrangers. Par la lecture de ce Mémoire, & en
le rapprochant de nos procédés, il sera facile
de s'appercevoir que ceux que nous indiquons
sont au moins aussi sûrs qu'une infinité d'autres
épars dans différens Ouvrages qu'on a donnés
hautement & hardiment pour des moyens certains, & qui s'anéantiroient bientôt par la comparaison que nous proposons aux Amateurs de
faire des uns & des autres.

On raccommode aussi les laques de la Chine.
Combien de meubles, disions-nous dans le
Prospectus de cet Ouvrage, de bijoux en laques, dépérissent faute de pouvoir, ou les
réparer soi-même, ou les confier à des Ouvriers
intelligens, qui sont si rares, si mystérieux
sur leur prétendu secret, si renchéris, qu'on
néglige de faire des réparations quelquefois
très-légères, qui pourroient conserver ces bijoux, & par là on se prive de meubles riches,
utiles, agréables, commodes, dont la perte
devient sensible par leur cherté excessive. Cette
partie de notre travail intéressera sûrement
autant que celle où nous traiterons de l'imi-
tation.

Enfin on fait de faux laques qu'on raccommode de même, tels que les ouvrages à

fond noir qui viennent de Spa, ornés de figures dorées, en tabatieres, cabarets, encoignures, boîtes à jouer : nous allons dans les trois articles suivans, nous occuper de ces trois parties.

ARTICLE PREMIER.

Maniere d'imiter les Laques de la Chine.

Ceux qui liront le Mémoire du P. d'Incarville, que nous placerons ci-après, y remarqueront sans doute que les principes qui dirigent les Chinois sont précisément les mêmes que ceux que nous avons adoptés pour enseigner la maniere de faire le Vernis. Comme eux nous voulons qu'il soit limpide, transparent, qu'il ait peu de corps, qu'il soit passé avec soin, & qu'on ne l'allie avec l'huile si elle n'est bien sicative. Ces points essentiels connus en Europe, il n'a fallu que trouver des matieres & des liquides qui pussent suppléer à ceux que la Nature a si libéralement accordés aux Chinois. Les meilleurs, jusqu'à présent, ont été le sandaraque, le copal, le karabé, l'esprit-de-vin & l'huile grasse : il ne nous est pas possible de comparer les matieres chinoises avec les nôtres, puisqu'il n'en est point venu en Europe, & qu'on prétend que celles qui nous sont envoyées sont altérées avant leur départ ; mais si l'on en peut juger par les effets, nous avons tout lieu de croire que nos Vernis sont dans la plus grande approximation possible, de ceux de la Chine, & que l'industrie qui se plaît à imiter la Nature, ne l'a peut-être jamais copié de si près.

Toute

Toute l'adresse qu'exigent ces sortes d'ouvrages, doit être dans la main pour le deffin & le pinceau, pour les arabesques qu'on veut exécuter. Ceux qui voudront, d'après le précis que nous allons préfenter, faire des expériences, doivent tâcher auparavant d'avoir fous leurs yeux des ouvrages de Chine ou du Japon, deffiner premiérement les arbres, les maifons, s'accoutumer enfuite à manier la pâte & le mordant ; ce qui eft le plus difficile, & ne peut s'apprendre que par l'habitude : ils peuvent aufli travailler en faux laques, pour que leurs effais ne foient pas fi coûteux. Ce travail eft bien plus aifé à exécuter que la Peinture en tableaux, parce qu'il n'y a ni couleurs ni tons de clair à obfcur, l'or & l'argent tiennent lieu de coloris.

Le grand mérite eft la grande propreté, & la juftesse dans tous les traits qu'on doit tracer; plus ils font exacts & plus on approche de la perfection des ouvrages Chinois & Japonois.

Ces peuples travaillent leurs ouvrages ou à plat & fans reliefs, ou à la pâte & en reliefs; dans l'une & l'autre de ces manieres, ils femblent avoir adopté de préférence les fonds noirs pour exécuter leurs arabefques & leurs reliefs ; ils varient quelquefois ces noirs fonds en y femant de l'aventurine, ou en faifant des fonds rouges ou cafés, & des fonds d'or polis : ces derniers étant les plus recherchés, font aufli les plus chers.

Préparation des fonds noirs.

1°. Choififfez le bois le plus léger & le plus
T

290 L'Art du Vernisseur.

sec que vous puissiez trouver ; on ne peut pas
les désigner , attendu qu'il seroit impossible
d'en trouver en Europe de semblable à celui
des Chinois : il faut préférer celui qui a le moins
de veines & de pores, qui est le plus poli &
uni, ou qui souffre plus de l'être. Le tilleul,
l'érable , le bouis , le poirier , nous paroissent
devoir être plutôt recherchés , comme étant
compacts & d'une substance uniforme.

2°. Le bois poli & uni, collez-y une toile
des plus fines ; on peut prendre de la mousseline , attendu que nos toiles ont un grain qui
peut nuire au poli du Vernis ; cette toile sert
à contenir les bois , & à empêcher qu'ils ne
soient trop imbibés par les apprêts, qui le tour-
menteroient trop , s'ils étoient imbibés à bois
crud ; que la toile ou mousseline soit bien
tendue. Sur les grands ouvrages on y étend de
la filasse.

3°. Broyez à l'eau du blanc de Bougival :
& pour lui donner du corps , ajoutez-y de la
terre d'ombre , détrempez-les à la colle de
gants moyennement forte. Cette colle étant
plus douce que les autres , doit être préférée.
Donnez-en cinq ou six couches à froid , si c'est
dans l'été , dont la chaleur tient toujours la
colle liquide , & tiede , si c'est en hiver.

4°. Polissez les couches avec de la prêle ,
ensuite avec de la pierre-ponce pilée en poudre impalpable , & du tripoli pilé de même.

5°. La piece ainsi préparée , broyez avec du
Vernis gras au karabé , du noir d'yvoire , &
détrempez-le avec le même Vernis , en quantité suffisante pour le rendre noir , ce qui doit
donner à-peu-près une once de noir sur quatre

de Vernis ; s'il eſt trop épais, il faut l'éclaircir avec de l'eſſence.

Nous avons annoncé dans la premiere partie de cet Art, la maniere de faire les Vernis les plus ſolides. Il faut choiſir celui au karabé ou à l'ambre, page 238, & celui à la gomme laque à l'eſprit-de-vin. Le premier vaut mieux pour les ouvrages qu'on veut faire ; on préfere le ſecond pour raccommoder. L'un & l'autre de ces deux Vernis ſouffrent également le poli avec de la prêle, de la ponce pilée & du tripoli, comme nous le dirons au dernier chapitre de cette partie.

6°. Donnez huit, dix, douze à vingt couches de Vernis. Les pieces faites au Vernis d'ambre doivent être ſéchées, s'il eſt poſſible, au feu d'un four, pour la plus grande ſolidité ; à défaut du four, on doit avoir des étuves, dont la chaleur douce, en ſéchant le Vernis, lui donne la conſiſtance & la dureté néceſſaire, pour pouvoir appliquer les mordans, pâtes ou arabeſques.

Les Vernis de gomme laque à l'eſprit-de-vin, n'a beſoin que du ſoleil ou de la chaleur douce d'une chambre. Les travaux au Vernis gras ſont les plus ſolides : ceux à l'eſprit-de-vin ſont plus expéditifs, mais ils durent moins.

Nous renvoyons encore aux détails donnés par le P. d'Incarville ſur les ſoins minutieux des Chinois pour faire leur Vernis ; il faut les imiter, ſur-tout dans ceux où ils employent tant de circonſpection, pour qu'il n'y ait aucune pouſſiere : cette précaution eſt néceſſaire pour avoir de beaux fonds, bien unis, ſans défaut.

7ᵉ. Poliſſez votre Vernis , comme nous venons de le dire , avec de la prêle , de la ponce
pilée & du tripoli.

8º. La piece ainſi préparée & polie, de maniere qu'il n'y ait aucune tache ni cavités ,
deſſinez ou calquez deſſus le deſſin que vous
voulez y peindre ; cela ſe fait ordinairement
avec la pointe d'un bois très-dur , ou , quand
on eſt ſûr de ſa main , avec une pointe de fer ,
enſuite vous appliquez ſur ce que vous avez
tracé, le mordant ou la pâte.

Maniere de Vernir à plat & ſans relief.

On vernit les laques de Chine à plat & ſans
relief , en deſſinant tout ſimplement ſur des
fonds polis , des fleurs , des plantes , des montagnes , maiſons ou arbres ; on repaſſe ſur le
deſſin en peignant au pinceau avec un mordant , tous les objets deſſinés.

2º. Lorſque le mordant eſt aux trois quarts
ſec , on jette deſſus la poudre d'or ou d'argent
qu'on veut y mettre.

3º. Quand tout eſt ſec , on le brunit.

Ce mordant n'eſt autre choſe que le même
Vernis d'ambre dont on a fait les fonds polis ,
dans lequel on introduit du vermillon ; mais
pas en aſſez grande quantité pour que le vermillon puiſſe ôter au Vernis ſon corps graiſ-
ſeux , qui doit ſervir à happer l'or. Le vermillon ne ſert qu'à enſeigner la trace où on
applique le Vernis , & pour faire reconnoître
les endroits où l'on doit appliquer l'or.

Il faut employer cette mixtion un peu épaiſſe ,
afin qu'elle ait plus de corps , ſur-tout lorſqu'on

veut deffiner des arbres ou des plantes Chi-
noifes.

Il eft inutile de fe fervir du même mordant mêlé de vermillon, lorfqu'on veut feulement faire une montagne, des maifons, des
fonds de payfages ou des terraffes : vous vous
fervez alors feulement de votre Vernis, comme
mordant; vous l'appliquez fur les endroits que
vous voulez travailler, & que vous avez tracé,
cela vous donne des formes plates, fur lefquelles
vous redeffinez une feconde fois avec votre
mordant au vermillon, & donnez des formes
à ce que vous n'avez fait d'abord que coucher
à plat; c'eft-à-dire, que vous enjolivez les montagnes d'arbriffeaux, de plantes, vous deffinez
les portes, les toits, les fenêtres des maifons.
Si vous voulez l'animer par des figures, vous
deffinez de même à plat, vous revenez fur
cette premiere forme, avec le mordant, &
faites des têtes, des mains, des draperies : on
applique l'or comme on le dira ci-après.

Il faut avoir foin, lorfqu'on peint les arabefques avec ce mordant au vermillon, d'avoir
un petit vafe rempli d'effence de térébenthine,
pour laver de tems à autre le pinceau, fans
quoi le Vernis s'engorgeroit & empêcheroit
le mordant de couler.

Maniere de Vernir à la pâte.

Il faut beaucoup plus d'intelligence pour appliquer les pâtes & pour donner aux figures
qu'on veut faire des formes agréables. Ces pâtes
fervent à faire des reliefs, fur lefquels on
peint des arbres, des montagnes, des maifons.

L'exécution dépend du goût de celui qui opere, & de sa maniere de dessiner les arabesques.

On compose ces pâtes de plusieurs façons : la meilleure seroit celle dont se servent les Chinois & les Japonois ; mais comme il n'est pas possible de l'avoir, celle qui paroît le plus en approcher se compose en broyant ensemble du blanc d'Espagne & de la terre d'ombre avec un Vernis gras. L'on peut se servir du Vernis à l'ambre (environ deux onces de blanc, autant de terre d'ombre, avec une once de Vernis) quand le tout est bien écrasé sous la molette & bien mélangé, on en compose une espece de pâte en la détrempant assez au Vernis à l'ambre, pour qu'elle puisse s'employer au pinceau.

Quand toutes les préparations pour les fonds noirs sont faites, comme nous venons de le dire, & que ces fonds sont polis & unis :

1°. Donnez une ou plusieurs couches de cette pâte sur l'ouvrage, suivant le relief que vous voulez avoir, & le dessin adopté, on en fait des bas reliefs, en figures, animaux, paysages, montagnes, terrasses, maisons.

2°. Parvenu à l'épaisseur desirée, laissez sécher cette pâte, soit au soleil, soit à la chaleur d'une étuve.

3°. Quand elle est bien durcie, unissez avec des morceaux de prêle tous les endroits du relief qui pourroient être raboteux.

4°. Polissez-les avec de la pierre-ponce broyée en poudre impalpable, & avec du tripoli broyé de même.

5°. L'ouvrage ainsi disposé, gravez avec un burin sur les figures ou reliefs que vous avez

formé sur votre mordant, des plis de draperies, des têtes, des pieds, des mains, des
troncs d'arbres & cavités de montagnes.

6°. Après avoir passé le burin, repolis-
sez encore de nouveau ce que vous venez de
graver.

7°. Passez sur vos reliefs une couche ou deux
de Vernis à l'ambre, ou d'un Vernis à gomme
laque à l'esprit-de-vin, dans lequel vous aurez
mis du noir d'yvoire.

Il faut observer que pour la facilité de l'opération, on ne doit mettre ainsi en noir que les
endroits dont on veut laisser pénétrer les fonds,
ce qui se fait ordinairement aux têtes, aux
pieds & aux mains. Pour les draperies, c'est
tout différent, comme nous allons le dire.
Cette méthode, de mettre ainsi les extrémités
des figures en noir, les yeux, la bouche, les
oreilles, ce qui fait dominer les fonds, facilite
à celui qui applique le mordant, à bien dessiner
les formes : si au contraire, on vouloit tracer
après les yeux, le nez, la bouche, tout s'effaceroit, & produiroit en outre un très-mauvais
effet.

Les têtes, les pieds & les mains, se font
avec le noir d'yvoire, & les draperies en rouge
avec du vermillon. Quelquefois ils se font en
brun ; mais les fonds premiers & seconds, c'est-
à-dire, le noir & le rouge sont presque les
seuls en usage à la Chine & au Japon pour
les draperies. Les Japonois y avoient introduits
des burgos, des nacres de perles, des lames
d'or incrustées : le mordant qui servoit à les
fixer n'étoit qu'un Vernis un peu plus épais
que le Vernis ordinaire, lequel en séchant atta-

choit tous ces différens corps où l'on vouloit ;
on paſſoit enſuite quelques couches de Vernis
ſur ces ouvrages , & on les poliſſoit (1).

8°. L'ouvrage ainſi diſpoſé eſt prêt à recevoir
l'or ou l'argent ; leur application , ainſi que
celle des autres métaux , eſt ce qu'il y a de
plus aiſé dans l'opération : nous examinerons
les différens ors dont on ſe ſert , lorſque nous
auront fini la deſcription des procédés.

On couvre de mordant la partie qu'on veut
dorer , on renverſe la poudre d'or ou autre ſur
ce mordant , lorſqu'il eſt à moitié ſec , & on
lui laiſſe prendre autant d'or qu'il en veut.

9°. Laiſſez ſécher la piece , ſoit dans l'étuve , ſoit au ſoleil.

10°. Lorſque la poudre d'or ou d'argent
paroît bien adaptée au mordant , eſſayez avec
la dent de loup ou bruniſſoir , à polir un très-
petit endroit ; ſi le poli vient bien , & que le
bruni ſoit beau & égal , vous pouvez continuer
le reſte ; ſi au contraire , vous ſentez que le
bruniſſoir n'éprouve aucune réſiſtance , & que
l'endroit qu'on polit ſe raye , arrêtez , & atten-

---

(1) C'eſt d'après ces procédés que le fameux Martin ,
Verniſſeur du Roi , fit différentes épreuves ſur des
vaſes de cartons , & des tabatieres qui eurent en
1745 tant de réputation & de vogue ; mais , comme les
procédés pour les faire n'étoient pas difficiles , Paris
ſe vit , dans l'eſpace de ſix années , inondé d'ouvriers de
ce genre , qui , en cherchant à ſe nuire les uns aux autres , réduiſirent le prix de ces tabatieres à rien. Martin
ſeul & ſes freres conſerverent la vogue , ainſi que la maniere de raccommoder les vieux laques & le japon , talent fort au-deſſus de celui de vernir, des carroſſes &
d'incruſter des tabatieres en nacre de perle.

dez que le tout soit bien sec. On polit comme
à l'or bruni, ayant l'attention de ne pas frotter
aussi fort : l'ouvrage est terminé.

Ors qui servent aux ouvrages de Chine & leurs préparations.

L'or en chaux, l'or en poudre, l'or verd,
l'or en coquille, l'or faux, l'or d'aventurine,
l'or rouge, l'argent fin en poudre, l'argent en
coquille, la limaille d'argent, & l'aventurine
d'argent, sont les métaux qui servent le plus
communément à peindre les arabesques, les
châteaux, les figures, &c.

L'or en chaux. Prenez à la Monnoie quatre gros d'or en chaux, c'est l'or de départ,
réduisez-le en poudre, en le broyant sur une
pierre de porphyre ; & lorsqu'il sera bien broyé,
lavez-le dans de l'eau jusqu'à ce qu'elle en
sorte très-claire, alors faites sécher cet or au
soleil ou dans l'étuve. Servez-vous de cette
poudre pour la mettre sur ce que vous aurez
peint, en ne laissant sur le mordant que ce
qu'il aura voulu prendre, & le laissant bien
sécher avant que de le brunir.

L'or en poudre. Prenez un livret d'or fin,
renversez-le sur une pierre à broyer, que vous
aurez enduite de miel, broyez ensuite ces
feuilles d'or comme si vous broyez des couleurs ;
& lorsqu'il vous paroît réduit en poudre imperceptible, ramassez-le avec un couteau à broyer,
& jettez l'or & le miel dans un vase. Lavez
cette mixtion dans plusieurs eaux, jusqu'à ce
que vous apperceviez que l'or est dégagé de
toute matiere qui lui est étrangere ; lorsqu'il

paroît pur, mettez-le comme l'or en chaux, fécher à l'étuve ou au foleil, & fervez-vous-en lorfqu'il eft fec.

Le même procédé fert pour les feuilles d'argent, & pour l'or & l'argent faux, qu'on employe à Spa pour les faux laques.

Mais rarement les Chinois & les Japonois fe fervent-ils d'or faux en poudre, quelquefois ils employent de l'étain pour les terraffes, les montagnes, les rivieres; l'argent fin eft cependant préférable : les amateurs qui voudroient imiter ces ouvrages, pourroient effayer à fe fervir d'abord des matieres fauffes ; mais s'ils vouloient raccommoder de vieux & anciens laques, ils ne pourroient fe fervir que du fin.

L'*or verd* eft de l'or battu, qui fe vend en livret fous cette couleur, & fe prépare avec le miel, ainfi que nous venons de le dire.

L'*or en coquille*, ainfi que l'argent en coquille, fe vendent préparés chez les Marchands: on ne s'en fert que pour fuppléer l'or & l'argent broyés au miel, dont nous venons de parler, & qui valent mieux à tous égards, & doivent être employés de préférence dans les raccommodages d'ouvrages de la Chine.

L'*or aventurine*, ainfi que l'*argent aventurine*, dont nous avons déjà parlé dans la dorure, fe vendent en livrets, & fe broyent de même au miel, avec la différence qu'il ne faut les broyer que très-légérement pour leur laiffer une groffeur égale, femblable à des têtes d'épingles-camion. Quand on veut aventuriner des fonds, on prend du Vernis d'ambre pur, on en met une couche fur la piece qu'on veut aventuriner; l'on poudre à quelque diftance fur la partie vernie. Le Vernis d'ambre, qui fert de mordant, retient tout ce qui tombe, & forme un fond aventuriné. Il faut avoir l'attention de jetter l'aventurine également, fans cela le fond feroit inégal & feroit un mauvais effet. Les Chinois & les Japonois poffedent fupérieurement l'art de faire des fonds aventurinés de la plus grande égalité.

Comme on ne fe fert point d'argent en chaux comme de l'or, la préparation de l'argent fe fait tout fimplement, en prenant un lingot du titre de onze deniers & fin, & en le limant le plus fin qu'il fera poffible; enfuite on broye cette limaille fur un porphyre, comme on fait de l'or en chaux; on le lave comme le premier: quand il eft fec, on l'employe fur le mordant comme l'or.

La limaille de cuivre fe prépare de même. Il y a trois fortes de cuivres, le cuivre de rozette, le cuivre jaune & rouge, qui forment trois couleurs différentes.

Après avoir fait connoître les matieres d'or & d'argent aventurine, qui fervent aux ouvrages du Japon & de la Chine, il faut mettre les Amateurs dans le cas de les employer, foit pour leur propre amufement, foit pour raccommoder des ouvrages précieux, qu'ils font fouvent obligés de confier à des gens fans talens, qui les gâtent plus en voulant les raccommoder que s'ils les euffent laiffé dans leur état.

Emploi des Ors, Argens & Aventurines.

Les ors, argent & aventurines s'employent également dans les deux manieres d'imiter les laques de la Chine, foit à plat, foit en pâte ; l'ufage en étant le même pour les deux opérations, nous allons indiquer les fujets qui doivent engager à choifir ces différentes matieres.

Il faut toujours fe fouvenir que lorfqu'on veut imiter le Japon, il faut fe fervir de l'or en chaux, & que l'or en feuille préparé au miel, s'employe pour imiter la Chine.

On peint ordinairement les arabefques, les fonds de bâtimens chinois, les rivieres & les feuilles d'arbres avec de l'or en chaux préparé au miel.

Les têtes & les mains fe mettent, tantôt en or, tantôt en argent ; on ne peut gueres préfenter de regles là-deffus, c'eft à la volonté de l'Amateur ou de l'Artifte : mais qu'on les faffe d'une façon ou d'une autre, l'or & l'argent dont on fe fert doivent être, l'un en chaux préparée, ainfi que nous l'avons dit, & l'autre d'argent, bien limé & bien broyé.

A l'égard des draperies, le fond doit être ou noir ou rouge, ou de couleur d'or préparé au miel ; par-deffus ce premier fond or, on peint des fleurs, des broderies, des mofaïques, enfin tout ce qui eft analogue à l'ornement & embelliffement des Chinois. On peut employer pour ce procédé deux à trois ors différens. Premierement, le même qui a fervi à faire les fonds. 2°. L'or en chaux préparé. 3°. L'or verd, provenant des livrets en feuille.

Lorfqu'on voudra fe fervir du premier ou du dernier de ces ors, & peindre en fecond par-deffus, il faut avoir foin de polir avec la dent de loup celui qui fervira de fond.

Si l'on se sert, au contraire, de l'or en chaux
pour mettre en second , il faudra laisser le
premier fond sans le brunir, & passer le bru-
nissoir sur les arabesques peints avec le dernier
or ; ces distinctions sont nécessaires pour donner les effets aux différens ors : Si on les
brunissoit tous, cela nuiroit à la perfection de
l'ouvrage.

Les montagnes se mettent assez ordinairement en noir ; le sommet doit, pour produire
un bon effet , être couvert d'or ; ensuite , en
approchant des terrasses , on doit mêler l'or &
l'argent de maniere que le fond noir perce à
travers. La maniere de polir est comme nous
l'avons dit.

Les fonds de bâtimens & de bateaux se font
volontiers avec l'or en feuille préparé ; ensuite
on dessine toutes les formes & accessoires du
bateau, avec du mordant au vermillon , & l'on
met sur le mordant l'un des deux ors.

Les troncs d'arbres peuvent se faire avec la
pâte ou le mordant seulement ; les feuilles
d'arbres ne peuvent se faire qu'au mordant :
les arbres , pour imiter le Japon , doivent être
d'or en chaux ; & pour la Chine , d'or en
feuille préparé au miel.

Les terrasses se font en or ou argent fin.
On peut y employer de l'or faux ou cuivre,
mais avec la plus grande circonspection, attendu qu'ils se noircissent, & ne peuvent jamais
avoir le brillant du fin.

Les eaux se font indifféremment en or &
argent ; les Japonois les font avec l'or en chaux
& l'argent limé & préparé ; les Chinois le
font avec l'or & l'argent en feuilles, préparés
au miel.

Les uns & les autres ont quelquefois introduit dans leurs terraſſes des morceaux de
burgos, nacre de perle ou gottiché; ſi les Amateurs étoient curieux d'en faire autant, rien
n'eſt plus aiſé. On prend de ces coquillages
extrêmement minces , on les caſſe en morceaux ſans aucune forme ; on les ſeme enſuite dans les terraſſes au hazard : l'on paſſe
un Vernis par-deſſus , lorſqu'ils ont été fixés
par le mordant : les morceaux doivent être
comme le papier le plus mince ; s'ils étoient
plus gros, il faudroit trop de Vernis pour les
unir , ce qui ne produiroit qu'un mauvais effet.

ARTICLE SECOND.

Maniere de raccommoder les Laques.

On raccommode de la maniere qu'on imite ;
ce ſont les mêmes procédés qui dirigent. On
doit le ſentir ; raccommoder eſt réparer , rétablir tout ce qui eſt détruit , emporté , ce
ſont les mêmes opérations , à la différence
qu'elles ne doivent commencer qu'au poiht
où le dommage ceſſe, pour remettre tout ce
qu'il a de fait.

Lorſqu'on a de vieux laques, qui ne ſont
point en reliefs, s'il n'y a que la feuille d'or
ou d'argent qui ſoit enlevée, on couche un
mordant fait au Vernis à la gomme laque ,
& on applique par-deſſus la feuille d'or ou
d'argent, & quand elle eſt bien ſéche on la
brunit.

De même, ſi un ouvrage de la Chine eſt
emporté juſqu'au bois : 1°. Il faut boucher le

trou avec un maſtic compoſé de blanc délayé
au Vernis ou à la colle de gant ; mais le premier vaut mieux. 2°. Le trou bien rempli,
on le polit, pour l'égaler au reſte de la ſurface.
3°. On y met le fond ou noir, ou or, ou
aventuriné, ayant l'attention de bien accorder
ce qu'on fait avec le fond, qui ſert de guide ;
car c'eſt de-là que dépend la réuſſite du travail, autrement ce qu'on fait tacheroit avec
le reſte. 4°. On couche le mordant. 5°. On
applique l'or. 6°. Quand il ſec, on le polit
avec le bruniſſoir, avec ſoin, de peur d'emporter le mordant & l'or.

Il en eſt de même des ouvrages en reliefs :
il faut bien examiner juſqu'où l'ouvrage eſt
emporté, & rétablir le dommage. On doit
auſſi prendre garde quel eſt le ſujet repréſenté,
pour ne pas y placer un ornement à contre
ſens, & qui ne ſe marie pas avec le reſte, &
bien étudier ce qui manque à l'enſemble.
S'il n'y a que l'or d'emporté, on y met une
couche de mordant, & on le rétablit ; ſi le
relief eſt lui-même emporté, on ajoute de nouvelle pâte, qu'on adapte ſur l'ancienne, on
y applique le mordant & l'or ; mais il faut
beaucoup de talens pour remanier délicatement
ces ſortes d'ouvrages.

ARTICLE TROISIEME.

*Maniere d'imiter en faux les Laques de la Chine,
tels qu'on fait les ouvrages de Spa, en Boîtes,
Tabatieres, Encoignures, & de les raccommoder.*

Soit que l'on veuille s'eſſayer à imiter les

vrais laques de la Chine , soit que l'on ne
cherche que des amusemens peu coûteux , soit
enfin qu'on ne se soucie d'entreprendre que
des ouvrages de peu de valeur , on peut travailler en faux , & imiter les vrais laques , & faire
des boîtes , tabatieres & encoignures sembla-
bles à celles qui se font à Spa , ou les raccommoder , si l'on en a qui ayent éprouvé quelques
dommages.

On peut, ainsi que dans les vrais laques,
en faire à plat , & en faire en reliefs. On prépare de même les fonds , en les encollant , n°.
3 ; on les polit comme au n°. 4. En cinquieme
lieu , on en vernit les fonds dans la couleur
desirée , soit en noir , soit en rouge , & on
polit les couches quand le fond poli est préparé : au lieu des ors on employe les bronzes. Il y en a de différentes couleurs , rouges ,
vertes , jaunes , de différentes nuances , & on
les polit de même.

Pareillèment à la pâte , on suit les mêmes
procédés. On donne une ou plusieurs couches
de la pâte , suivant le relief qu'on veut avoir.
2°. On laisse sécher la pâte à la chaleur du
soleil. 3°. Quand elle est durcie , on l'unit avec
de la prêle , & on la polit avec de la pierre-
ponce , & du tripoli. 4°. On dessine les figures , ou reliefs , ou arabesques , avec un Vernis d'ambre , dans lequel vous mettez un peu
de vermillon , pour vous indiquer ce que vous
faites.

Lorsqu'on veut mettre des figures , on dessine
précisément la masse de la figure qu'on veut
admettre. 2°. On la couvre de mordant , &
on y applique une feuille d'or faux. 3°. On
redessine

redessine cette figure avec du noir, pour marquer les contours de la même maniere qu'est faite une gravure ou estampe. L'Amateur qui desire s'amuser peut même copier servilement une estampe dans le goût Chinois ou autre. Il pourra, pour varier, faire les têtes de ses figures, les pieds & les mains en bronze blanche, ce qui produit un effet plus agréable dans les ouvrages de ce genre.

Ordinairement, lorsqu'on travaille en faux laque, on n'employe que du Vernis à l'esprit-de-vin; les sujets ne passant pas par l'étuve, il n'y a pas de danger que le Vernis s'altere ou bouillonne.

Il faut avoir l'attention, en faux laque, de vernir avec un petit pinceau, tous les arabesques qui y sont peints; autrement l'humidité feroit verdir les bronzes & l'or faux: ce Vernis les conserve.

On raccommode les faux laques de même que les véritables, en reprenant, comme nous l'avons dit, l'ouvrage à l'endroit où il est endommagé, & en recommençant ce qui en a été emporté.

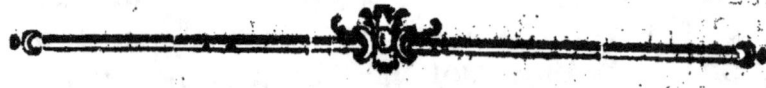

CHAPITRE II.

Maniere de Polir, Lustrer, Rafraîchir, & détruire les Couleurs & Vernis.

POLIR le *Vernis*; c'est lui donner une surface lisse, nette & douce, que l'application multipliée des couches ne lui donneroit jamais, si on n'enfonçoit les petites inégalités qui peuvent s'y trouver ; on se sert de pierre-ponce & de tripoli.

La *pierre-ponce* est une pierre devenue légere & poreuse, parce qu'elle a été calcinée par des feux souterrains, & portée par des ouragans dans la mer, où elle se trouve nageante ; il y en a de plusieurs especes, indépendamment de la forme, de pesantes, de grises, de blanches : les plus estimables sont les plus grosses, les plus légeres, les plus nettes ; elles doivent être poreuses, spongieuses, d'un goût salé, maréca- geux ; on les tire de Sicile vers le mont Vésuve, d'où elles sortent.

Quand on veut s'en servir en poudre, il faut que cette poudre soit impalpable, pour qu'elle ne puisse pas rayer l'ouvrage qu'on polit.

Le *tripoli* est une pierre légere, blanche, tirant tant soit peu sur le rouge, que l'on fait venir de plusieurs endroits de Bretagne, d'Auvergne, d'Italie : on croit que la légéreté de cette pierre vient de ce qu'elle a été calcinée par des feux souterrains. Nous en voyons de deux sortes en France ; la premiere & la meil- leure est celle qui se tire d'une montagne proche de Rennes en Bretagne. On la trouve disposée par lits, épaisse d'environ un pied ; elle sert aux Peintres, Lapidaires, Orfévres, Chau- dronniers, pour blanchir & polir leurs ouvrages ; la seconde, & la moins estimée, se tire d'Au- vergne près de Riom : elle ne peut servir à polir nos ouvrages, mais elle s'employe dans les maisons pour blanchir & éclaircir les bat- teries de cuisine. M. Guettard a donné des observations sur cette pierre, que nous conseil-

Ions de lire dans les Mémoires de l'Académie.

Pour polir les Vernis gras, quand la derniere couche eſt bien féche.: 1°. Pulvériſez, broyez & tamiſez de la pierre-ponce, que vous tremperez dans l'eau ; imbibez-en une ſerge, & poliſſez légérement & également, pas plus dans un endroit que dans un autre, pour ne pas gâter les fonds. 2°. Frottez l'ouvrage avec un morceau de drap blanc, imbibé d'huile d'olive & de tripoli en poudre.très-fine : pluſieurs Ouvriers ſe ſervent de morceaux de chapeau, mais il ternit toujours & peut gâter les fonds. 3°. Eſſuyez l'ouvrage avec des linges doux, de façon qu'il ſoit luiſant, & qu'on n'y voye aucune raye. 4°. Quand il eſt ſec, décraſſez-le avec de la poudre d'amidon, ou du blanc de Bougival, en frottant avec la paume de la main, & eſſuyant avec un linge ; c'eſt ce qu'on appelle *luſtrer*.

Les Vernis à l'eſprit-de-vin ſe poliſſent & ſe luſtrent de même, quand ils ſont bien ſecs : 1°. Avec une ſerge imbibée d'eau & de tripoli, (on ne polit pas d'abord avec de la ponce comme aux Vernis gras). 2°. On paſſe de même un morceau de drap, de l'huile d'olive & du tripoli. 3°. On eſſuye de même l'ouvrage. 4°. On le luſtre.

Rafraîchir ou *raviver* une couleur ou Vernis, eſt leur enlever la mal-propreté occaſionnée, ſoit par le dépôt d'ordures qu'y font les inſectes & les mouches, ſoit par la craſſe de la pouſſiere, & leur rendre leur premiere propreté : on employé une eau de leſſive qu'on fait de différentes manieres ; la meilleure eſt celle qu'on peut faire avec de la potaſſe & les cendres gravelées.

La *potasse* ou *vedasse*, se fait en brûlant du bois ou rameaux d'arbres dans des fossés qu'on a creusés à la campagne, & qu'on a garnis en dedans de briques en maniere de fourneau; pendant que les cendres de ce bois sont encore toutes rouges, on les arrose à plusieurs reprises avec de la lessive commune, afin qu'en calcinant, elles s'amassent & forment des morceaux durs, & bien empreints de sel. On continue long-tems la calcination de cette matiere, afin qu'elle soit assez cuite & bien dure : il nous en vient beaucoup de Pologne, d'Allemagne, de Dantzick & de Moscovie.

La *cendre gravelée* est une lie de vin qu'on fait sécher & calciner ; il faut la choisir en pierres bien séches, nouvellement faites, de couleur blanche, verdâtre, d'un goût salé, amer : on estime celle de Lyon, de Bourgogne ; il faut la garder dans un vaisseau bien clos, en un lieu bien sec ; car, à cause du sel alkalin qu'elle contient, l'humidité de l'air s'introduit facilement, & la résout en liqueur.

Dans six pintes d'eau de riviere, mettez tremper dans des bouteilles, trois livres de potasse & une livre de cendre gravelée, quelque tems après vous pouvez vous en servir ; elle est très-violente, très-forte & très-mordicante ; les Peintres qui l'appellent communément *eau seconde*, ne la confondent pas avec l'eau seconde qui est une eau-forte, ou esprit de nitre affoibli.

Lorsque les couleurs sont sales, il faut les *lessiver* avec de l'eau seconde foible ; si on se sert de la recette ci-dessus, ne mettez qu'un demi-septier de cette eau seconde dans une pinte d'eau, la dose suffit pour décrasser. Prenez garde de faire des coulures, & étendez bien également de peur de faire des taches ; trois ou quatre minutes après que cette eau est couchée, il faut laver avec de l'eau de riviere à la nage, pour emporter la crasse & l'eau seconde, qui, si elle y restoit trop long-tems, mangeroit les couleurs & les Vernis : les couleurs paroissent alors franches ; & quand tout est sec, il faut donner une ou deux couches de Vernis.

Quand la Peinture est gâtée, soit par un éclat de bois, soit par l'action du feu, ou de quelque corrosif, on tâche de la *raccorder*, c'est-à-dire, de la remettre au ton de l'ancienne teinte. Il faut beaucoup d'art pour que la couleur nouvelle s'accorde parfaitement avec l'ancienne, & qu'elle ne change plus ; il faut d'abord tâcher de deviner la quantité de matieres qui entroient dans les premieres couches, tenir sa teinte un peu plus claire, & y mettre moins d'huile : on ne raccorderoit pas en se servant de la même dose de matieres & de liquides ; car il faut s'attendre que le tems & l'air agissent toujours sur les nouvelles Peintures. On raccorde encore lorsqu'une couleur est déjà séche & couchée depuis long-tems.

Lorsqu'on veut *détruire* une teinte de couleur pour en substituer une autre, le plus sûr en général est de tout enlever, & de lessiver les Vernis, les couleurs, les blancs d'apprêts, les encollages, les teintes dures & les impressions, sur-tout ;

Si la piece est en détrempe, & qu'on veuille repeindre en huile.

Si elle est en huile, & qu'on veuille la mettre en détrempe.

Si même elle est en détrempe, & que l'on soit curieux d'y remettre une détrempe.

Pour détruire tout-à-fait, & les couleurs & les Vernis, il faut imbiber le sujet d'eau seconde, en mettre plusieurs couches pour qu'elle puisse pénétrer jusqu'au tuf, ensuite lessiver & laver avec de l'eau, des grattoirs, & avec des fers à réparer, dégorger les moulures & sculptures ; l'eau seconde mange tout jusqu'au vif, le bois redevient comme s'il n'avoit jamais été ni peint, ni verni ; & quand il est bien sec, on peut le repeindre en suivant les procédés que nous avons indiqués. La dose d'eau seconde est ordinairement d'un demi-septier par toise pour chaque couche.

Mais si les anciennes teintes ont été données en huile, & si on veut en redonner une autre en huile, il suffit de manger seulement le Vernis jusqu'à la couleur ; ensuite on peut repeindre avec des couleurs broyées à l'huile & détrempées à l'essence, par dessus lesquelles on applique deux ou trois couches de Vernis.

Nous disons qu'il faut détremper ces nouvelles couleurs à l'essence ; car si on les employoit à l'huile, elles donneroient une odeur désagréable, l'huile ne pourroit pas s'imbiber dans les bois, vu qu'il y a de l'ancienne couleur qui repousseroit la nouvelle dans l'appartement & donneroit de l'odeur, au lieu que l'essence s'évapore & se dissipe en y mettant un Vernis ; la nouvelle peinture n'a pas plus d'odeur que si elle étoit sur un lambris neuf.

Nous ne nous appercevons qu'à l'instant de

trois omissions faites dans le cours de l'Ouvrage, que nous allons rétablir ici. La premiere, relative à la mixtion, page 146, où nous avons dit que c'étoit une liqueur que chacun fait à sa guise, sans en donner aucune recette: mais pour mettre au moins l'Amateur dans le cas d'en composer une, nous croyons devoir lui proposer celle qui se fait avec un Vernis gras, dans lequel on employe du karabé & du bitume de Judée.

Le principal objet qu'on doive rechercher dans une bonne mixtion, est qu'elle ait de l'amour, qu'elle soit bien liquide, ne séche pas trop promptement, ni ne soit pas trop longue à le faire; enfin, qu'elle puisse s'étendre aisément sous le pinceau.

La seconde concerne l'emploi du Vernis sur les instrumens, page 280, où nous avons dit qu'on appliquoit tout simplement les Vernis, ou qu'on les teignoit un peu. Il faut ajouter qu'on peut encore y mettre un encollage teint, par-dessus lequel on couche le Vernis. Cette teinture se fait, si on la desire rouge, en faisant bouillir dans l'eau du raucou avec un peu d'alun; ou, si on la veut jaune, en y substituant du saffran avec de l'alun. D'autres mélangent les deux teintes pour en faire une mixte. L'encollage coloré de cette teinture ne masque point les veines du bois.

La troisieme tombe à la page 282, où nous avons parlé du Vernis à l'apprêt sans en donner la recette: il se compose à l'huile, de même que ceux au copal & au karabé, excepté qu'on ne fait pas choix des matieres, & qu'on y employe feulement les épluchures de ces deux fubftances.

Nous ne poufferons pas plus loin nos détails fur les procédés des trois Arts dont nous venons de donner la defcription : c'eft au tems, aux foins, aux mains d'œuvres réitérées furtout, que nous abandonnons actuellement l'Amateur & l'Artifte qui veulent fe perfectionner. Ainfi que l'efprit la main a fes accroiffemens, fes gradations ; tel bien décrit que foit un Art méchanique, c'eft de l'habitude feule qu'on doit efpérer le fuccès ; & lorfqu'elle a donné la facilité de l'exécution, le goût amenant alors à fa fuite le talent, infpire la variété qui plaît & le fini qu'on recherche.

Nous ne voulions qu'indiquer le Mémoire du P. d'Incarville, & engager les Amateurs à le lire dans les Mémoires des Savans Etrangers ; mais on nous a fait obferver que dans les Provinces fur-tout, il n'eft pas aifé de fe procurer ce volume ; que ce Mémoire, d'ailleurs trèsinftructif, jette le plus grand jour fur l'hiftoire de la découverte des Vernis que nous devons aux Chinois ; que le détail des procédés de ces Peuples, rapprochés des nôtres, en juftifient la bonté, puifqu'on peut les comparer, & que rien ne fait mieux connoître l'approximation d'une copie, qu'en repréfentant le modele ; d'ailleurs la lecture peut infpirer aux Amateurs l'idée des recherches ; faciliter l'exécution, & jetter ainfi de la variété dans leurs amufemens ; ce motif feul de plaire & d'inftruire, nous a déterminé à l'inférer ici malgré fa longueur. Nous croyons qu'on nous en faura gré.

La mort du P. d'Incarville arrivée peu de tems après l'envoi de ce Mémoire, l'a empêché de remplir les engagemens qu'il y contracte, je ne connois rien qui puiffe fuppléer aux obfervations qu'il promettoit.

MÉMOIRE

SUR

LE VERNIS DE LA CHINE,

Par le Pere D'INCARVILLE, *Jéfuite & Correſpondant de l'Académie des Sciences.*

ON ſait maintenant en Europe que le Vernis de la Chine n'eſt point une compoſition, mais une gomme ou réſine qui coule d'un arbre que les Chinois appellent *Tſi-chou* ou *arbre du Vernis.*

Cet arbre croît dans pluſieurs provinces méridionales de la Chine : il croît ſans culture dans les montagnes : on en trouve dont le tronc a un pied & plus de diamétre : ceux que l'on cultive dans les plaines & ſur quelques montagnes, ne viennent guére plus gros que la jambe : les Chinois les épuiſent, auſſi ces arbres cultivés ne durent pas plus de dix ans.

L'arbre de Vernis reprend facilement de bouture : dans l'automne on remarque les branches dont on veut ſe ſervir pour tranſplanter ; on les entoure de terre détrempée un peu ferme à quelques pouces au-deſſus de l'endroit où on veut couper la branche, on forme de cette terre une boule groſſe comme la tête ou environ, on l'enveloppe de filaſſe ou de linge, pour contenir le tout juſqu'au tems des gelées ; on arroſe de tems en tems la boule de terre pour l'entretenir fraîche, la branche pouſſe des racines ; au printems, on ſcie la branche au-deſſous de la boule de terre, & on la tranſplante.

Cet arbre vient également bien en pleine campagne comme ſur les montagnes, & le Vernis eſt en tout auſſi bon, pourvu que le terrein ſoit bien ſitué : les arbres qui n'ont pas une bonne expoſition ou qui ſont plus à l'ombre, donnent plus de Vernis, mais moins bon : cet arbre ne demande d'autre culture que de remuer la terre au pied, & d'y raſſembler des feuilles qui en pourriſſant lui ſervent de fumier.

Le Vernis ſe recueille en été : ſi c'eſt un arbre cultivé, chaque année on n'en tire trois fois du Vernis; celui de la premiere fois eſt meilleur que celui de la ſeconde, & celui de la ſeconde meilleur que celui de la troiſieme. Si ce ſont des arbres qui croiſſent ſans culture dans les montagnes, on n'en tire qu'une fois par an, ou ſi on en tire trois fois dans une année, on les laiſſe repoſer trois ans ſans en tirer.

Pour faire ſortir le Vernis, on fait avec le couteau trois entailles dans la peau de l'arbre juſqu'au vif, ſans lever cette peau. Ces trois entailles forment un triangle ; dans la baſe de ce triangle, on inſére une petite coquille de moule de riviere, pour recevoir la liqueur qui découle des deux lignes collatérales du triangle : c'eſt là ce qui ſe pratique aux arbres cultivés. Quant aux arbres ſauvages, on fait une entaille dans l'arbre avec la hache, comme on fait en Europe pour tirer la réſine du Pin; on peut faire juſqu'à vingt entailles à ces gros arbres ; mais aux arbres cultivés, on place au plus quatre coquilles à la fois, & l'on fait de nouvelles entailles à chaque fois qu'on veut tirer du Vernis.

Il arrive quelquefois aux gros arbres ſauvages qu'après y avoir fait des entailles, le Vernis ne coule pas ; il faut alors humecter un peu l'endroit par où doit couler le Vernis : pour cela, on ſe précautionne de ſoies de cochon, on en prend quelques brins que l'on mouille, au défaut d'eau, avec de la ſalive, & l'on paſſe ces ſoies ſur l'endroit, lequel en s'humectant, ouvre les pores de l'arbre dans cet endroit, & facilite le paſſage au Vernis.

Quand un arbre ſauvage paroît épuiſé, & qu'on n'eſpere plus en tirer de Vernis, on en entoure la cime d'une petite botte de paille, on y met le feu, & tout ce qui reſte de Vernis dans l'arbre ſe précipite dans les entailles qu'on a faites en quantité au pied de cet arbre.

Ceux qui vont le recueillir partent avant le jour ; au petit jour ils placent leurs coquilles, chaque homme

n'en place guere qu'un cent : on laisse ces coquilles
environ trois heures en place, après quoi on ramasse
le Vernis qu'on y trouve, commençant par les premieres placées. Si on laissoit ces coquilles plus long-
tems en place, le Vernis en vaudroit mieux, mais il
diminueroit, le soleil évaporant l'aqueux qui s'y trouve :
ce ne seroit pas le profit du Marchand.

Ceux qui recueillent ce Vernis, portent pendu à
leur ceinture un petit seau de *bambou*, dans lequel
ils font tomber le Vernis : pour le faire tomber, ils
humectent un doigt en le passant sur la langue, & en
essuyent la coquille : le doigt étant mouillé, le Vernis
ne s'y attache point. Il y en a qui se servent d'une
petite spatule de bois qu'ils trempent dans l'eau, ou
qu'ils passent sur la langue, pour faire tomber le Vernis
des coquilles. Ce que chacun a ramassé dans son petit
seau, il le porte chez les Marchands, où on le renverse dans des barils. Ces seaux & ces barils sont
soigneusement couverts d'une feuille de papier, comme
les Confituriers couvrent les pots de confitures d'une
feuille coupée en rond pour entrer juste dans le pot.
Ceux qui ramassent le Vernis ne se donnent pas la
peine de couper ainsi le papier, mais ils l'appliquent
exactement sur tous les bords du vase, pour que le
Vernis se conserve mieux, & qu'il n'y entre point
d'ordures. Leurs papiers qu'ils nomment *Mau-theou-
ichi*, est très-commode pour cela : il est fait de
chanvre.

Il faut prendre garde, en couvrant & découvrant
les vases qui contiennent le Vernis, de s'exposer à sa
vapeur : on tourne la tête pour l'éviter ; sans cette
attention, l'on courroit risque de gagner les cloux de
Vernis : ils ont assez de rapport avec ceux que cause
l'herbe à puce en Canada, avec cette différence que
ceux du Vernis sont beaucoup plus douloureux. Ceux
qui les ont, sentent une chaleur insupportable. On est
sûr que ce sont des cloux du Vernis, quand les bourses
enflent, ce qui ne manque jamais : on en est quitte
pour souffrir, car on n'en meurt pas. Pour appaiser
le grand feu de ces cloux, avant qu'ils soient aboutis,
on les lave avec de l'eau fraîche ; mais quand ils sont
percés, on les frotte avec le jaune qui se trouve

dans le corps des crables, ou , à fon défaut , avec
la chair des coquillages , qui par fa grande fraîcheur
foulage beaucoup la douleur. Très-peu de ceux qui
travaillent au Vernis , font exempts d'être attaqués
une fois de ces fortes de cloux. Ce qu'il y a de
fingulier , ç'eft que les gens vifs & colorés les ga-
gnent plus facilement que les phlegmatiques. Quelques - uns de ces derniers n'en ont jamais été attaqués.

Pour conferver le Vernis , on place les vafes où
il eft dans des caves fraîches , & non trop humides : étant bien couvert , il s'y conferve tant qu'on
veut.

Le Vernis , quand il fort de l'arbre , reffemble
à la poix liquide : expofé à l'air , fa furface prend
d'abord une couleur rouffe , & peu après il devient
noir , mais d'un noir non brillant , à caufe de l'eau
qu'il contient.

Les Chinois diftinguent trois fortes de Vernis , le
Nien-tfi , le *Si-tfi* & le *Kouang-tfi*. Les trois mots
Nien, Si & *Kouang* font trois noms de villes principales,
d'où fe tirent les trois efpeces de Vernis ; favoir ,
Nien-tcheou-fou , *Si-tcheou-fou* & *Kouang-tcheou-
fou. Tcheou - fou* fignifie *ville principale* ou du premier
ordre.

Le *Nien - tfi* & le *Si - tfi* , font deux efpeces de
Vernis qu'on employe pour faire le Vernis noir :
le *Nien - tfi* feul vaudroit mieux , mais il eft très-
difficile d'en trouver de pur, les marchands y mettent
du *Si-tfi*.

Le canton où fe recueille le *Nien-tfi* eft de peu
d'étendue , auffi ne peut-il fuffire à tous les ouvrages
qui fe font à la Chine. Le *Nien-tfi* eft d'un noir
plus brillant que le *Si-tfi* : il coûte à Péking environ
cent fols la livre : le *Si-tfi* n'y coûte que trois livres.
Le *Kouang-tfi* tire fur le jaune ; il eft plus pur , ou
contient moins d'eau que le *Nien-tfi* & le *Si-tfi* : il
a un autre avantage , c'eft que pour l'employer on y
mêle environ la moitié de *Tong - yeou* , qui eft un
autre Vernis ou plutôt une huile très-commune en
Chine , qui , fur les lieux où elle fe recueille , ne
coûte que deux ou trois fols la livre : j'ai oui dire

qu'on la vend à Paris fous le nom de Vernis de la Chine : elle reffemble à la térébenthine.

J'ai dit qu'on mêle environ la moitié de cette huile dans le Vernis nommé *Kouang-tfi*, cela dépend de la pureté du Vernis : s'il eft très-pur, on y en mêle plus de la moitié, alors il revient à-peu-près au prix du *Nien-tfi*.

Il faut d'abord le dépouiller de ce qu'il contient d'aqueux, en le faifant évaporer au foleil, fans quoi il ne deviendroit jamais brillant. Voici de quelle maniere les Chinois s'y prennent.

Ils ont exprès de grands vafes plats dont le rebord n'a pas plus d'un pouce ou d'un pouce & demi de haut : ces vafes font des efpeces de corbeilles de jonc ou d'ofier cliffé ; ils enduifent cette corbeille d'une couche de compofition de terre ou de cendre : par-deffus cette couche, ils appliquent une feule couche de Vernis commun. Ces fortes de vafes font commodes pour faire évaporer le Vernis, & le ramaffer enfuite facilement.

Si le foleil eft un peu ardent, deux ou trois heures fuffifent pour enlever tout l'aqueux du Vernis dont on ne met au plus qu'un pouce d'épais dans le vafe; tandis qu'il s'évapore, on le remue avec une fpatule de bois, prefque fans difcontinuer, le tournant & le retournant : d'abord il fe forme des bulles blanches, qui peu à peu diminuent & deviennent plus petites; enfin, elles prennent une couleur violette, alors le Vernis eft fuffifamment évaporé.

Quand de ce Vernis, que je fuppofe du *Nien-tfi*, auquel on a ajouté environ le quart de *Si-tfi*, on veut faire le beau Vernis ordinaire de la Chine, après l'avoir fait évaporer environ à moitié, on mêle cinq ou fix gros de fiel de porc pour une livre de Vernis; il faut que ce fiel ait été auparavant évaporé au foleil jufqu'à ce qu'il devienne un peu épais : fans le fiel de porc, le Vernis n'auroit pas de corps, il feroit trop fluide.

Après avoir remué pendant un quart d'heure le fiel de porc avec le Vernis, on ajoute quatre gros de vitriol romain par livre de Vernis ; on a fait diffoudre auparavant ce vitriol dans une fuffifante

quantité : on fe fert quelquefois de thé ; on continue
de remuer le Vernis jufqu'à ce que, comme je l'ai
déjà dit, les bulles qui fe forment deffus prennent
une couleur violette : ce Vernis ainfi préparé fe nomment en Chine *Kouang-tfi*, ou Vernis brillant : la lettre
Kouang fignifie *brillant.*

Depuis peu d'années les Chinois ont imité le brillant
du Vernis noir du Japon. Les Chinois le nomment
Yang-tfi : *Yang* fignifie *Mer* ; comme qui diroit Vernis qui vient d'au-delà de la Mer, le Japon étant
féparé de la Chine par la Mer. C'eft pour la même
raifon qu'ils appellent l'Europe *Ta-fi-Yang*, & l'Inde
Siao-fi-Yang, comme qui diroit le grand pays, le
petit pays à l'occident au-dela de la Mer. *Ta* fignifie
grand ; *Siao*, *petit* ; *Si*, *l'occident.* Les Chinois qui ne
font pas au fait, croyent que ce nom de *Yang-tfi*
a été donné au Vernis façon du Japon, parce que
le fecret en venoit d'Europe.

Le *Yang-tfi* ne diffère du *Kouang-tfi*, qu'en ce que,
quand le *Kouang-tfi* eft tout-à-fait évaporé, on y
ajoute fur une livre de Vernis, un gros d'os de cerf
calciné en noir & réduit en poudre fine. (Les Chinois
prétendent que les os des côtes valent mieux que les
autres os). Nous effayâmes de l'yvoire brûlé que je
calcinai en noir ; l'Ouvrier trouva qu'il faifoit mieux
que les os de cerf calcinés, & il me pria de lui en
donner. Outre les os de cerf calcinés en noir, ils y
ajoutent une once d'*huile de thé*, qu'ils rendent ficative
en la faifant bouillir doucement après avoir jetté dedans en hiver cinquante grains d'arfenic, moitié rouge
ou réalgal, & moitié gris ou blanc ; en été fix grains
fuffifent : ils remuent continuellement cet arfenic dans
l'huile avec une fpatule. Pour voir fi l'huile eft fuffifamment ficative, ils en laiffent tomber une goutte
fur un morceau de fer froid, fi, pofant le bout du
doigt fur cette huile figée, & l'élevant doucement
elle s'attache au doigt & file un peu, elle eft à fon
point. Cette huile donne le beau brillant au Vernis.

Les Chinois difent que toute autre huile que l'huile
de thé, ne fécheroit point dans le Vernis, & que
toujours elle fortiroit au dehors : j'en doute ; le
Tong-yeou rendu ficatif, ne fort point, & je crois

que quelqu'autre huile bien ficative feroit le même effet.

Cette huile de thé fe tire des fruits d'un arbre de thé particulier ; il reffemble un peu à nos pruniers : on ne le cultive que pour fes fruits & non pour fes feuilles. Ce fruit reffemble à nos châtaigniers, excepté que la peau extérieure n'eft point hériffée de pointes comme celles des châtaignes. Le fruit du *Tong-chou*, dont on fait le *Tong-yeou*, lui reffemble affez.

Les Chinois ont encore trois autres préparations de Vernis; favoir, le *Tchao-tfi*, le *Kin-tfi* & le *Hoa-kin-tfi*. Le *Tchao-tfi* eft celui qu'ils jettent fur leur poudre d'or pour imiter l'aventurine. *Tchao* fignifie *envelopper*, couvrir, comme qui diroit Vernis extérieur. Ce Vernis eft d'un jaune tranfparent ; il eft compofé de moitié *Kouang-tfi*, c'eft-à-dire, qui vient de *Kouang-tcheou-fou*, & de moitié *Tong-yeou* rendu ficatif. Le *Kin-tfi* tire fon nom de la couleur d'or ; la lettre *Kin* fignifie *or*. En effet, ce Vernis eft d'un jaune doré : il eft compofé avec le *Si-tfi* le plus commun, ou celui qu'on a recueilli à la troifieme récolte, moitié de ce Vernis & moitié de *Tong-yeou*. C'eft fur une couche de ce Vernis qu'ils fement leur poudre d'or, fur laquelle ils jettent, comme je l'ai déjà dit, une couche de *Tchao-tfi*. La poudre d'or ainfi femée entre ces deux couches de Vernis, imite l'aventurine, mais ce n'eft que long-tems après ; car elle eft beaucoup plus belle au bout de quelques années qu'au bout de quelques mois ; j'en ai l'expérience.

Le *Hoa-kin-tfi* eft celui dont fe fervent les Peintres en Vernis pour délayer leurs couleurs, d'où lui vient fon nom de *Hoa*, qui fignifie *peindre*, celui de *kin*, parce qu'il fert à peindre en or, ou aux deffins en or : ce Vernis eft compofé de moitié de *Tchao-tfi* & moitié de *Kin-tfi*.

Travail du Vernis.

La premiere chofe qu'il faut faire, c'eft de paffer le Vernis pour le purifier le plus qu'il eft poffible de toute ordure & pouffiere : pour cet effet on prépare

du coton, comme quand on veut faire une courte-
pointe ; on met trois lits de coton ainfi préparé ; on
les étend fur un morceau de toile claire : fur ces lits
de coton on verfe le Vernis, foit *Yang-tfi*, foit *Kouang-
tfi* évaporé, & on l'enveloppe bien exactement avec
le coton lit par lit, retranchant, s'il eft néceffaire,
dans les plis un peu de coton, pour qu'il fe couche
plus aifément & plus uniment : quand les trois lits
de coton ont été ainfi couchés fur le Vernis les uns
après les autres, on enveloppe le tout de la toile
pour exprimer le Vernis qui y eft enveloppé. La
machine dont fe fervent les Chinois pour cette opération eft fort fimple, & me paroît commode. Quand
il ne découle prefque plus de Vernis, on ouvre la
toile & l'on dépece avec fes doigts les trois lits de
coton, pour derechef en exprimer ce qu'on pourra ;
on réitere cette manœuvre deux à trois fois, jufqu'à
ce qu'il n'y ait plus de Vernis : on jette enfuite le
coton, & l'on recommence la même opération avec
trois autres lits de coton neuf ; on paffe une troifieme fois le Vernis ; à cette troifieme & derniere
fois, on ne fe fert pas de coton, mais d'un lit de
Sée-mien. Le *Sée-mien* eft fait du deffus du parchemin
qui enveloppe la nymphe du ver à foie : on étend
fur la toile claire, au lieu de coton, fept ou huit
doubles du *Sée-mien*, on en enveloppe le Vernis
comme on a fait aux autres expreffions avec le coton,
& on l'exprime : le Vernis ainfi paffé eft cenfé très-
pur. Pour cette opération, il faut être dans un endroit bien net, & où il n'y ait aucune pouffiere à craindre, de peur que dans la fuite il ne tombe quelque
grain de pouffiere fur ce Vernis ainfi purifié. Les
Chinois, après l'avoir reçu quand il couloit, en
l'exprimant dans un vafe de porcelaine bien net,
couvrent le vafe d'une feuille de papier dit *Mao-
teou-tchi*, dont j'ai parlé, & le mettent dans un endroit propre jufqu'à ce qu'ils veulent s'en fervir :
alors ils ne découvrent pas tout le vafe, mais ils
leyent feulement un coin du papier qui le couvre.

Dans le Mémoire plus détaillé que j'enverrai l'an
prochain s'il y a occafion, y joignant des modeles &
échantillons de chaque chofe qui entre dans le Vernis,

nis, comme j'avois fait dans le premier envoi qui a péri à Belle-Ifle ; je décrirai au long la bafe dont fe fervent les Chinois pour appliquer le Vernis fur les tables, chaifes & autres meubles : un modele que je joindrai, facilitera beaucoup l'intelligence de cette opération. Le fond de cette bafe eft de la poudre de brique, ou de la poudre de charbon de fapin qui vaut encore mieux. Il y en a qui employent au lieu de cela, de la fciure ou moulure de bois, qu'ils fricaffent auparavant dans une poële de fer pour lui faire jetter fon huile ou réfine (a).

La meilleure de toutes les matieres pour ces fortes de bafes font les cendres de bois de cerf: on en trouvera la raifon dans mon Mémoire détaillé.

On délaye des cendres, pouffiere ou moulure de bois avec du Vernis, ou avec du fang de porc préparé avec de la chaux.

Application du Vernis.

Le laboratoire doit être un endroit extrêmement net, autant qu'il fe peut à l'abri de toute pouffiere : pour cet effet on le tapiffe de nattes; par-deffus ces nattes on colle du papier exactement par-tout, tellement qu'on n'apperçoit pas le plus petit endroit des nattes: la porte même du laboratoire qui doit fermer bien jufte, eft tapiffée & collée comme le refte.

Quand les Ouvriers ont à appliquer quelques couches de Vernis, fur-tout la derniere, fi c'eft dans une faifon où il n'y ait pas à craindre de prendre du froid, ils ne portent que des caleçons, pas même de chemifes, de crainte de porter de la pouffiere dans le laboratoire : fi la faifon ne permet pas de fe dépouiller ainfi de fes habits, on a grand foin de les bien fecouer avant que d'entrer dans le laboratoire : on ne porte en outre que des habits fur lefquels la

(a) N. Que le Vernis ne peut fouffrir aucune huile dans fon alliage fi elle n'eft bien ficative, autrement jamais il ne fécheroit parfaitement.

X

poussiere ne s'attache pas aisément ; on a attention
de ne pas trop remuer dans le laboratoire & de n'y
pas souffrir des gens inutiles.

La premiere chose que font les Ouvriers, c'est de
bien nettoyer les brosses dont ils veulent se servir ;
ils ont dans une petite jatte un peu d'huile, dans
laquelle ils les nettoyent, de peur qu'il n'y ait dans
les brosses quelque grain de poussiere ; on essuye
ensuite soigneusement les brosses, afin d'en enlever
toute l'huile : les brosses étant bien nettes, on découvre un coin de la jatte où est le Vernis qui a été
passé trois fois, comme je l'ai dit. Pour prendre le
Vernis avec la brosse, on ne fait que l'effleurer &
en retirant la main ; on tourne deux ou trois fois la
brosse pour couper le filet que laisse après soi le
Vernis. On sait que pour appliquer du Vernis quel
qu'il soit, il faut passer d'abord la brosse en tous
sens, appuyant également par - tout ; en finissant,
il faut passer la brosse par - tout dans le même
sens.

Chaque couche de Vernis n'a au plus que l'épaisseur du papier le plus fin : si le Vernis est trop épais,
il fait des rides en séchant : pour manger ces rides,
il en coûte ; on est même quelquefois obligé de les
enlever avec un ciseau, au lieu de s'amuser à les polir
avec des bâtons composés de poudre de brique,
dont je parlerai dans la suite. Quand même il ne se
seroit pas formé de rides, le Vernis auroit beaucoup
de peine à sécher. Avant que d'appliquer une seconde
couche de Vernis, il faut que la premiere couche
soit bien séche, & ait été polie avec des bâtons composés de poudre de brique.

Pour mettre sécher les pieces de Vernis à mesure
qu'on les travaille, on a pratiqué autour du laboratoire des *étageres* du haut en bas ; on y place les
pieces sur lesquelles on vient d'appliquer une couche
de Vernis, les mettant plus ou moins bas, selon
qu'on veut qu'elles séchent plus ou moins vîte. L'humidité de la terre les séche plutôt ou plus tard, selon
qu'elles en sont plus ou moins éloignées. Quand elles
sont absolument séches, on les met sur les étageres
les plus élevées, on les y laisse si on le juge à propos.

A Peking où l'air eſt extrêmement ſec, pour ſécher le Vernis, il faut néceſſairement l'expoſer dans un endroit humide entouré de nattes, (a) que l'on arroſe d'eau fraîche, autrement le Vernis ne ſécheroit pas. Si c'eſt une piece miſe en place qu'on ne puiſſe détacher, ils ſont obligés de l'entourer ainſi de linges mouillés.

Quand la premiere couche de Vernis eſt bien ſéche, il faut la polir; ſi elle n'étoit pas bien ſéche, en poliſſant on enleveroit quelques endroits. Un jour après qu'on a mis une piece ſécher ſur l'étagere d'en bas du laboratoire, on la viſite pour voir ſi elle eſt ſéche : pour cela on poſe doucement le bout du doigt deſſus ; ſi en le retirant il laiſſe une tache comme de graiſſe, le Vernis n'eſt pas aſſez ſec pour ſouffrir le poli. On ne riſque rien de laiſſer une piece pluſieurs jours : plus le Vernis ſera ſec & mieux il ſe polira. Il faut ſeulement avoir attention dans les tems humides, que le Vernis ne contracte pas trop d'humidité ; car alors il ſe ternit & jamais il ne revient : ſi c'eſt une derniere couche, elle eſt perdue, il faut la polir & en ajouter une autre. Pour remédier à cet inconvénient, on ne met point alors les pieces ſécher ſur les dernieres d'en bas, mais ſur la ſeconde ou la troiſieme : il vaut mieux que le Vernis ſéche plus lentement. Quelque polie que ſoit la baſe ſur laquelle on applique le Vernis, il s'y trouve toujours quelques petites inégalités qu'une ou deux couches de Vernis ne pourroient effacer ; c'eſt pourquoi on eſt obligé de polir chaque couche : le Vernis qui ſeroit trop mince ſeroit ſujet à être facilement enlevé. Quelque ſoin que l'on prenne, il ſe trouve toujours quelques grains de pouſſiere dans le Vernis, qui font autant de petites inégalités que le poli enleve ; d'où il ſuit que ſi à chaque couche on ne poliſſoit pas, la derniere couche ſeroit la plus imparfaite.

Pour polir le Vernis on forme de petits bâtons compoſés de poudre de brique paſſée au tamis fin, & lavée en trois eaux claires : après l'avoir remuée dans l'eau juſqu'à la rendre trouble, on décante cette

____

(a) Cette obſervation nous paroît contre toute expérience.

eau dans un autre vafe, & l'on jette ce qui s'eſt
précipité comme trop groſſier. On répete trois fois
cette opération, & on laiſſe bien repoſer l'eau ; quand
elle eſt bien repoſée, on la verſe par inclination ;
on couvre le vaſe où eſt le ſédiment, & on l'expoſe
au ſoleil pour ſécher ; étant ſéche, on la paſſe par
un tamis fin, on la délaye avec le *Tong-yeou*, où il
entre du *Tou-tſe*, & un peu plus de moitié de ſang de
cochon préparé avec de l'eau de chaux. Pour former des
bâtons, on roule de cette matiere dans de la toile, on
leur donne la forme que l'on veut, & enſuite on les
met ſécher à l'ombre ſur une planche couverte d'un papier, de peur que la pouſſiere groſſiere ne tombe deſſus,
ce qui en poliſſant le Vernis formeroit des raies ; ſi
l'on mettoit ſécher les petits bâtons au Soleil, ils ſe
fondroient.

La préparation du ſang de cochon avec l'eau de chaux
ſe fait ainſi : on prend une poignée de paille battue &
groſſierement hachée, de la longueur de trois ou quatre
pouces, avec cette paille on manie le ſang, comme font
les Chaircuitiers pour ôter les grumeaux de ſang ; après
quoi on le paſſe par un linge : on verſe dans ce ſang à
peu près un tiers d'eau de chaux toute blanche, ſans la
laiſſer repoſer : on fait cette eau ſur le champ & on la
verſe auſſi-tôt. On conſerve le ſang ainſi préparé dans
une terrine couverte.

Pour polir le Vernis, on trempe dans l'eau le bout
des petits bâtons de poudre de brique, & l'on frotte
aſſez ferme par tout pour enlever les petites inégalités
cauſées par quelques petits grains de pouſſiere qui ſe
feroient trouvés dans le Vernis ou dans les broſſes, &
de tems en tems, on paſſe une broſſe à longs poils trempée dans de l'eau, tenant la piece au-deſſus du vaſe où
l'on trempe la broſſe, pour la laver & ôter la boue
qu'a fait le bâton de poudre de brique, afin de voir s'il y
a encore quelques petits défauts, & les polir avant
d'appliquer la ſeconde couche de Vernis. On polit cette
ſeconde couche comme la premiere, quand elle eſt bien
ſéche ; enfin on applique la troiſieme couche : c'eſt ſur-
tout pour cette couche qu'il faut apporter tous les ſoins
poſſibles d'éviter les grains de pouſſiere.

Il n'y a que peu d'années, ſous l'Empereur régnant,

que le secret du *Yang-tsi* ou du Vernis, qui imite le brillant de celui du Japon, a transpiré hors du Palais. Il y a environ trente ans qu'un particulier de *Sou-tcheon*, une des Villes où se font les plus belles pieces de Vernis de la Chine, trouva le secret, ou plutôt le tira de quelques Japonois, les Marchands de *Sou-tcheon* ayant commerce avec ceux du Japon. Il seroit à souhaiter qu'ils en eussent aussi tiré le secret de préparer leur *Tchao-tsi*, qui l'emporte infiniment sur celui de la Chine. L'Empereur *Yong-tching*, pere de celui qui regne présentement, voulut avoir ce secret, & ne voulut pas qu'il sortît de son Palais : en effet, ce secret est demeuré inconnu au-dehors pendant plusieurs années. Enfin, *Kien-long*, actuellement régnant, n'étant pas si curieux de Vernis que son pere, ne s'est pas embarrassé que ce secret transpirât au-dehors. Je le sais d'un des Ouvriers qui travaillent au Palais, qui l'a fait devant moi tel que je l'ai décrit dans ce mémoire; c'est de ce même Ouvrier qui a travaillé près de trois mois chez nous que je sais ce que j'écris du Vernis. Il est chrétien & mon pénitent; j'ai lieu de croire qu'il ne me trompe pas.

Ci-devant, les Chinois ne faisoient que du Vernis qu'ils nomment *Toui-kouang*; *Kouang* signifie *brillant*, & *Toui* enlever, comme qui diroit Vernis qui a perdu son lustre; la raison de cela, c'est qu'ils polissoient la derniere couche de Vernis comme les deux premieres; & par-là lui enlevoient son brillant. Pour y suppléer un peu après avoir poli exactement cette troisieme couche, ils lui donnoient un dernier poli, avec un paquet de cheveux qu'ils trempoient dans de l'eau où ils avoient trempé de la poudre bien fine : ensuite ils essuyoient la piéce avec un morceau d'étoffe de soie bien douce; & avec le dedans de la main, ils frottoient ferme, jusqu'à ce que le Vernis devînt clair. Dans les endroits où la main ne pouvoit pénétrer, ils inséroient au bout d'un petit morceau de bois un peu d'étoffe de soie dont le bâton étoit entouré; enfin, en dernier lieu, ils frottoient la piéce de Vernis avec un morceau de soie un peu imbibé dans l'huile claire, n'importe laquelle; ce qui rendoit au Vernis un peu de brillant, mais non-comparable à celui qu'ils appellent *Yang-tsi*.

X iij

Le *Yang-tfi*, à caufe de l'huile de thé qui y entre & qui lui donne fon brillant, ne peut fouffrir le poli; ainfi il faut encore plus de foin pour éviter la pouffiere qu'en faifant des piéces de *Toui-kouang*. Le feul remede pour cacher les défauts eft, en peignant les piéces de vernis, de faire enforte que le deffin cache fes défauts.

Pour faire des pieces de *Yang-tfi*, on n'employe ce beau Vernis qu'à la derniere couche. Le *Kouang-tfi* dont on fait le *Toui-kouang*, eft tout auffi bon pour les deux premieres couches, puifqu'elles doivent être polies. La derniere couche de Vernis doit fur-tout demeurer long-tems fur les étageres d'en-haut du laboratoire, pour le moins une quinzaine de jours, avant que d'y faire aucune peinture : on rifqueroit de barbouiller le Vernis, l'or s'attacheroit dans les endroits qui ne feroient pas entiérement fecs.

Remarquez, 1°. que lorfqu'on veut faire de belles boîtes de Vernis, délicates comme celles du Japon, il ne faut pas qu'elles foient fujettes à s'ouvrir aux jointures; il faut couvrir ces jointures de petites bandes de papier, dit *Che-tan-tchi*. Les Japonois l'employent auffi bien que les Chinois, pour rendre leurs ouvrages plus folides; mais en Chine, où l'on ne s'embarraffe pas tant de cette grande légéreté des boîtes, ou autres ouvrages, au lieu de *Che-tan-tchi*, on fe fert de *Kinen*, qui eft une efpece de canevas de foie; alors jamais les boîtes ne fe démentent.

Pour empêcher que le Vernis de la premiere couche pénetre dans le bois, avant d'appliquer cette premiere couche, on paffe deffus la piece une eau gommée empreinte de craie. Le *Che-tan-tchi* ou le *Kieun*, s'applique avec le Vernis pur & non évaporé. Avant de mettre la premiere couche, il faut, avec une pierre un peu moins rude que le grès, bien polir le *Che-tan-tchi* ou le *Kiuen*: pour les rendre plus unis, on eft obligé d'y paffer, après les avoir polis, une légere couche de compofition de poudre de brique, dont j'ai parlé ci-deffus, immédiatement avant l'article de l'application du Vernis qu'on mêle avec moitié de *Tou-tfi*.

* Il faut que le *Tou-tfi* foit paffé au tamis; le tout fe

* *Tou* fignifie *terre*, *tfe* fignifie *graine*, comme fi l'on difoit *graine de*

délaye avec le Vernis non évaporé, quand la composition est bien claire & bien fine. Les Japonois quelquefois n'employent pas le *Che-tan-tchi*, & se contentent de frotter les pieces avant d'appliquer la premiere couche de Vernis avec de la cire, pour empêcher que le Vernis ne pénetre dans le bois. Les Chinois font aussi quelquefois la même chose ; mais ces sortes de pieces ne sont pas solides & ne manquent guere de s'entr'ouvrir aux jointures, sur-tout à Péking, où l'air fait extraordinairement tourmenter le bois, quelque vieux qu'il soit.

2°. Le bois dont les Chinois se servent pour leurs boîtes de Vernis, est aussi léger que celui qu'employent les Japonois ; & si les ouvrages de la Chine sont plus pesans que ceux du Japon, ce n'est que parce que les Chinois qui communément envoyent leurs belles pieces de Vernis à Péking, veulent qu'elles soient solides, de peur qu'elles ne se trouvent pas à l'épreuve de l'air de Péking ; ce qui, malgré leurs précautions, ne laisse pas d'arriver, parce qu'ils ne les travaillent pas aussi solidement que celles qui se font à Péking même.

Le bois que les Chinois employent s'appelle *Ngou-tou-mou* : *Mou* est le nom générique du bois, *Ngou-tou* est le nom de l'arbre : son bois est très-pliant, & extraordinairement léger, excellent pour les instrumens de musique ; on prétend qu'il rend un plus beau son que les autres especes de bois.

Les brosses, pour appliquer le Vernis, sont faites de cheveux ; celles qui servent à laver les pieces font de barbes de chevres : on peut se servir de queue de vache. La pâte dont on se sert pour lier ou assembler le poil qui compose ces brosses, est faite avec le *Toug-yeou* ; la litharge & le *Tou-tse*, lequel sert à faire sécher plus vîte la matiere où on l'employe. A ce mélange on ajoute un peu plus de la moitié de sang de cochon préparé avec de l'eau de chaux. Une autre composition pourroit servir de même, pourvu qu'elle soit bien liante ; & qu'en travaillant, il ne s'en détache pas de la poussiere comme il arrive à nos brosses en Europe.

terre, ou plutôt terre qui est comme de la graine : on en trouve beaucoup dans les montagnes.

4°. Si en maniant du Vernis, il en eſt reſté aux mains, on ſe frotte avec un peu d'huile, il ſe détache facilement.

5°. Il arrive quelquefois que le Vernis dans les tems de pluie ou de grand vent ne ſéche pas : s'il n'a pas ſéché dans ſon tems, jamais il ne ſéchera. Le ſeul remede alors eſt de frotter la piece avec de la chaux, & de l'expoſer dans le laboratoire aux *étageres* dans bas, il ſéche en peu de tems. Avant que de mettre ſécher la piece, il faut bien eſſuyer la chaux avec un morceau d'étoffe de ſoie. Si la chaux n'a pas enlevé entiérement tout le Vernis qui n'étoit pas ſec, il s'élevera quantité de petits points : on peut les faire diſparoître en poliſſant la piece, & enſuite y appliquer une autre couche de Vernis.

6°. Pour connoître ſûrement la pureté du Vernis, ſi l'on ſoupçonne de la fraude, on en met, par exemple, deux onces ſur le feu dans une cuillerée de fer : on la tient au feu juſqu'à ce que l'eau en ſoit entiérement évaporée, & enſuite on le repeſe pour ſavoir combien il y avoit d'eau : cette expérience ne gâte point le Vernis.

7°. Si en hiver on veut faire évaporer le Vernis, comme le ſoleil eſt alors peu ardent, & que l'opération demanderoit trop de tems, on y ſupplée ainſi : on roule une natte en forme de manchon, de la largeur du vaiſſeau dans lequel on veut évaporer le Vernis. On dreſſe debout la natte : on met au fond un réchaud avec un peu de feu, & au-deſſus à un pied ou un pied & demi, on ſoutient, par le moyen d'un trépied, le vaiſſeau où eſt le Vernis : en une heure ou une heure & demie, le Vernis eſt évaporé, ou n'a plus rien d'aqueux.

8°. En rendant le *Toug-yeou* ſicatif, après l'avoir tiré du feu, lorſqu'on juge cette huile ſuffiſamment ſicative, tandis qu'elle eſt encore chaude, ſortant de deſſus le feu ; on la tranſvaſe pluſieurs fois pour en faire exhaler la fumée qu'elle renferme : ſans cette précaution, les Chinois diſent qu'elle donneroit une mauvaiſe couleur au Vernis.

Peinture du Vernis.

La peinture en Vernis ne convient que fur les meubles, comme tables, chaifes, fauteuils, armoires, &c. fur de groffes pieces qu'on ne regarde pas de trop près, elle fait un bon effet; mais fur de petites pieces qui demandent des deffins délicats, elle choque la vue; de même des fonds de couleur en Vernis, ne paroiffent convenir qu'à des meubles ou à des dedans de boîtes, fur-tout fi elles font grandes.

Les feuls deffins en or font bien fur les ouvrages délicats. Quelque finis que foient les deffins en or qui fe font en Chine fur les pieces de Vernis, ils ne font pas comparables aux belles pieces de Vernis du Japon. Jufqu'à préfent les Chinois n'ont pu trouver le fecret du Vernis tranfparent comme de l'eau que les Japonois appliquent fur leurs deffins en or. Le Vernis tranfparent de la Chine, qu'ils appellent *Tchao-tfi*, tire fur le jaune, mais un jaune vilain, tellement qu'ils n'ofent l'employer fur des deffins fins & délicats; ils s'en fervent pour imiter l'aventurine, comme je l'ai dit au commencement de ce Mémoire; mais cette aventurine n'approche pas de celle du Japon. Je ne défefpere pas que dans la fuite nous ne trouvions en France quelque Vernis qui puiffe s'appliquer fur le Vernis de la Chine; & alors nous pourrions le difputer, & même l'emporter fur les Japonois, nos deffins d'Europe étant beaucoup plus finis que ceux du Japon.

Venons au détail de la peinture fur le Vernis telle qu'elle fe fait en Chine. D'abord, le Maître ou le Chef des Peintres fait fon deffin dont il jette les premiers traits fur le papier avec un crayon, & enfuite il le finit avec un pinceau à l'encre. Sur ce deffin fini, les éleves du Peintre fuivent tous les traits au pinceau avec de l'orpiment délayé dans de l'eau; & pour imprimer le deffin fur la piece de Vernis, ils appliquent ce deffin ainfi fraîchement tracé, paffant légerement les doigts fur tout le deffin, afin que tous les traits s'impriment ou reftent tracés fur la piece. Ayant retiré leur papier, ils employent encore l'orpiment, mais délayé dans de l'eau gommée, ou dans laquelle ils ont fait fondre un peu de colle (où nous employons la gomme, les Chinois employent la colle), & repassent sur tous les traits avec le pinceau : alors le dessin ne peut plus s'effacer de dessus la piece.

J'ai déja dit que le Vernis employé par les Peintres en Vernis, se nomme *Koa-kin-tsi* : c'est ce Vernis qui sert de mordant pour appliquer l'or : c'est aussi avec ce Vernis qu'ils délayent toutes leurs couleurs. Pour rendre le Vernis plus liquide, ils y mêlent tant soit peu de camphre, qu'ils ont auparavant bien écrasé & mêlé avec du Vernis : ils en font une pâte qu'ils paîtrissent ou mêlent pendant un bon quart-d'heure avec une spatule, c'est de cette pâte dont ils prennent un peu pour délayer leurs couleurs. Leur mordant n'est autre chose, comme on vient de le dire, que du Vernis *Hoa-kin-tsi*, dans lequel on ajoute de l'orpiment : quand les couleurs sont bien mêlées, on les passe par le *Che-tan-tschi* : ils en passent communément fort peu à la fois, peut-être un gros ou deux, ils l'enveloppent dans le *Che-tan-tschi simple*, & tordent les deux bouts avec les doigts, recevant la couleur, à mesure qu'elle passe sur un des doigts qui ne sont employés à tordre : ils les déchargent sur leur palette qui n'est qu'un morceau de *bambou* fendu en deux par la moitié : avant que l'on soit au fait, le papier crève souvent. Il faut aussi-tôt que la couleur commence à transpirer, détordre un peu le papier sans le lâcher des mains, mais avec un des doigts libres passer de cette couleur qui commence à sortir sur tout l'endroit où est enfermée la couleur, prenant garde d'ouvrir le papier : cette attention empêche pour l'ordinaire le papier de crever.

Si l'on veut que l'or qu'on doit appliquer soit plus haut en couleur, on mêle du cinnabre dans le mordant : après avoir appliqué le mordant, on met la piece sécher au laboratoire : douze heures ou environ, suffisent pour que ce mordant soit au point qu'il faut pour y appliquer l'or.

On a eu soin de préparer l'or en coquille (j'en donnerai la façon Chinoise à la fin de ce Mémoire) avec des tapons du *Sée-mien* qu'on applique sur l'or en coquille : pour les en retirer chargés, on frotte légérement toute la place, l'or s'attache aux endroits du mordant, essuie la piece avec ces mêmes tapons, & l'on trouve l'or appliqué sur tout le dessin. Si l'on craint que l'or ne s'attache sur quelques endroits hors du mordant, parce que le Vernis ne seroit pas assez sec; on écrase du bol blanc, & avec un morceau d'étoffe de soie, on passe légérement sur les endroits pour lesquels on craint : après avoir bien essuyé la piece, on peut hardiment passer l'or sur le mordant.

Dans quelques occasions, les Peintres en Vernis ne mettent pas sécher au laboratoire les pieces sur lesquelles ils ont posé du mordant; mais c'est avec du *Tchou-tchi* (c'est du papier fait de la pellicule qui embrasse chaque nœud du *bambou*; il s'en fait une grande quantité en Chine. La plûpart des Livres imprimés sont de ce papier : celui dont il s'agit ici est du plus fin, c'est aussi de ce même papier qu'on met entre chaque feuille d'or dans les livrets) qu'ils appliquent dessus le mordant à différentes fois, jusqu'à ce que le mordant ne laisse plus dessus aucun vestige : alors on passe dessus l'or en coquille; l'or s'en détache mieux, mais il a moins d'éclat : dans des nuances cela a son bon; d'ailleurs, l'or en est mieux couché.

Les Chinois employent trois sortes d'or, le *Ta-tchi*, le *Tien-tchi* & le *Hium-tchi*. Le *Ta-tchi* est l'or ordinaire, le *Tien-tchi* est l'or pâle, le *Hium-tchi* est fait avec des feuilles d'argent auxquelles on a donné la couleur d'or, en leur faisant recevoir la vapeur du soufre. Pour donner les nuances, ils ne font que passer sur la premiere couche d'or qu'ils appellent *Ta-tchi*, un autre tapon de *Sée-mien* qu'ils ont fait passer sur l'or en coquille. Le *Hium-tchi* ne leur sert guere que pour les bords des vases, & quelquefois pour des nuances extraordinairement pâles : pour dorer les bords des vases, ils passent au tamis du *Hium-tchi*; & avec le bout du doigt qu'ils posent sur cette poudre d'or, ils l'appliquent sur les bords où ils ont posé immédiatement auparavant le mordant, sans se servir du *Tchou-tchi* pour en enlever : c'est afin que l'or tienne mieux en ces endroits où il est plus sujet à s'enlever; ils ne s'embarrassent pas que le mordant ternisse un peu l'or.

Quand après avoir passé le tapon de papier de *Sée-*

mien, chargé d'or en coquille, il refte fur la piece de l'or qui eft fimplement répandu : fans être attaché, on paffe légérement le même tapon qui enleve toute cette pouffiere. Dans les petits endroits où le tapon ne peut pénétrer, on en a de petits au bout d'un porte-pinceau, avec lefquels on applique l'or.

Pour imiter les montagnes & faire les féparations juftes, ils taillent un morceau de *Tchou-tchi*, felon la forme qu'ils veulent donner à la montagne : avec le papier ils couvrent une partie de cette montagne, & paffent l'or pâle fur le tout ; il ne s'attache qu'aux endroits qui débordent le papier taillé.

Pour imiter le corps, les branches & les côtes des feuilles, des plantes ou arbres, après avoir pofé la premiere couche d'or, ils tracent de nouveau les endroits qu'ils veulent plus éminens ; & quand ce mordant a paffé environ douze heures dans le laboratoire pour y fécher, on paffe l'or en coquille deffus. Ordinairement ils font le mordant rouge, c'eft-à-dire, qu'ils l'employent avec le Vernis du vermillon, au lieu d'orpiment : l'or en eft plus relevé en couleur.

La couleur blanche en Vernis, fe fait avec des feuilles d'argent qu'on mêle avec, ne mettant de Vernis précifément qu'autant qu'il en faut pour faire une pâte de ces feuilles d'argent : gros comme un pois de Vernis, fuffit pour mêler une vingtaine de feuilles : on mêle ces feuilles les unes après les autres ; quand elles font bien mêlées, on y ajoute un peu de camphre pour rendre cette pâte prefque claire comme de l'eau. Au lieu de feuilles d'argent, pour épargner, les Chinois fe fervent quelquefois de vif-argent, mais préparé d'une maniere particuliere. (C'eft un fecret qu'une feule famille a ; il ne feroit pas facile de le tirer. M. Aftruc, Médecin fameux à Paris, en a vu qui lui a paru très-beau.) Toute autre matiere, que les feuilles d'argent, ou le mercure ainfi préparé, noircit étant mêlée avec le Vernis : les feuilles d'argent font le plus beau blanc.

Pour la *couleur rouge*, ils employent le *Tchou-che*, qui me paroît un cinnabre minéral. On peut auffi fe fervir de la fleur du carthame réduite en laque.

Pour le *verd*, ils fe fervent d'orpiment, qu'ils mêlent avec de l'indigo qu'on nomme ici *Kouang-tien-hua* :

c'eſt le véritable indigo, il vient des Provinces Mérid-
dionales. Il eſt plus eſtimé que celui de Péking qui n'eſt
qu'une perſicaire.

Pour le *violet* , ils ſe ſervent de *Tſe-che* ou pierre
violette : *Che* ſignifie *pierre*; *Tſe*, violet : (on s'en ſert
dans le verre, pour le rendre opaque) ils réduiſent
cette pierre en poudre impalpable : ils ſe ſervent auſſi
du colcothar ou vitriol marin calciné en rouge ; mais
pour luî ôter ſon ſel, ils le font bouillir auparavant
dans beaucoup d'eau : le Vernis, diſent-ils, ne peut
ſouffrir aucun ſel.

Le *jaune* ſe fait avec l'orpiment. *Nota*, 1°. que les
couleurs miſes dans le Vernis ne ſont pas vives d'abord,
mais dans la ſuite elles changent : plus elles ſont anciennes & plus elles ſont belles.

2°. Quand les Peintres veulent paſſer beaucoup de
couleurs à la fois, alors au lieu de *Tchou-tchi*, ils ſe
ſervent de *Sée-mien*.

3°. Pour nettoyer les pieces de Vernis on ſe ſert
d'un morceau de ſoie, comme feroit un mouchoir de
ſoie bien doux, c'eſt-à-dire uſé : d'abord, ſans frotter,
on ſecoue la pouſſiere en frappant deſſus avec ce mouchoir de ſoie : ſi après cela il reſte quelques taches
graſſes, elles s'enlevent facilement, en entourant le
doigt de ce mouchoir & frottant fortement; ſi cela
ne ſuffit pas, on peut mouiller le bout du doigt enveloppé, le paſſant ſur la langue, mais il vaut mieux
faire aller l'haleine ſur la tache, & auſſi-tôt frotter
avec le doigt enveloppé : on peut encore paſſer le
doigt enveloppé ſur la tête, dans les cheveux ; le
peu de graiſſe qu'il prend eſt très-bonne pour enlever
les taches du Vernis.

4°. Si les pieces de Vernis, pour avoir été appro-
chées trop près du feu, s'étoient tachées : en les
expoſant à la roſée, on les fait revenir.

5°. En expoſant à l'air les couleurs en Vernis,
elles y prennent beaucoup plutôt leur éclat.

Supplément. Or en Coquille.

On prépare un grand cornet de papier d'une feuille entiere, on souffle dedans les feuilles d'or qu'on veut employer à faire de l'or en coquille. Quand on en a une quantité suffisante, on prend une assiette ou petit plat de porcelaine bien uni, on y verse quelques gouttes d'eau, dans laquelle on a fait dissoudre un peu de colle, ensuite on renverse les feuilles du cornet de papier sur l'assiette ; & avec l'extrémité des doigts, on broye l'or, comme on feroit avec une molette : plus on le broye, plus il devient fin & par conséquent beau. On le lave à deux eaux un peu tiédes, & on le garde pour le besoin. Les Chinois n'y font pas d'autre façon.

Crayon Chinois, dont se sert le Maître Peintre pour sa premiere esquisse.

Ces crayons, dont les Peintres Européens s'accommo-deroient fort bien, ne sont autre chose que des chandelles de veille qu'ils rompent de la longueur de quatre à six pouces. Ils les allument par un bout, & les éteignent un instant après. Les traces que ces sortes de pinceaux laissent, s'enlevent facilement avec une aîle de perdrix ou d'autre oiseau. On choisit pour cela des chandelles de veille menues ; les grosses ne sont pas si commodes : si l'on veut qu'elles fassent un trait très-fin, on leur fait la pointe, en les frottant doucement sur un carreau.

M. le Contrôleur-Général me demande, 1°. ce qu'on peut substituer au Vernis de la Chine ; 2°. la maniere de l'appliquer & de le rendre dur ; 3°. la cause de la différence sensible qu'on trouve entre le vieux laque & le Vernis de la Chine moderne ; 4°. la différence du Vernis du Japon ancien & moderne, & du Vernis de Chine.

Je réponds, 1°. ce qu'on peut substituer au Vernis de Chine. Je ne suis pas assez au fait des différentes drogues qui entrent dans les Vernis composés d'Europe pour juger de ce qui pouvoit être substitué au Vernis de Chine qui n'est pas une composition. Nos Messieurs de l'Académie décideront dans pareil cas beaucoup mieux que je ne pourrois faire. Je ne désespere pas que le Mississipi, où l'on pourroit découvrir l'arbre du Vernis, ne fournisse dans la suite ce qui est nécessaire pour faire en France d'aussi beaux Vernis, & peut-être plus beaux que ceux de Chine & du Japon. J'enverrai à M. de Jussieu des branches ou fleurs, ou fruits des arbres dont on tire en Chine les matériaux du Vernis. Les Sauvages de la Louisiane, en voyant ces échantillons, pourront dire s'ils ont connoissance de pareils arbres. Comme on trouve au Mississipi beaucoup de plantes qu'on avoit eues auparavant de Chine, il pourroit bien se faire que les deux especes d'arbres de Vernis & l'arbre de *Tong-yeou* s'y trouvassent aussi.

2°. *La maniere d'appliquer & de rendre dur le Vernis.* On en trouve le détail dans le Mémoire précédent.

3°. *La cause de la différence sensible qu'on trouve entre le vieux laque, & le Vernis de Chine moderne.*

S'il s'agit seulement de la matiere, il pourroit bien se faire que les Chinois eussent vendu du *Tong-yeou* pour du Vernis. S'il s'agit de la perfection du travail, je crois que cette différence vient plutôt du soin qu'on a apporté en travaillant les pieces de Vernis, que de la différence des tems. Les pieces de Vernis que les Européens achetent dans les ports, sont pour l'ordinaire faites avec peu de soin. Si ces pieces étoient faites avec la même attention qu'on apporte quand on travaille pour l'Empereur, les Chinois n'en auroient pas le débit, à cause du prix qu'ils seroient obligés de les vendre. Si en Chine, les Princes ou les Grands ont de belles pieces de Vernis, ce sont des pieces faites pour l'Empereur qui en donne : on ne reçoit pas toutes celles qu'on lui présente ; on trouve quelquefois de ces belles pieces de Vernis à acheter, quand quelque Grand, par un revers de fortune, est obligé de vendre ses meubles ; pour l'ordinaire, à sa mort, sa femme ou ses enfans vendent de pareils bijoux pour faire de l'argent. C'est ainsi que nous en avons eu quelquefois pour faire des présens en Europe.

FIN.

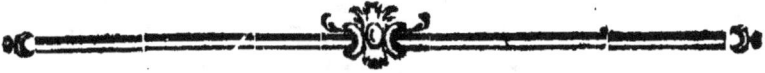

DICTIONNAIRE

*Des mots Techniques des Arts du Peintre,
Doreur, Vernisseur, contenant la Table
des Matieres.*

A

A Breuver, c'est mettre une couche, ou d'encollage, ou de couleur sur du bois, de la pierre, ou autre matiere poreuse, pour en remplir, ou boucher les ports, de façon que le sujet devienne uni ; par-là on ménage les couches, ou de couleurs, ou de vernis, qu'il faudroit répéter bien plus souvent sans cette précaution.

Acides, sont des substances salines, qui ont une saveur aigre qui agace les dents ; il y en a de trois sortes, les minéraux qu'on distingue en vitriolique, nitreux & marin ; ils sont les plus forts de tous : les végétaux sont le vinaigre & tous les sucs acides des végétaux : les animaux sont ceux qu'on retire par l'analyse des graisses animales.

Acier, couleur [d']
comment se fait, 98
* *Adoucir*, c'est donner au sujet, apprêté de blanc, une surface unie, douce & égale, comment se fait, 81 & 153
* *Adoucissant*, [coucher en] c'est traîner légérement la brosse sur l'ouvrage en allant & venant.

Ahoua, graine [d']
29

Alkali, substance saline, qui a une saveur âcre, encaustique & brûlante, ou à l'alkali marin ou minéral, l'alkali végétal qu'on obtient par le lavage des cendres des végétaux, & l'alkali volatil, qu'on tire par l'analyse des matieres animales, & des matieres végétales qu'on a fait purifier.

Ambre ou *Karabé. Voy.*
Succin.

Analyse, se dit de la
séparation

B

Y

C

D

F

L

M

Marches d'escaliers en bois, doivent se peindre comme des parquets. *Voy.* Parquet.

Maron, [couleur de] comment se compose & s'emploie, 49

Massicot, ce que c'est; ses différences, son usage, son emploi, ses dangers, 38

Mastic, ce que c'est; son choix, son usage, 209

Matter l'or, c'est passer légérement de la colle sur les endroits qui ne doivent pas être brunis : cette opération conserve l'or & l'empêche de s'écorcher comment se fait, 158

Menstrue, se dit d'une liqueur qu'on emploie pour dissoudre en entier, ou pour extraire seulement certaines substances d'un corps. Il y a plusieurs espéces; savoir, 1°. Les aqueux, comme l'eau simple, & les eaux distillées; ces menstrues dissolvent les gommes, les sels, les extraits aqueux, les savons; 2°. Les menstrues spiritueux, comme l'esprit-de-vin, & les eaux spiritueuses aromatiques; ils dissolvent les savons,

les résines, & plus ou moins les matieres huileuses; 3°. Les menstrues huileux qui dissolvent les résines, les soufres; enfin les menstrues salins, qui sont l'alkali fixe & volatile & les différens acides.

Meubles, fauteuils, canapés, se peignent à l'huile comme les lambris; maniere de les dorer à la grecque, 163, à l'huile vernie-polie, 169

Mine de plomb, ce que c'est, son choix, son usage, 141

Minium, ce que c'est, son usage, 39

Mixtion, ce que c'est, 146

Monder, signifie nettoyer ou séparer quelque matiere d'un mixte.

Mordant pour rehausser en détrempe, ce que c'est; comment se compose & s'applique, 117

Mordant pour dorer à l'or mat, ou pour bronzer; comment se fait. 146

Murailles extérieures en huile, 96

Murs d'escaliers, comment se peignent, 71

Murs intérieurs en détrempe, comment se peignent 71, en huile, 96

N

O

P

R

S

T

V

Fin de la Table des Matieres.

APPROBATION.

J'AI lu, par ordre de Monseigneur le Chancelier, la deuxieme édition de *l'Art du Peintre, Doreur, Vernisseur*, par M. Watin, Peintre & Marchand de Couleurs & Vernis; je n'ai rien trouvé qui puisse en empêcher l'impression. A Paris, ce 4 Mai 1773.

MACQUER.

PRIVILEGE DU ROI.

LOUIS, PAR LA GRACE DE DIEU, ROI DE FRANCE ET DE NAVARRE: A nos amés & féaux Conseillers, les Gens tenans nos Cours de Parlement, Maîtres des Requêtes ordinaires de notre Hôtel, Grand Conseil, Prevôt de Paris, Baillifs, Sénéchaux, leurs Lieutenans Civils, & autres nos Justiciers qu'il appartiendra, SALUT. Notre amé le Sieur WATIN, Peintre, Nous a fait exposer qu'il desireroit faire imprimer & donner au Public un Ouvrage intitulé: *l'Art de faire & d'employer le Vernis*, s'il Nous plaisoit lui accorder nos Lettres de Privilége pour ce nécessaires. A CES CAUSES, voulant favorablement traiter l'Exposant, Nous lui avons permis & permettons par ces Présentes, de faire imprimer ledit Ouvrage autant de fois que bon lui semblera, & de le vendre, faire vendre & débiter par-tout notre Royaume pendant le tems de six années consécutives, à compter du jour de la date des Présentes. FAISONS défenses à tous Imprimeurs, Libraires, & autres personnes de quelque qualité & condition qu'elles soient, d'en introduire d'impression étrangere dans aucun lieu de notre obéïssance: à la charge que ces Présentes seront enregistrées tout au long sur le registre de la Communauté des Imprimeurs & Libraires de Paris, dans trois mois de la date d'icelles; que l'impression dudit Ouvrage sera faite dans notre Royaume, & non ailleurs, en bon papier & beaux caracteres; que l'Impétrant se conformera en tout aux Réglemens de la Librairie, & notamment à celui du 10 Avril 1725, à peine de déchéance de la présente Permission; qu'avant de l'exposer en vente, le manuscrit qui aura servi de copie à l'impression dudit Ouvrage, sera remis dans le même état où l'Approbation y aura été donnée, ès mains de notre très-cher & féal Chevalier, Chancelier, Garde des Sceaux de France Sieur DE MAUPEOU; qu'il en sera ensuite remis deux exemplaires dans notre Bibliothéque publique, un dans celle de notre Château du Louvre, & un dans celle dudit Sieur DE

MAUPEOU; le tout à peine de nullité des Préfentes : du contenu defquelles vous mandons & enjoignons de faire jouir ledit Expofant & fes ayant caufe, pleinement & paifiblement, fans fouffrir qu'il leur foit fait aucun trouble ou empêchement. Voulons qu'à la copie des Préfentes, qui fera imprimée tout au long au commencement ou à la fin dudit Ouvrage, foi foit ajoutée comme à l'original. Commandons au premier notre Huiffier, ou Sergent, fur ce requis, de faire pour l'exécution d'icelles tous actes requis & néceffaires, fans demander autre permiffion, & nonobftant clameur de Haro, charte Normande, & Lettres à ce contraires : Car tel eft notre plaifir. Donné à Paris le deuxieme jour du mois de Mai, l'an mil fept cent foixante-douze, & de notre Regne le cinquante-feptieme. Par le Roi en fon Confeil.

LE BEGUE;

Regiftré fur le Regiftre XVIII. de la Chambre Royale & Syndicale des Libraires & Imprimeurs de Paris, n°. 2018. fol. 643, conformément au Réglement de 1723, qui fait défenfes, Article IX, à toutes perfonnes de quelque qualité & condition qu'elles foient, autres que les Libraires & Imprimeurs, débiter, faire afficher aucuns Livres pour les vendre en leurs noms, foit qu'ils s'en difent les Auteurs ou autrement, & à la charge de fournir à la fufdite Chambre huit Exemplaires, prefcrits par l'article CVIII, du même Réglement. A Paris, ce 5 Mai 1772.

H. F. LE CLERC, *Adjoint*

SUPPLÉMENT

A joindre au Livre intitulé : L'ART DU PEIN-
TRE, DOREUR, VERNISSEUR, *in-8°,*
seconde Édition, 1773.

NOUS nous sommes bornés dans notre Traité à la
description du méchanisme de nos trois Arts ; nous
n'avons pas osé, comme nous l'avons dit page 10,
décrire tout ce qui concerne la partie du talent, relative à la décoration intérieure des Églises, châteaux,
maisons. Pour y suppléer, autant qu'il est en nous,
& guider les Amateurs qui veulent décorer leur séjour,
ou en rafraîchir ou renouveller l'ameublement, nous
allons donner ici un catalogue assez complet de gravures, représentant toutes sortes de décorations intérieures, & d'ornemens qui y sont relatifs, dans le
goût le plus moderne, & d'après les plus habiles
Artistes. A l'aide de ces gravures, d'après l'emplace-
ment & l'exposition, l'on peut juger quels seront les
ameublemens les plus commodes, & dont l'effet sera
le plus flatteur à la vue. Le choix fixé, où l'on fait
exécuter sous ses yeux, si l'on a des Ouvriers intelligens, ou l'on peut les commander dans les Capitales,
& les peindre, dorer & vernir soi-même : ou, si l'on
veut s'en épargner la peine, & être plus sûr de la perfection, il est aisé de les faire venir tout prêts à être
posés en place.

Nous observons aux Amateurs qu'ils ne doivent pas
se flatter que l'exécution répondra toujours aux idées
quelquefois compliquées de la gravure. Le célebre M.
de la Fosse, par exemple, qui a tracé la forme de tous
les ameublemens les plus à la mode & les plus somp-
tueux, se livre quelquefois trop à la fougue de sa riche
imagination. Traits fins, délicats ; ornemens légers,
gracieux ; contours sveltes, élégans, caractérisent ses

* Z

ingénieux deſſins; mais ſouvent ils annoncent le génie qui s'éleve, qui dédaigne d'être ſuivi, & qui ne peut l'être par les impuiſſans efforts de la main. Si on vouloit en rendre tous les détails, l'exécution ſeroit ſûrement trop chere pour la fortune des plus riches particuliers, à plus forte raiſon devient-elle exceſſive pour ceux qui ne ſont qu'aiſés. On peut cependant conſerver à tous ces deſſins, leur grace, leur élégance, leurs formes agréables, leurs contours commodes & gracieux, pour les rendre d'une exécution aiſée & acceſſible à tout le monde; il ne s'agit pour cela que de ſacrifier quelques ornemens, qui, ſouvent très-agréables, rendus par le burin du Graveur, déplaiſent & deviennent lourds ſous le ciſeau du Sculpteur. Watin ſe fera un plaiſir, lorsqu'on lui communiquera les deſſins adoptés, de marquer quels ſeront les différens prix de leur exé-cution; ou ſi ceux des gravures ne conviennent pas, d'en envoyer d'autres conformes au goût des perſonnes, & les plus à la mode.

Pour faciliter aux Provinces le moyen de ſe procurer ces gravures *, dont le mince volume & le médiocre prix, ne méritent pas les frais de l'exportation lente & un peu coûteuſe des carroſſes & meſſageries, le ſieur Watin les prévient qu'il ſe charge de faire paſſer franc de port par la Poſte, tous & chacun des cahiers déſi-gnés ci-après, aux prix qui y ſont indiqués, & ſans qu'il en coûte plus, en affranchiſſant la lettre d'avis & le port de l'argent. Il les prévient auſſi qu'ayant la collection com-plette de ces gravures, il ne ſera néceſſaire que de lui indiquer préciſément la feuille dont on aura adopté le deſſin, ſans être obligé d'en faire le renvoi. Il ſe fera un plaiſir de la faire voir à ceux qui voudront la connoître.

Les Bureaux de Poſte ne ſe chargeant pas de l'argent au-deſſous de ſix francs, on peut réunir pluſieurs objets pour envoyer au moins cette ſomme.

_____

* Les Gravures dont on offre ici le Catalogue, ſe vendent chez le ſieur Chereau, Graveur, rue S. Jacques, à Paris, auquel on peut l'adreſſer pour les avoir, en affranchiſſant les lettres d'avis & le port de l'argent. On trouve chez lui tout ce qui concerne l'Architecture, le Deſſin, le commerce d'Eſtampes, dont on peut ſe procurer un Cata-logue plus détaillé.

Catalogue de divers Cahiers contenant diffé-
rentes Gravures, représentant toutes sortes
de décorations intérieures d'Eglise, appar-
temens , &c.

N. B. Les Feuilles ne se détachent pas des Cahiers,
il faut prendre le Cahier entier qui se vend ordinairement à raison du nombre des feuilles qui y sont com-
prises.

Menuiseries de J. B. Cornille.

UNE suite de cinquante feuilles de Menuiserie,
composée des 12 Cahiers suivans, dont chaque feuille
représente deux desseins différens, se vendent à raison de
4 sols la feuille.

Chaque Cahier contient quatre feuilles, excepté le
sixieme qui en contient six.

1 Retables d'Autel.
2 Portes-Cocheres.
3 Alcoves.
4 Armoires & Buffets.
5 Bancs d'Œuvres.
6 Chaires à prêcher.
7 Croisées.
8 Bibliothéq. & Pendul.
9 Orgues.
10 Chœurs d'Eglise.
11 Panneaux de lambris.
12 Confessionnaux.
13 & 14, 2 Cahiers re-
présentant les Autels des
plus belles Eglises de Paris,
tels que ceux de N. D.
S. Sulpice, S. Sauveur, S.
Jean-en-Grêve, &c.

Meubles & Sculptures, par de Lafosse.

Divers Cahiers composés chacun de quatre feuilles,
qui se vendent vingt sols; ils sont désignés par lettres
alphabétiques.

A Chaises.
B Ottomanes.
C Bergeres & Fauteuils.
D Lits.
E Ecrans.
F Autres Ottomanes.
G Autres Lits.
H Canapés & Sofas.
I Ployans, Banquettes,
&c.
K Duchesses & Banquet-
tes.
L Secrétaires & Conso-
les.

M, N, O, P. Décora-
tions de Cheminées,
Buffets, Alcoves, &c.
Q Sofas, Duchesses.
R Canapés divers, Bai-
gnoires.
S Poëles.
T Lutrins d'Eglise.
V Chaires à prêcher.
X Chambranles de Che-
minées.
Y Piedestaux & Poëles.
Z Cartels d'Horloges &
Gaines.
AA Trophées.
BB Cheminées.
CC Lits divers.

DD Phares, Poëles.
EE Retables d'Autels.
FF Encoignures & Sie-
ges différens.
HH Guéridons & Gai-
nes.

Par Liard.

1 Cahier de quatre feuil-
les de grands Lits,
1 liv. 4 sols.
1 Cahier de six feuilles
de Canapés, 1 l. 6 l.
2 Cahiers de Fauteuils,
& Bois de Chaises en
petit, 1 liv. 6 sols.

Sculptures, Menuiseries, Ornemens *par de Lajosse.*

Divers Cahiers de Décorations, de six feuilles chaque Cahier, du prix de 1 liv. 6 sols le Cahier.

A Cheminées.
B Bordures & Cadres.
C Médaillons ovales.
D Portes d'appartemens.
E Trophées.
F & G Vases.
H Médaillons ronds.
I Cartels & Ecussons.
K Consoles.
L Tables & Pieds de
Biche.
M Fontaines.

N Tombeaux.
O Monumens divers.
P Pendules.
Q Piedestaux & Socles.
R Dessus de portes.
S Fontaines, Trophées.
T Frises.
U Autres Tombeaux.
V Vases antiques.
X Cartouches.
Y Gaines & Trepieds.
Z Tables & Consoles.

Décorations de Lambris d'appartemens, tant en Peinture qu'en Sculpture, par de Neufforges.

Vingt-trois Cahiers de six feuilles chacun, contenant
aussi diverses décorations.

N. B. L'œuvre est composé de 100 Cahiers, dont le
supplément se continue. Les numéros omis dans cet
état concernent l'Architecture, & la décoration extérieure qui ne sont pas de notre ressort; on peut se les
procurer. Chaque Cahier de six feuilles se vend vingt-
six sols.

Nos.

9 Galeries & Sallons.	52 Bordures, Commo-des.
10 Salles d'assemblées.	
11 Salles à manger, & Cabinets.	53 Guéridons, Gaines, Vases.
12 Antichambres & Sal-les.	57 Grilles, Balustrades, Appuis.
35 Portes différentes.	58 Bordures de Ta-bleaux, Pendules.
36 Vestibules, Chambres à coucher.	
47 Lambris de Vestibu-les, & de Chambres à coucher.	72 Tombeaux, Confes-sionnaux, Chaires.
	81 & 82 Décorations de Lambris divers.
48 Portes Cocheres à compartimens.	83 Autels de Chapelles.
49 & 50 Trumeaux de Cheminées & Croi-sées.	91 & 96 Portes exté-rieures.
	97 Chambres à coucher, Buffets, Pendules.
51 Plafonds & Rosettes.	98 Meubles différens.

Trois Cahiers de six feuilles chacun, représentant la
décoration intérieure des appartemens de Brunoy &
autres, chaque Cahier se vend 1 liv. 6 sols.

Serrureries.

Un Cahier de dix feuilles de Grilles, Rampes, par
Babin, 40 sols.

Un Cahier de six feuilles de supports d'Armoiries pour
grilles, par le même, 1 liv. 10 sols.

Du même, un Cahier de Balcons, Rampes, de quinze
feuilles, dont plusieurs dessins à la feuille, 4 liv. 4
sols.

Trois cahiers de six feuilles de Rampes, Balcons,
Appuis de Communions, par Forty, 1 liv. 6 sols
le Cahier.

Un autre Cahier de treize feuilles, Serrurerie de divers genres, par Fontaine, 2 liv. 12 sols.

Orfévreries.

Deux Volumes d'Orfévreries, divifés en deux parties de cinquante feuilles chacun, compofés par P. Germain.

Le premier volume contient tous les ouvrages pour l'Eglife, comme Burettes, Bénitiers, Ciboires, Encenfoirs, Croix, Croffes, Soleils, &c.

Le fecond repréfente tous les ouvrages d'Orfévrerie particuliere, comme Plats, Caiffes, Boîtes, Cafferoles, Batteries de cuifine, Salieres, Huiliers, Flambeaux, Seaux, Pots à oilles, &c.

Les deux Volumes forment feize Cahiers de fix feuilles chacun, qui fe vendent 1 liv. 4 fols chaque.

Trois Cahiers d'Orfévreries de fix feuilles chacun, par Forty, dont un de Ciboires, un de Calices, & le troifieme de Flambeaux, 1 liv. 6 fols le Cahier.

Equipages.

Deux Cahiers de douze feuilles de Voitures de différens genres, de villes, de campagne, Berlines, Chaifes de poftes, &c.

Un Cahier de treize feuilles de Harnois pour Bourreliers.

Chaque Cahier du prix de 2 liv. 10 fols.

Nous ne donnerons pas ici un plus grand détail de tout ce qui concerne la décoration des Eglifes & Appartemens. Nous n'ignorons pas que les tableaux d'Autels, d'Oratoire, les deffus de portes, les devants de cheminée, &c. y ont le plus grand rapport; mais il feroit impoffible de défigner tout ce qui peut concerner ces objets fuivant les lieux & les perfonnes. Il fuffit d'affurer que le fieur Watin tâchera fur les modeles donnés, & d'après les intentions des Amateurs bien expliquées, de faire exécuter ce qui n'eft pas de fon reffort par d'habiles Artiftes, de fuivre exactement ce qu'on lui aura prefcrit à cet égard, & de les décorer fi l'on juge à propos, aux termes des convention.

L'intention du fieur Watin, en offrant fon Ouvrage

au Public, a fur-tout été de préfenter aux perfonnes éloignées des Capitales, & par conféquent privées, ou d'ouvriers, ou d'inftructions, ou de marchandifes pour pouvoir décorer & embellir leur féjour, le moyen de fuppléer aux uns, de fe procurer facilement les autres, & enfin de s'éclairer fur leurs dépenfes.

Pour que le fage économe qui veut peindre, dorer & vernir puiffe faire fes évaluations, calculer combien il lui faudra de marchandifes, à combien chaque couche reviendra, quel fera le prix des couches multipliées, & la dépenfe de la totalité de fon entreprife, nous allons lui préfenter le cours actuel du prix des matieres, liquides, & inftrumens néceffaires pour l'exercice des trois Arts, pris chacun féparément; enfuite nous lui offrirons celui des teintes broyées, détrempées, & prêtes à être employées, de maniere qu'il n'y ait plus à leur réception, qu'à tremper la broffe & à coucher.

Il y a trois manieres de peindre, en détrempe, à l'huile, au vernis. En détrempe, on broye les couleurs à l'eau; & on les employe à la colle: quand on veut peindre ainfi, on ne peut pas faire venir les couleurs toutes prêtes à être employées, parce que la colle qui fert à les détremper eft très-fujette à fe gâter; on peut fe procurer les matieres, ou en pierre, ou en poudre, ou même broyées à l'eau ou en grains; on les détrempe avec la colle qu'on fait foi-même, en faifant venir auffi des rognures de gants ou de parchemin.

Pour peindre en huile, on peut demander les matieres & les liquides féparément pour les broyer; ou on peut les acheter toutes broyées, & prêtes à être détrempées; ou enfin on peut les recevoir toutes prêtes à être employées. Le feul inconvénient qu'il peut y avoir alors lorfqu'on prend les couleurs toutes préparées, eft de les trouver un peu épaiffies: on y remédie, en y verfant de l'effence coupée d'un peu d'huile, ou de l'effence pure pour l'éclaircir.

Quand on peint au vernis, il fuffit de réduire les couleurs en poudre; mais il faut les mélanger foi-même, parce qu'elles s'épaiffiroient: fi cet accident arrive, il faut éclaircir la teinte, en y verfant de l'efprit-de-vin bien rectifié, fi le vernis eft clair; & de l'effence, s'il eft à l'huile.

Nous avons dit dans le cours de l'Ouvrage qu'il falloit à-peu-près une livre de couleur pour peindre une toise quarrée. Nous avons ajouté que pour faire de beaux Ouvrages en détrempe, il falloit d'abord les encoller, ensuite les peindre & les vernir. 1°. Pour encoller cette toise superficielle, évaluez sur trois demi-septiers à une pinte de colle. Pour faire une pinte de colle, il faut une livre de rognure de gants qu'on met bouillir dans trois pintes d'eau qu'on réduit à moitié, & si c'est du parchemin, il faut quatre pintes d'eau sur une livre de rognures. 2°. Pour peindre en détrempe cette toise quarrée, on compose la livre de couleur, en mettant trois quarterons de couleur broyée, & cinq à six onces de colle. 3°. Pour la vernir à l'esprit-de-vin, il faut par chaque couche environ un demi-septier de vernis à l'esprit-de-vin; quand on employe du vernis à l'huile, il en faut un peu moins.

Pour peindre en huile ou au vernis cette même toise quarrée, voyez ce que nous avons dit dans l'Ouvrage, p. 93 & 105. Nous y renvoyons.

Il est aisé, d'après ces quantités données & l'inspection de l'état que nous allons montrer, de faire ses évaluations.

Il faut un singulier choix dans les marchandises; il influe sur l'exécution des procédés : il est essentiel pour la conservation & la durée. Celles dont nous présentons ici les prix justes au cours actuel (Mai 1773), sont les meilleures possibles. Peut-être doit-on se méfier de ceux qui flattent les amateurs par l'appât d'un grand sacrifice sur les valeurs : ils ne le font, que parce que les matieres qu'ils offrent sont, ou altérées, ou ne sont pas celles demandées. Il faut convenir cependant que les prix éprouvent des variations : variations très-fréquentes, sur-tout dans le commerce des esprits-de-vin, des huiles & essences, & autres matieres dont on se sert pour nos trois Arts.

ÉTAT ET DÉTAIL

Des principales Marchandises & autres objets relatifs aux trois Arts traités dans l'Ouvrage du Sieur WATIN, intitulé : l'Art du Peintre, Doreur, Vernisseur, in-8°. broché 4 liv. 16 sols, franc de port par tout le Royaume, 1773, qui se trouvent en grand nombre & bien assortis, au magasin dudit Sieur Watin, carré de la Porte Saint-Martin, à Paris, à la Renommée des Couleurs, Dorures & Vernis.

Les Vernis & l'Esprit-de-vin, se vendent à la pinte de Paris ; les Huiles, Essences & autres Matieres contenues en cet état, se vendent à la livre de 16 onces.

ART DU PEINTRE.

	liv.	sols.		liv.	sols.
Instrumens du Peintre.			Ochre, en poudre		4
			—Ditto, broyé à l'huile		3
Grandes & petites pierres à broyer avec leur molette			—Ditto, en grains	1	4
			Ochre de rue en pierre		7
Brosses à quartier pour blanchir les plafonds	1		—Ditto, en poudre		8
—Ditto, demi-quartier		15	—Ditto, broyé à l'huile		8
—De trois onces pour lambris & treillages		12	—Ditto, en grains	1	4
			Rouge de Prusse en poudre		10
—Ditto, de deux onces		8	—Brun d'Angleterre		6
—Ditto, pour faire des filets, ou pour rechampir		3	Mine de plomb rouge, ou Minium		8
—Ditto, de Lyon, assorties		5	Cinnabre en aiguille		6
Pinceaux à tableaux		2	—Ditto, en grains		10
—Ditto, à l'ornement		2	Vermillon fin		6
—Ditto, à la miniature		2	—Autre	3	10
—Ditto, pour les marbres		2	Orpin rouge, fin		12
Palettes selon les grandeurs			—Autre		4
Couteaux à palette			Laque plate en pierre	3	10
Pincelier			—Ditto, belle plate		4
Matieres qui donnent les Couleurs.			Carmin superfin, l'once		24
			—Ditto, fin		15
N. B. Les couleurs que nous allons désigner en grains, ou trochisques, sont celles qui sont broyées avec beaucoup de préparations, & qu'on réserve pour les beaux Ouvrages			—Ditto, de moindre qualité		12
			Laque superfine carminée de Venise		96
			—surfine carminée		48
			—Ditto, superfine		40
			—Ditto, carminée		32
			—Ditto, de différentes sortes		12
Blanc.			*Jaune*		
Blanc de plomb en écaille		12	Ochre jaune en pierre		2
—Ditto, broyé à l'huile	1	4	—Ditto, en poudre		4
—Ditto, en grains	2		—Ditto, broyé à l'huile		8
—Ditto, sur fin de la miniature	4		—Ditto, en grains	1	4
Blanc de céruse en pierres		8	Jaune de Naples en nature		2
—Ditto, broyé à l'huile		10	—Ditto, en grains		4
—Ditto, broyé sur fin, pour les plus beaux Ouvrages		12	Jaune royal en poudre		4
—Ditto, en grain		16	Stil de grain de Troyes, en pierre		2
Blanc de Bougival, dit d'Espagne, le pain		1	—Ditto, fin		6
—De craye de Champagne, la livre		4	Orpin jaune surfin, en grain		12
			——Ditto		6
			——Ditto		4
Rouge.			Massicot blanc, ou Céruse calcinée	1	4
re de Berri en pierre		2	—Ditto, jaune	1	10

	liv.	sols.
Maſſicot doré	1	10
Graine d'Avignon.	1	4
Terra merita	2	
Saffranum	2	8
Saffran du Gâtinois		
Bleu.		
Azur	1	10
Email des quatre feux en poudre	1	4
Cendre bleue en poudre . . .	9	
Indigo en pierre	12	
Bleu de Pruſſe, de Berlin, en pierre	40	
Différens bleus de Pruſſe de diverſes nuances, à 8, 10, 12 18 liv.		
Outremer, l'once	96	
Cendre d'Outremer	48	
Verd.		
Verd-de-gris ſec en pierre.. . .	2	10
—Ditto, en poudre	2	15
—Ditto, broyé à l'huile . . .	2	10
—Ditto, cryſtalliſé	8	
Verd de veſſie	4	
Terre verte en pierre.	1	4
—Ditto, de Vérone	4	
Verd de montagne en poudre .	4	6
Cendres vertes en poudre . . .	6	
Brun.		
Terre d'ombre en pierre. . . .		7
—Ditto, en poudre		8
—Ditto, broyé à l'huile . . .		8
—Ditto, calciné.	1	10
Terre d'Italie	24	
Terre de Cologne en poudre. .	2	
—Ditto, en grains	2	8
Stil de grain brun d'Angleterre.	24	
—Ditto, commun.	4	
Biſtre en grain, raffiné. . . .	4	
Noir.		
Noir d'os en pierre	1	10
Noir de pêche	1	15
Noir d'yvoire.	2	
Noir de charbon		4
—Ditto, fin		6
Noir de vignes		4
Noir de fumée de Paris . . .		3
—Ditto, d'Allemagne. . . .	1	4
Liquides pour broyer & détremper les Couleurs.		
Huile de lin pure d'Amiens . .		10
—Ditto, de Hollande		12
—Ditto, bien clarifiée & blanche.	1	4
Huile de noix pure..		14
Huile d'œillet pure très blanche..		10
Eſſence de térébenthine, bien rectifiée		15
Vernis gras pour détremper les Couleurs.	6	
—blanc commun pour le même ſujet, ...	4	

	liv.	fols.
—d'Hollande pour le même ſujet.	1	4
—au verd pour détremper le Verd de gris.	1	4
—à l'eſprit de-vin pour détremper les couleurs	4	
—fin à l'eſprit-de-vin pour faire des chipolins en 24 heures.	5	
Matieres utiles aux Peintres pour faire la colle & détremper les couleurs.		
Rognures de gants.		7
—Ditto, de brochette		8
—Ditto, du parchemin		12
—du riviere.		6
Colle de Paris.		10
Colle d'Angleterre.		16
Colle de Flandres		16
Et autres Colles, comme Colle à bouche, &c.		
Autres matieres utiles		
Alun de glace.		10
Alun de Rome.		12
Grandes boîtes de paſtel aſſorties.	12	
—Ditto, petites	8	
Boîtes pour peindre en miniature.	15	
Sicatifs.		
Maſtic à l'huile.		8
Litharge d'or pour dégraiſſer les huiles, & faire ſécher les couleurs.		8
Couperoſe blanche en nature. .	1	4
Talc ou pierre à Jeſus		4
Huile graſſe.	1	4
Pour leſſiver ou nettoyer les couleurs & les vernis.		
Eau ſeconde, la pinte.		12
—Ditto, double.		18
Potaſſe, la livre en pierre. . .		12
Cendre gravelée en pierre . . .		12
Savon noir.		11
Pour polir.		
Pierre-ponce		6
Tripoli en pierre.		6
Prix des Couleurs préparées à l'huile, toutes prêtes à être employées.		
Blanc.		
Blanc de céruſe pour donner les premieres couches d'impreſſion.		10
Teinte dure.	2	
Beau blanc de céruſe pour peindre & vernir.		12
Blanc de plomb préparé pour rechampir.		4

	liv.	fols.		liv.	fo's.
Gris.			**Verd.**		
Gris pour roues d'équipages. .		12	Verd d'eau en liqueur.	4	
Gris de perle ordinaire pour des			Verd de roues d'équipages. . .	1	4
ouvrages non à vernir . . .		10	Verd de composition pour les		
Gris de perle fin préparé. . . .		15	appartemens.	1	10
Beau gris, argentin fin. . . .		15	Verd de treillages préparé. . .	1	4
Gris de lin.	1	10	Verd de mer.	1	10
Ditto fin.	2		Verd de pomme	2	10
Rouge.			Verd Saxe.	2	5.
Rouge préparé pour les planchers			**Bleu.**		
& autres ouvrages.		10	Bleu tendre.	1	4
Rouge pour roues d'équipages. .		10	Bleu céleste.	1	10
Beau rouge.		12	Bleu de Roi.	2	
Couleur de rose fine.	3		Bleu Turc	2	10
Cramoisi fin.	3		**Brun.**		
Jaune.			Couleur de bois de chêne . . .		10
Jaune préparé pour les planchers			——de bois de noyer.		10
& autres ouvrages		10	——de maron.		10
Couleur chamois fin.	1	10	——olive.		10
Couleur citron ou aurore . . .	1	10	Couleur d'eau pour les ferrures.	6	
Couleur jonquille	1	4	Couleur d'acier pour les mêmes.	2	
Belle couleur d'or	3		Couleur d'ardoises pour les tui-		
Noir de charbon préparé. . .		12	les.		10

ART DU DOREUR.

Instrumens du Doreur.			Or en coquilles.		2
Pinceaux à mouiller suivant			—Ditto, or pâle en coquilles .		2
leur grosseur			Argent en coquilles		2
Bilboquet.	1	10	**Liquides nécessaires aux**		
Pierre à brunir.	3		**Doreurs.**		
Palettes d'yvoire montées. . .	3		Assiette.	4	
—Ditto, montées.	2		Or couleur.	2	
Coussin.	6		Mordant commun.	3	
Les Doreurs se servent de			—Ditto, de Watin.	4	
nombre de liqueurs & matieres			Mixtion.	8	
qu'employent les Peintres ; en			Vermeils.	12	
outre, ils font usage de celles qui			Vernis à la gomme laque . . .	6	
suivent.			Vernis à la bronze	6	
Matieres nécessaires aux			**Prix des Dorures.**		
Doreurs.			Watin tient aussi des baguet-		
Mine de plomb noir	1	4	tes & moulures dorées de 12,		
Sanguine & crayon rouge. . .		12	15, 18, 21, 24 lignes de large		
Bol d'Arménie.		15	& au-delà.		
Raucou sec.	6		Unies, le pied de long sur un		
Saffran.			pouce de large.		10
Or de différens poids.			——sur 15 lignes		12
Or de diverses couleurs. . . .			——sur 18 lignes		15
Aventurine or.	12		——sur 24 lignes	1	5
—Ditto, argent.	12		Sculptées en chapelet d'un pouce.		12
Verine d'Allemagne de toutes			——sur 15 lignes		16
couleurs	4		——sur 18 lignes.		18
Or d'Allemagne le millier. . .	2	8	——sur 24 lignes.	1	10
Argent d'Allemagne	2	8	Sculptées en raye de cœur, ou		
Bronze d'Allemagne	8		feuille d'eau.		
—Ditto, rouge fine.	32		——de 18 lignes.	1	5
—Ditto, rouge ordinaire. .	12		——de 24 lignes, deux orne-		
—Ditto, antique.	24		mens de raye de cœur & cha-		
—Ditto, verte.	24		pelet	2	
—Ditto, jaune fine	12		—— de 30 lignes à gorge		
—Ditto, jaune surfine. . . .	24		derriere.	2	10
—Ditto, pâle surfine	24		Le tout bien conditionné, en		
Etain fin.	8		bon bois de tilleul, & d'un		

| | *liv.* | *fols.* |
| | *liv.* | *fols.* |

bel or. Si on les défire en bois de chêne, il faut un ou deux fols de plus fuivant la largeur: on en fait furement à meilleur marché: mais comme je n'en

tiens pas de médiocres & de mauvais or, je répons de ma dorure. Les prix peuvent augmenter en raifon de la Sculpture.

ART DU VERNISSEUR.

Matieres qui entrent dans la compofition du Vernis

Réfine élémi 4
Réfine gutte 6
Camphre 6
Maftic en larmes 5
Sangdragon naturel & en maffe 10
—Ditto, en avelines . . . 6
Gomme laque naturelle fur bois 4
—Ditto, plate . . . . . . 3 | 10
—Ditto, en grains 4
—Ditto, plate fine, triée . 6
Sandaraque en forte . . . . . 1 | 4
—Ditto, bien trié & choifi . 2
Térébenthine de Venife fine . 2
—Ditto, de Suiffe 1
—Ditto, claire . . . . .
—Ditto, de Bordeaux . . . 10
Poix-réfine 8
Galipot 4
Arcançon 8
Colophone 4
Copal en forte 5
—Ditto, bien trié & choifi . 4 | 10 | 10
Karabé, Ambre ou Succin en forte 5
—Ditto, bien trié & choifi . 12
Afphalte ou Bitume de Judée . 3

Liquides néceffaires au Vernis.

Efprit-de-vin de Montpellier bien rectifié . . . . . . 2 | 10
—Ditto, alkoolifé 3
Pour les huiles & effences, Voyez l'art du Peintre.

Vernis à l'Efprit-de-vin.

Vernis blanc furfin fans odeur pour vernir les appartemens. 5
—blanc ordinaire pour le même fujet 4
—blanc qu'on peut polir, pour les chambranles, boîtes de toilette, &c 5
—demi-blanc pour les couleurs moins claires, comme jonquilles, couleurs de bois . 3

—pour les bois, boiferies, chaifes de canne & autres . . 2 | 10
—rouge pour les meubles . . 2 | 10
—pour les découpures, étuis, bois d'éventails 5
—pour les violons & autres inftrumens 6
—au vermillon pour les équipages . . . . 2 | 10
—à l'or de différentes nuances. 10
—à l'argent de différentes nuances 10

Vernis gras ou à l'Huile.

Vernis furfin au copal; c'eft le plus beau des Vernis, dont le fameux Martin fe fervoit pour imiter les laques de la Chine 24
—Ditto, au copal très-beau . 12
—demi-blanc au copal . . . 6
Vernis fuperbe au karabé; c'eft le plus folide des Vernis . . 24
—Ditto, très-beau au karabé. 12
—Ditto, pour vernir l'or . . 12
—pour les rabillages des voitures 6
—pour les trains d'équipages. 6
—noir pour les ferrures . . 5
Vernis à l'apprêt 4

Vernis à l'effence.

Vernis pour les tableaux, dit Vernis de Venife 4
—Autre trouvé par l'Auteur pour le même fujet, qui fert à vernir les gravures; on peut l'employer fans crainte qu'il gerfe 5
Toutes fortes de Vernis communs tant à l'efprit-de-vin, qu'à l'huile & effence, à toutes fortes de prix.
Toutes fortes de pinceaux de poils de blaireau, ou *blaireaux à vernir*, pinceaux de foie de porc, & autres petits pinceaux de toutes fortes de grandeurs, & à toutes fortes de prix.

Outre ces articles qui font le principal objet du commerce du fieur Watin, l'on trouve dans fon Magafin diverfes autres fortes d'épiceries, & notamment d'excellent chocolat de fanté, à la vanille, d'Efpagne, depuis 30 f. jufqu'à huit francs, & de la véritable eau-de-vie d'Andaye à 3 liv. 10 fols la bouteille.

www.ingramcontent.com/pod-product-compliance
Lightning Source LLC
Chambersburg PA
CBHW071608220526
45469CB00002B/281